WOLFGANG GRAF VITZTHUM

Der stille Stauffenberg

Zeitgeschichtliche Forschungen

Band 68

Berthold und Claus Stauffenberg um 1926

Der stille Stauffenberg

Der Verschwörer, Georgeaner und Völkerrechtler
Berthold Schenk Graf von Stauffenberg

Von

Wolfgang Graf Vitzthum

Duncker & Humblot · Berlin

Bibliografische Information der Deutschen Nationalbibliothek

Die Deutsche Nationalbibliothek verzeichnet diese Publikation in
der Deutschen Nationalbibliografie; detaillierte bibliografische Daten
sind im Internet über http://dnb.d-nb.de abrufbar.

Alle Rechte vorbehalten
© 2024 Duncker & Humblot GmbH, Berlin
Satz: L101 Mediengestaltung, Fürstenwalde
Druck: CPI books GmbH, Leck
Printed in Germany

ISSN 1438-2326
ISBN 978-3-428-19195-6 (Print)
ISBN 978-3-428-59195-4 (E-Book)

Gedruckt auf alterungsbeständigem (säurefreiem) Papier
entsprechend ISO 9706 ♾

Internet: http://www.duncker-humblot.de

Inhaltsverzeichnis

I.	**Prolog**	7
II.	**Einleitung**	9
III.	**Eine Jugend mit George**	16
	1. Herkunft und Kindheit	16
	2. Gymnasium und Heimat, Stuttgart und Lautlingen	19
	3. Begegnung mit dem Dichter	24
	4. Im Bann von Stefan George	29
	5. Studium, Freundschaften, Reisen	36
	6. Promotion und Berufsziel	42
IV.	**Völkerrechtler im Vorkriegs-Berlin und im Haag**	44
	1. Eintritt in das Berliner Völkerrechtsinstitut	44
	2. Anfangserfolge und Missverständnisse	47
	3. Am Ständigen Internationalen Gerichtshof in Den Haag	51
	4. Ein deutscher Mann der Wissenschaft	56
	5. Die geöffnete Büchse der Pandora	62
	6. Institutskarriere und „hintergründige Weite"	66
V.	**Völkerrechtsinstitut und George-Kreis in der Diktatur**	69
	1. „Die Entziehung der Staatsangehörigkeit" (1934)	69
	2. Grenzen der Sensibilität und der Wissenschaftsfreiheit	75
	3. „Die Vorgeschichte des Locarno-Vertrages" (1936)	79
	4. Auslegung, Begründung, Erkenntnisinteresse	83
	5. Berthold Stauffenberg als Nacherbe von Stefan George	86
	6. Inspirierter Dienst am Dichter und an dessen Kreis	91
VI.	**Ein kämpferischer Kriegsrechtsexperte**	95
	1. Prisenordnung und U-Bootkrieg	95
	2. Recht und Politik im Bauche Leviathans	98
	3. Im Vorausschuss Kriegsrecht	102
	4. Weitere Schritte der Regimegegner	105
VII.	**Völkerrecht und „Judenfrage" im Krieg**	108
	1. Kriegsschauplatz Völkerrecht	108
	2. Eine neue Quelle: Beate Schiemann	114
	3. Der George-Kreis vor der „Judenfrage"	117
	4. Statthalter im Reich des Dichters	120

VIII. Im Zentrum der Verschwörung 125
    1. Moltke und Berthold Stauffenberg 125
    2. Moral und Recht des Tyrannenmords 131
    3. Gelebte Brüderschaft 138
    4. Der „Schwur" als Bekenntnis und Vision 143
    5. Der Zwanzigste Juli 146

IX. Epilog 152

Zeittafel 154

Dank 159

Literaturverzeichnis 160

Abbildungsnachweise 174

Personenregister 175

I. Prolog

„Stauffenberg". Vor zwei Jahrzehnten fiel der Name mehrfach im Friedenspalast in Den Haag. Die Namensnennung bezog sich auf den Völkerrechtler Berthold Schenk Graf von Stauffenberg (1905–1944), nicht auf den Althistoriker Alexander Stauffenberg (1905–1964), seinen Zwillingsbruder[1]. Ebenso wenig ging es im Haag um ihren jüngeren Bruder, den Oberst i. G. Claus Stauffenberg (1907–1944)[2]. In ihrer Jugend, im Jahr 1923, gerieten die drei Brüder in den Bannkreis des Dichters Stefan George (1868–1933) – ein früher lebensbestimmender Einfluss. Im Widerstand gegen die NS-Diktatur kämpften Claus und Berthold Stauffenberg seit Herbst 1942 Rücken an Rücken. Ihren Mut bezahlten sie mit dem Leben. Alexander Stauffenberg, in die Attentats- und Staatsstreichpläne der Brüder nicht eingeweiht, überlebte Krieg und Haft.

Rechtsfälle aus dem 1991 einsetzenden blutigen Zerfall Jugoslawiens, des nach dem Ersten Weltkrieg gegründeten multiethnischen und -religiösen Balkanstaates, bildeten den Kontext, in dem sich Parteien vor dem Internationalen Gerichtshof mehrfach auf Berthold Stauffenberg beriefen – auf seinen Kommentar zu Statut und Verfahrensordnung des Ständigen Internationalen Gerichtshofs[3].

Die Rechtsordnung des heutigen, ebenfalls im Haager Friedenspalast angesiedelten Internationalen Gerichtshofs, des Hauptrechtsprechungsorgans der Vereinten Nationen, orientiert sich weitestgehend an den normativen Grundlagen jenes Funktionsvorgängers aus der Zwischenkriegszeit. Insofern werden Berthold Stauffenbergs 1934 publizierten „Interpretationselemente" weiterhin

---

[1] *K. Christ*, Der andere Stauffenberg, München 2008. Erinnerungswürdig ist auch Alexander Stauffenbergs Forschung über die Germanen im römischen Reich, seine Übersetzung von Odyssee-Gesängen und sein Epos „Der Tod des Meisters".

[2] *P. Hoffmann*, Claus Schenk Graf von Stauffenberg, München 2007; *ders.*, Widerstand – Staatsstreich – Attentat, München 1969, S. 371 ff., 466 ff. (ein monumentales Werk); *ders.*, Claus Graf Stauffenberg und Stefan George, Jahrbuch der Schillergesellschaft 12 (1968), S. 520 ff.; *Th. Karlauf*, Stauffenberg, München 2019. Die Prägung durch George betonen besonders *K. J. Partsch*, Stauffenberg, Europa-Archiv 1950, S. 3196 ff.; *E. Zeller*, Geist der Freiheit, 5. Aufl. München 1965; *ders.*, Oberst Claus Graf Stauffenberg, Paderborn u. a. 1994, S. 47 ff.

[3] Statut et Règlement de la Cour Permanente de Justice International, Berlin 1934, Hg. Institut für ausländisches öffentliches Recht und Völkerrecht, „bearbeitet von *Berthold Schenk Graf von Stauffenberg*" (Vorwort).

konsultiert. Sie dürfen im Handapparat keines internationalen Richters fehlen. Wem gelingt mit 29 Jahren ein solcher Wurf, wem gelingt er überhaupt?

Werk und Autor genießen unter Völkerrechtlern weiterhin hohes Ansehen. Der internationale Großkommentar zur Charta der Vereinten Nationen zitiert Stauffenbergs Magnum opus fünfmal[4]. Die ähnlich bedeutende, doppelt so umfangreiche Erläuterung des Statuts des Internationalen Gerichtshofes bezieht sich 62-mal affirmativ auf Stauffenberg[5]. Nobel stellt sich dieser aktuelle Kommentar in die Tradition jenes früheren Werkes, „written in 1934 by just one person, Berthold Schenk Graf von Stauffenberg – who was trying to uphold international law at a time when the authorities of his country began to undermine it"[6].

---

[4] *B. Simma* u.a. (Hg.), The Charter of the United Nations, 3. Aufl. Oxford 2012. Zitiert wird auch ein Aufsatz von *Berthold Stauffenberg*.

[5] *A. Zimmermann* u.a. (Hg.), The Statute of the International Court of Justice, 3. Aufl. Oxford 2019, S. VII.

[6] Das StGA birgt fünf unveröffentlichte, undatierte Manuskripte: „Die friedliche Erledigung internationaler Streitfälle", 8 Bl.; „Die Vereinigten Staaten und der Ständige Internationale Gerichtshof", 10 Bl.; „Staatsangehörigkeitsfragen vor internationalen Gerichten", 14 Bl.; dasselbe, 26 Bl.; „Die Inkraftsetzung des revidierten Statuts des Ständigen Internationalen Gerichtshofs", 8 Bl. Diese Entwürfe sowie die Buchanzeigen (ZaöRV 1934, S. 457f., 763f.; 1935, S. 215, 220f., 436, 954f., letztere ein veritabler Verriss) sind nüchtern-positivistisch gehalten. – Trotz künstlerischer Neigungen mied der Jurist, anders als sein Bruder Alexander, jeglichen Anflug des Poetischen, vgl. *W. Graf Vitzthum*, Rechts- und Staatswissenschaften aus dem Geiste Stefan Georges?, in: B. Böschenstein u.a. (Hg.), Wissenschaftler im George-Kreis, Berlin/ New York, 2005, S. 83 ff., 108 ff. – Das StGA birgt auch umfangreiche Unterlagen von Mitgliedern des George-Kreises. Eine „Auswahl aus seinen (des George-Kreises) Schriften" bringt *G. P. Landmann* (Hg.), Der George-Kreis, Stuttgart 1980.

II. Einleitung

Nicht als objektiver, exeptioneller Völkerrechtler, wohl aber als Stefan Georges Freund und Nacherbe sowie als stiller und opferbereiter Verschwörer gegen Hitler ist Berthold Stauffenberg eine Gestalt im Schatten. Weder die umfangreiche Literatur über des Dichters Werk, Weltsicht und Wirkung noch die unzähligen Arbeiten über Claus Stauffenberg, den mitreißenden Zwanzigsten-Juli-Attentäter, beleuchten den ältesten Stauffenberg-Bruder hinreichend. Anders als sein Bruder Claus hat der Völkerrechtler, George-Adlatus und Widerstandskämpfer Berthold Stauffenberg noch keinen Platz im kollektiven Gedächtnis der Deutschen gefunden.

Claus Stauffenberg war Berthold, seinem ältesten Bruder, eng verbunden – und umgekehrt. Dem im Frühjahr 1943 im Fronteinsatz in Tunesien lebensgefährlich verwundeten Jüngeren half der Ältere in dreifacher Hinsicht: Er nahm den Kriegsversehrten im Spätsommer 1943 in seine Wohnung (Tristanstraße 8, Berlin-Wannsee) auf, die damit zu einem wichtigen Zufluchts- und Beratungsort der zivil-militärischen Konspiration, der die beiden Stauffenbergs seit einem Jahr angehörten, wurde; zweitens überarbeitete Berthold Stauffenberg, den jüngeren Bruder entlastend und bestärkend, juristisch professionell mehrfach die umfangreichen geheimen Umsturztexte; vor allem blieb er, drittens, dem späteren Attentäter und ihrem gemeinsamen Denken und Planen selbstlos nahe und treu: als der vertrauteste Mitverschworene, der den seit Sommer 1943 zur zentralen tatbereiten Persönlichkeit des Widerstandes werdenden Bruder vor etwaigen Zweifeln und denkbarem Überengagement schirmte.

Die rückhaltbietende Wirkung dieser brüderlichen Verbindung ist aus Zwanziger Juli-Perspektive kaum zu überschätzen. Berthold Stauffenberg war auch in der Verschwörung nicht Claus' Anhängsel, sondern sein wichtigster Verbündeter, sein Vertrauter, sein Alter Ego. Es war eine Brüderschaft auf Augenhöhe. Auch daran erinnert nachfolgende Studie. Sie rückt den Völkerrechtler und George-Anhänger, der als Widerständler zusammen mit Claus, seinem jüngsten Bruder, das Höchste für Vaterland, Recht und Freiheit wagte, ins Licht – soweit es die schmale Quellenbasis erlaubt.

Hinsichtlich der einschlägigen *Literatur* ist zunächst das Pionierwerk zu nennen, das Alexander Meyer vor einem Vierteljahrhundert Berthold Stauffenberg gewidmet hat[7]. Der Doktorand der Tübinger Juristenfakultät zeich-

---

[7] *A. Meyer*, Berthold Schenk Graf von Stauffenberg, Berlin 2001. Der jüngere Kollege H. Strebel rettete unmittelbar nach dem 20.7.1944 zusammen mit Ellinor von

nete ein auf die Rechtsfragen konzentriertes, detailliertes Lebensbild. Über Alexander, den jüngeren Zwillingsbruder der Stauffenbergs, veröffentlichte Karl Christ im Jahr 2008 ein historiographisch-biographisches Portrait, das auch Licht auf Berthold und Claus Stauffenberg[8] wirft. Alexander Stauffenberg, ein früher Kritiker des NS-Regimes, an der Konspiration aber nicht beteiligt, wurde wie die meisten Mitglieder der Familie nach dem Zwanzigsten Juli als „Sippenhäftling" durch die berüchtigten Gefängnisse und Konzentrationslager des „Dritten Reiches" geschleift. Wie seine Verwandten, darunter die Kinder seiner ermordeten Brüder, überlebte er Gefangenschaft und Kriegsende. 1948 in München zum Ordinarius für Alte Geschichte ernannt, bewährte er sich auch als kritischer Vertreter seines Faches und wachsamer konzessionsloser Zeitgenosse der jungen Bundesrepublik Deutschland.

Claus Stauffenberg war noch in der Nacht des Attentats standgerichtlich erschossen worden, zusammen mit seinen vier nächsten Mitstreitern. Berthold Stauffenberg, früher und zunächst intensiver als Claus in Kontakt mit der zivil-militärischen Opposition, wurde am 10. August 1944 vom Volksgerichtshof des Hoch- und Landesverrats für schuldig befunden, verurteilt und noch am selben Tag in Berlin-Plötzensee hingerichtet – erdrosselt am Fleischerhaken.

Von Berthold Stauffenberg, von dieser bisher wenig beachteten zeithistorischen Gestalt bleibt ein Gesamtbild zu zeichnen. Dieser Aufgabe widmet sich unsere Untersuchung. Vor Alexander Meyer hatten zwei juristische Kollegen Berthold Stauffenbergs (Alexander Makarov, Helmut Strebel), zwei seiner ehemaligen Schulkameraden (Theodor Pfizer, Eberhard Zeller) sowie ein Zeit- und ein Kunsthistoriker (Peter Hoffmann, Ludwig Thormaehlen) versucht, Interesse für diesen Stauffenberg zu wecken[9].

Peter Hoffmanns dicht belegte, fakten- und facettenreiche Darstellung „Claus Schenk Graf von Stauffenberg und seine Brüder" (Stuttgart 1992), ragt aus dieser Literatur besonders eindrucksvoll heraus. Der deutsch-kanadische Historiker Hoffmann hat sein Schlüsselwerk unter dem Titel „Claus Schenk Graf von Stauffenberg – Die Biographie" (München 2012) aktualisiert und erweitert. Dieses Lebensbild und das ähnlich perspektivenreiche und feinsin-

---

Puttkamer Stauffenbergs Unterlagen im Institut, F. Hofmann, Helmut Strebel (1911–1992), Baden-Baden 2010, S. 2 ff.

[8] *K. Christ*, Der andere Stauffenberg (o. Anm. 1), S. 27 ff., 45 ff.; *J. Salzig*, Sippenhaft als Repressionsmaßnahme des Regimes, Augsburg 2015, S. 278 ff., 282 ff., 291 ff.

[9] *A. N. Makarov*, Berthold Schenk Graf von Stauffenberg, FW 1947, S. 360 ff.; *H. Strebel*, In Memoriam: Berthold Schenk Graf von Stauffenberg, ZaöRV 1950/51, S. 14 ff.; *Th. Pfizer*, Die Brüder Stauffenberg, in: E. Boehringer/W. Hoffmann (Hg.), Freundesgabe für Robert Boehringer, Tübingen 1957, S. 487 ff.; *L. Thormaehlen*, Die Grafen Stauffenberg, ebd., S. 685 ff.

II. Einleitung

nige Werk von Dr. med. Eberhard Zeller, „Geist der Freiheit. Der Zwanzigste Juli" (5. Aufl. München 1965), später unter dem Titel „Oberst Claus Graf Stauffenberg" (Paderborn 1994) souverän fortgeführt, lagen nachfolgender Studie zugrunde. Auch der Verfasser ging gelegentlich auf Berthold Stauffenberg ein, erstmals 1996 in „Zeugen des Widerstands" (Hg. Joachim Mehlhausen).

Wegen seiner herausragenden Personen- und Rechtskenntnisse, seiner frühen und dauerhaften Kontakten zu Gegnern der Hitler-Diktatur und seiner brüderlichen Verbundenheit mit dem späteren Attentäter[10] war Berthold Stauffenberg wichtig für den Versuch, Deutschland von der Tyrannei zu befreien und eine neue staatlich-gesellschaftliche Ordnung aufzurichten. Entschlossen, sich dem Gewaltregime, dessen „Grundideen" er und sein Bruder Claus anfangs – wie so viele – „zum größten Teil durchaus bejaht" hatten[11], letztlich mit Gewalt entgegenzustellen, begingen sie Hochverrat. Sie wussten, worauf sie sich einließen. Anders als die große Mehrheit der Deutschen, die dem „Führer" bis zum Untergang die Treue hielt, engagierten sich Berthold und Claus Stauffenberg seit Herbst 1942 im Zentrum des deutschen zivil-militärischen Widerstands. Das vom Regime missbrauchte Recht auch seinerseits zu brechen, nahm der Völkerrechtler dabei ebenso in Kauf wie den Opfergang vor Freislers Blutgericht.

Wichtiges leistete Berthold Stauffenberg auch für *Stefan George*. Der Dichter und sein Freundeskreis wurden dem Studenten zur zweiten Heimat und „anderen Welt" (Eberhard Zeller). Der Heranwachsende erlebte mit diesem geistigen „Führer" nicht eine „Jugend ohne Goethe" (Max Kommerell), sondern eine „Jugend mit George", ja eine dauerhafte Bindung an die George-Welt.

Seit dem Ableben des Dichters am 4. Dezember 1933 wirkte der Völkerrechtler als dessen Statthalter im Deutschen Reich. George hatte ihn als Nacherben[12] eingesetzt. Der Alleinerbe Robert Boehringer, ein erfolgreicher, hoch-

---

[10] Nach der partiellen Heilung seiner schweren Kriegsverletzungen (er verlor eine Hand, ein Auge und zwei Finger) zog Claus Stauffenberg, nach Berlin kommandiert, zu seinem Bruder. Später kam dort, in Wannsee, auch der ausgebombte Mitverschworene Oberst i. G. Albrecht Ritter Mertz von Quirnheim (1905–44) unter.

[11] „Spiegelbild einer Verschwörung", Hg. *H.-A. Jacobsen*, I. Bd., Stuttgart 1984, S. 447f. (nachfolgend zitiert: Kaltenbrunner-Berichte). „Die Grundideen des Nationalsozialismus sind aber in der Durchführung durch das Regime fast alle in ihr Gegenteil verkehrt worden", B. Stauffenberg, ebd., S. 448, 325ff. Zum begrenzten Quellenwert dieser Berichte ebd., S. XIff. Das NS-Regime war *von Anfang an* verbrecherisch.

[12] *Chr. Perels* u.a., Fünfzig Jahre Stefan George Stiftung, Berlin/New York 2009, S. 5. Zwischen dem Nacherben und dem Erben gab es anfangs kleinere Unstimmigkeiten, etwa über R. Boehringers Vorhaben, den Briefwechsel zwischen George und Hofmannsthal zu veröffentlichen. B. Stauffenberg schrieb am 3.6.1938, Hofmannsthals

gebildeter Industrieller, war schon im Jahr 1932 nach Genf übergesiedelt. Berthold Stauffenbergs Verbindung von Geist und Macht, von Idealismus und Realismus, Dichten und Denken, Traum und „Tat" verdankte sich auch der Bindung an den Dichter und der Faszination besonders durch sein letztes Werk „Das neue Reich" (SW IX, 1928). Georges Weltsicht wurde, gerade weil Hitlers „Drittes Reich" nicht Georges „Neues Rech" war, zum immunisierenden Ansporn für das sachlich-kühle Besonders-Sein des Juristen, für sein eigenes geistiges Leben, seine stolze Verschwiegenheit und seinen konspirativen Wagemut.

Ein starker Einfluss auf die Brüder Stauffenberg ging später auch vom *Kriegserlebnis* aus, vom Soldatentum und von den sich abzeichnenden Konsequenzen des Krieges für Deutschland, die Deutschen und die George-Welt. „In manchem", schrieb Claus Stauffenberg nach dem Feldzug gegen Polen am 26. November 1939 dem Schulfreund Frank Mehnert (bewahrt im Stefan George Archiv in Stuttgart), habe der Krieg sie „wieder der unbedingtheit der knabenjahre auf einer anderen ebene (angenähert)". Die Dichtung wirke nun „wieder völlig neu auf uns", „wie eine neuentdeckung". Vieles habe „durch den krieg erst wieder die vollen lebendigen farben bekommen". „Wir fühlen uns so stark wie nie", fuhr der junge Hauptmann fort, „weil wir (im George-Kreis) eine anzahl freunde besitzen die unsere liebe und verehrung mit ihrem vertrauen belohnen und uns so zeigen dass dies volk lebt und wir für dies volk kämpfen dürfen". Dass es galt, gerade „dies volk" vor dem Untergang zu bewahren, war später ein zentraler Grund für den zu allem entschlossenen Widerstand der beiden Stauffenbergs gegen den Verräter und Vernichter „dieses Volkes".

Die braunen Revolutionäre hatten Deutschland nach der Machterlangung am 30. Januar 1933 – Berthold Stauffenberg arbeitete damals am Ständigen Internationalen Gerichtshof im neutralen Holland – innerhalb weniger Monate in eine NS-Diktatur verwandelt. Der Dichter wie der Völkerrechtler hatten anfangs offenbar, wie die meisten Deutschen (und die meisten Engländer und Franzosen), die dämonische Dynamik und verhängnisvolle Dimension der „nationalen Revolution" *unterschätzt*.

Das Jahr 1936 markierte dann eine weitere Zäsur: Seither veröffentlichte Berthold Stauffenberg keinen wichtigen wissenschaftlichen Beitrag mehr. Wollte er die immer gröberen Rechtsverstöße des Hitler-Regimes – Rechtlichkeit und Wissenschaftsfreiheit gab es in Deutschland schon längst nicht

---

Gedicht „Der Prophet" gäbe zwar „einen sehr starken eindruck von der wirkung, die (George) ausgeübt" habe, er plädiere aber für Weglassung in der Edition: Das Gedicht habe „nicht unmittelbar mit dem Briefwechsel zu tun" und sei „zu dessen erklärung nicht unbedingt erforderlich". Schließlich, am 1.8.1938, gab Stauffenberg nach: „ich werde nun nicht weiter darauf bestehen."

mehr – nicht länger publizistisch legitimieren?[13] Anders als die „nationalen Wissenschaftler" setzte er, wohl zusätzlich bestimmt von seiner schwäbisch-adligen Familientradition, das Recht nicht schematisch als Argument zugunsten der umstrittenen Handlungen des Vaterlands ein. Auch seine Tätigkeit (1939–1944) als Rechtsberater der Seekriegsleitung (gleich zu Beginn des Krieges war er dorthin eingezogen worden) benutzte er nicht zur Stabilisierung der Gewaltherrschaft, sondern ganz überwiegend zur Verteidigung des universellen Völkerrechts und der allgemeinen Rechtsidee.

Die *Quellenlage* für unsere Studie ist, auch wegen Berthold Stauffenbergs ungewöhnlich starker Diskretion und Verschwiegenheit, bemerkenswert schlecht. Trotzdem ist es möglich, ihm nachfolgend Gestalt und Stimme zu geben, in einer Skizze, die auch Licht wirft auf die Grenzen der Wissenschaft und des Rechts in jenen dunklen Jahren im Schatten der Gewaltherrschaft. Gefragt wird zudem nach der „politischen" Lesart und der Orientierung gebenden Wirkung von Georges Dichtung und Freundschaft sowie nach der widerstandspolitischen Bedeutung der ungewöhnlich engen brüderlichen Tatgemeinschaft. Skizziert wird auch der partiell mit Antisemitismus zusammenhängende Zerfall des George-Kreises (und sein partielles Fortleben in Teilkreisen) nach dem Verlust der charismatischen Mitte.

Berthold Stauffenbergs Jahre als aktiver Verschwörer im Kriegsreich (1942–44) sind quellenmäßig besonders schwer zu rekonstruieren. Einige Informationen lassen sich aus der weit besser dokumentierten, freilich offenbar keineswegs spannungsfreien Zusammenarbeit mit dem gleichaltrigen, Gewalt *in politicis* strikt ablehnenden Rechtsanwalt Helmuth James Graf von Moltke (1907–45) gewinnen. Seit Kriegsbeginn dienstverpflichtet, arbeitete dieser im Oberkommando der Wehrmacht (OKW) als Sachverständiger für Völkerrecht und das Recht der Wirtschaftskriegsführung, also in ähnlicher Funktion wie Berthold Stauffenberg im Oberkommando der Marine (OKM).

In den Verhörberichten der Gestapo nach dem Zwanzigsten Juli findet sich eine Zwischenbilanz, die trotz methodischer Mängel des Dokumentes die Position der beiden Stauffenbergs gegenüber dem Gift der NS-Ideologie weitgehend treffen dürfte:

„Eine Anzahl der Verhafteten gibt an, dass sie ursprünglich mit dem Nationalsozialismus voll einverstanden waren und das Parteiprogramm in allen Punkten bejaht haben. Als Erklärung dafür, dass sie der Partei nicht die Treue gehalten haben, wird in einer relativ großen Zahl von Vernehmungen vorgebracht, dass die praktische

---

[13] Auch viele seiner Alters-, Berufs- und „Standesgenossen" begegneten dem Regime anfangs hoffnungsvoll. Mehrere wechselten später in den Widerstand, vgl. *E. Klausa*, Das wiedererwachte Gewissen, Berlin 2019.

Verwirklichung des Nationalsozialismus zum Teil in starkem Widerspruch zu den von der Partei verkündeten Idealen stehe"[14].

Um Berthold Stauffenbergs Person und Werk sowie sein wissenschaftliches Ethos zu beleuchten, werden nachfolgend sein fragmentarisches, aber zugleich überaus erfülltes Leben und der jeweilige politisch-weltanschaulich-militärische Hintergrund skizziert. Dieser Stauffenberg lebte *drei Dimensionen des Dienens*: Dienst am universellen Völkerrecht und am deutschen Rechtsstaatsideal, Dienst am Dichter Stefan George und an seinem Erbe, sowie, ab Herbst 1942, Dienst als Widerstandskämpfer, Dienst am „anderen Deutschland", an den Deutschen und am „Geist der Freiheit". Diese Dreidimensionalität – Rechtswissenschaftler, Dichter-Freund und Verschwörer – und die Skizze der Wechselwirkung zwischen den einzelnen Dimensionen dieses Dienens (hat etwa ihre George-Nähe die Brüder Stauffenberg gegen das Gift des Nationalsozialismus immunisiert?) bilden einen zentralen Punkt der vorliegenden Studie.

Berthold Stauffenbergs Lebensbeschreibung beginnt mit dem prägenden familiären und schulischen Kontext, in dem er mit seinen Brüdern aufwuchs. Anschließend werden die beruflichen Jahre des jungen Völkerrechtlers im republikanischen Vorkriegs-Berlin (1929–31) und am Ständigen Internationalen Gerichtshof im Haag (1931–33) skizziert sowie sein erneutes Wirken am national und international respektierten Berliner Völkerrechtsinstitut (1934–44), nun in Leitungspositionen. Von 1939 bis zum Staatsstreichversuch am 20. Juli 1944 war Berthold Stauffenberg primär im Oberkommando der (Kriegs-)Marine eingesetzt. Diese Funktion schloss die Mitarbeit in Ausschüssen ein, die dem Kriegsrecht ein „deutschbestimmtes", also ein für das Deutsche Reich günstigeres Gefüge aufprägen sollten. Hinsichtlich Berthold Stauffenbergs Treue zur wissenschaftlichen Objektivität sind zwei seiner nachfolgend analysierten Fachaufsätze besonders aussagekräftig.

Auf einer anderen, einer eher staats- und gesellschaftspolitischen Ebene liegt der „*Schwur*", ein sprechendes Dokument ohne völkische oder sonstige nationalsozialistische Phrasen, frei auch von Rassendünkel. Die beiden widerständigen Stauffenbergs formulierten im Juli 1944 diese interne bekenntnishafte Vision einer künftigen nationalen und europäischen Ordnung – ein Exemplar konnte gerettet und später dem Stefan George Archiv zugeführt und von diesem bewahrt werden. Aus Berthold Stauffenbergs Nähe zu George erschließt sich zusätzlich, wer er war und was ihn bestimmte. Nachfolgend ist

---

[14] *D. Muth*, „Es wird Zeit, dass ich das Deutsche Reich rette!", in: M. Hengerer u. a., Adel im Wandel, Bd. II, Ostfildern 2006, S. 817 ff., 828: Wirkung habe auch Georges Ethos der Tat entfaltet, wonach dem Berufenen Pflichten auferlegt seien, die kein anderer für ihn erfüllen könne, die dieser aber auch nicht umgehen dürfe. Ähnlich bereits *Cl. David*, Stefan George, München 1967, S. 337 ff.

II. Einleitung

zudem ein kursorischer Blick auf das Recht auf Widerstand gegen ein Terrorregime zu werfen, also auf die Frage nach der Legalität oder der Legitimität eines Tyrannenmordes. Die Schilderung der Bedeutung der brüderlichen Tatgemeinschaft für das große Widerstandsgeschehen rundet die Skizze ab.

Wären Attentat und Staatsstreich gelungen und hätte sich die von den beiden Stauffenbergs und ihren Verbündeten erstrebte und partiell bereits buchstabierte „Neue Ordnung" durchgesetzt, wäre daraus neue Legitimität und schließlich neue Legalität erwachsen. Berthold Stauffenberg als – bei aller zeitbedingter Ambivalenz – historisch wichtigen und vorbildhaften Akteur zu portraitieren, beschwört insofern keine ephemere Schattenfigur. Skizziert wird vielmehr eine bedeutende, erinnerungswürdige Persönlichkeit. Sie gehört zur Geschichte des Rechts, des Geistes und des Mutes in der NS-Diktatur.

Die literarische Quellenbasis hat sich seit den monumentalen Werken von Eberhard Zeller (1952/94) und Peter Hoffmann (1985/92) nicht wesentlich verbreitert. Einzuarbeiten ist ein kurzer, bisher wohl übersehener Fachaufsatz Stauffenbergs: „Die friedliche Erledigung internationaler Streitfälle"[15]. Zu berücksichtigen ist zudem seine umfangreiche George-Kreis-Korrespondenz. Das Stefan George Archiv (StGA) der Stefan George Stiftung (StGS) in der Württembergischen Landesbibliothek Stuttgart (WLB) birgt zwei Dutzend Briefe, Postkarten und Telegramme von Berthold Stauffenberg an Stefan George, mehrere kurze Briefe des Dichters an ihn sowie 353 Archivalien insgesamt mit Berthold Stauffenberg als Verfasser. Erschlossen wird nachfolgend auch eine bisher noch nicht bekannte Quelle aus dem Büro des Reichskommissars bei dem Oberprisenhof[16].

---

[15] Deutsches Recht, Berlin 1935, S. 120 ff. Vgl. auch *ders./E. Schmitz*, Internationale Schiedsgerichtsbarkeit, in: Nationalsozialistisches Handbuch für Recht und Gesetzgebung, H. Frank (Hg.), München 1935, S. 307 ff.

[16] Beate Schiemann korrespondierte nahezu allwöchentlich mit ihrem in Südeuropa stationierten Ehemann. Primär skizzieren die Briefe Abläufe und Akteure ihrer Dienststelle. Eigentümer der Korrespondenz ist Sir *Konrad Schiemann*, der dankenswerterweise den auszugsweisen Abdruck genehmigt hat. Näheres *ders.*, A dual Perspective, London 2022, S. 61 ff.

III. Eine Jugend mit George

1. Herkunft und Kindheit

Das Geschlecht der Stauffenbergs lässt sich bis ins 13. Jahrhundert zurückverfolgen. Es entstammt dem süddeutschen Ur- und Dienstadel. Im Jahr 1874 wurde ein Großvater der drei nachfolgend im Mittelpunkt stehenden Stauffenberg-Brüder von König Ludwig II. von Bayern in den erblichen Grafenstand erhoben. Mit seinen Brüdern wuchs Berthold Stauffenberg in einem fest gefügten Ambiente auf, geprägt vom Bewusstsein familiärer Zusammengehörigkeit und schwäbisch-adligem Ehrempfinden. Dieser Horizont war elitär, staatsloyal sowie form- und traditionsbestimmt, geprägt auch von kirchlich-religiöser Grundierung und geistig-künstlerischer Inspiration.

Ihre unbeschwerte Kindheit verbrachten die drei Brüder in der weitläufigen Dienstwohnung der Familie im zweiten Stock des Ostflügels des Alten Schlosses in Stuttgart. Später, im Jahr 1944, brannte diese frühere Burg der Grafen und Herzöge von Württemberg ab. Die Ferien genossen die Heranwachsenden in Lautlingen, auf dem karg-ländlichen Familiensitz am südwestlichen Rand der Schwäbischen Alb, an der Straße von Balingen nach Sigmaringen. Mit den Schauplätzen Altes Schloss – ein schwerer turmbewehrter Renaissancebau – und Lautlingen, ein wohlproportioniertes schlichtes und stilles Herrenhaus aus der Mitte des 19. Jahrhunderts, hatte ihre Jugend ihre besondere Poesie.

Der dem katholischen Glauben angehörende Vater, Alfred Schenk Graf von Stauffenberg (1860–1936), „ein konservativer Edelmann in Gebärde und Denken" (Theodor Pfizer), war königlich-württembergischer Hofbeamter, seit 1908 Oberhofmarschall am liberalen, kunstliebenden Hof von König Wilhelm II. von Württemberg, des im Volk beliebten Herrschers über das kleinste deutsche Königreich. Viele Jahre lang war Graf Alfred der nächste Diener seines Königs. Nach der Abdankung des Monarchen im November 1918 – auch das königstreue Württemberg wurde Republik – amtierte Stauffenberg als Präsident der herzoglich-württembergischen Hofkammer. Sein jüngster Sohn, Claus Stauffenberg, schlug später das Angebot aus, seinem Vater in dieser Funktion nachzufolgen. Die protestantische, literarisch wie künstlerisch lebhaft interessierte Mutter Caroline Schenk Gräfin von Stauffenberg (1875–1956), eine geborene Gräfin Üxküll-Gyllenband, war Dame und Freundin der Königin Charlotte von Württemberg.

Gräfin Caroline war eine Urenkelin des Heerführers Gneisenau, der zusammen mit Scharnhorst die preußische Armee für den Befreiungskampf gegen Napoleon erfolgreich reorganisiert hatte. In einem Brief an die Gräfin schrieb Rilke, mit dem sie korrespondierte, auf der Grundlage eines ihm zugesandten Fotos der Söhne:

> „Ich verstehe jetzt die Sorge, die Sie in ihrem vorletzten Brief als Mutter von drei Söhnen aussprachen, aber ich erkenne in der liebevollen Gruppe doch auch wieder das große überwiegende Glück, das Ihnen mit drei Söhnen und schon im jetzigen Ausdruck so vielfach künftigen Knaben geschenkt worden ist."

Die Stauffenbergs waren nicht militaristisch. Claus Stauffenbergs überraschende Entscheidung für den grauen Rock der Reichswehr war insofern zunächst umstritten. Andererseits war seit Jahrhunderten der Staatsdienst, verstanden als Dienst am Monarchen und am Wohl des Volkes, in vielfältigen, auch soldatischen Funktionen lebendige Familientradition. Graf Alfred etwa war Major d. Res. Viel zählte zudem die tolerant-religiöse Grundierung des Lebens – die Söhne hatten den katholischen Glauben des Vaters übernommen. Prägend waren auch die bürgerlichen Erziehungs- und Bildungsideale sowie die Liebe zur schwäbischen Heimat. Berthold Stauffenbergs Religiosität war nicht sonderlich entwickelt, anders als etwa die seines Bruders Claus, der sein Leben lang ein gläubiger, nicht selten auch praktizierender Katholik war.

Umso ausgeprägter waren bereits in Gymnasialzeiten des ältesten Stauffenberg-Bruders Gerechtigkeitssinn sowie sein Interesse für Deutschland und die deutsche Geschichte. Mindestens ebenso stark war das von der Mutter geförderte musisch-kulturelle Element, die Affinität der Heranwachsenden zu Dichtung und Musik. Die dominierend künstlerische Sichtweise blieb ihnen ihr Leben lang erhalten. Berthold Stauffenberg diente seit dem 18. Lebensjahr Stefan George, Alexander besaß die bewunderte Fähigkeit, selbst zu dichten. Claus verfasste nach der frühen Begegnung mit dem Dichter überschwänglich-selbstbewusste Gedichte. Auch sie werden uns nachfolgend beschäftigen.

Bindung an König und Staat, Verantwortung für Nation und Volk sowie für Ehre und Treue dem „Stand" und der Familie gegenüber – das war der vaterländisch-adelige Wertehorizont, den die Brüder ganz selbstverständlich übernahmen. Auch der große Kreis der Verwandten und Freunde, der das Leben der Familie bereicherte, formte den offenen Geist des Hauses. Zunehmend wurde den Heranwachsenden bewusst – auch das zeigen frühe, im Stefan George Archiv bewahrte Gedichte von Berthold und Claus Stauffenberg –, dass sie, zu Besonderem berufen, einer Elite angehörten. Dereinst würden die drei Brüder, was sie bejahten, im Dienst des Staates, des allgemeinen Wohls, der Wissenschaft und der Dichtung spezielle Pflichten zu tragen haben.

Frühzeitig wurden die Stauffenberg-Brüder mit Musik und Dichtung vertraut. Jeder spielte ein Instrument, Berthold Klavier, Alexander Violine und

Klavier, Claus Cello. Dieses Instrument spielte Claus gelegentlich auch später noch, nach Dienstschluss in der Kaserne, während die meisten Kameraden das Kasino bevorzugten. Alle drei Stauffenbergs verfassten (weitgehend epigonale) Gedichte, die seit Jahrzehnten überwiegend im Stefan George Archiv bewahrt werden. Zudem entwickelten sich die jungen Stauffenbergs, schon vor der Begegnung mit dem Dichter, zu ernsthaften, begeisterten, qualitätsbewussten Lesern.

Die Brüder besuchten kein exklusives Internat, keine Ritterakademie, keine Klosterschule, sondern, 1919–23 (Claus etwas später), die führende Schule des schwäbischen Bürgertums: das Stuttgarter *Eberhard-Ludwigs-Gymnasium*, ein klassisches Gymnasium illustre. Dort wurden sie in die „klassische" europäische Literatur sowie in moderne Autoren eingeführt, etwa in Rilke und Hofmannsthal. 1921 lasen die drei Stauffenbergs Stefan Georges Gedichtband (aus dem Jahr 1914) „Der Stern des Bundes" (SW VIII). Berthold Stauffenbergs Wunsch, Diplomat zu werden, keimte schon damals. Mitschüler sahen in ihm bereits den künftigen Botschafter.

Die Stauffenbergs erfuhren im Gymnasium eine niveauvolle humanistische Bildung. Berthold Stauffenberg hielt, Hölderlin rezitierend, ein selbst gewähltes Referat über „Des Empedokles Gestalt in Geschichte und Drama". Er fragte nach der Haltung des sagenumwobenen vorchristlichen Dichterphilosophen zum griechischen „Staat" seiner Zeit. Empedokles' Schicksal verglich er, für einen Schwaben besonders naheliegend, mit dem Hölderlins. Aus dem für das Allgemeinwohl und die Demokratie engagierten, wachsamen „Polisbürgertum" (Manfred Riedel) zog Berthold Schlussfolgerungen für das Gemeinwesen seiner Zeit – ein erster Blick auf Stefan Georges über dem staatlichen Reich zu denkendem „*Reich des Geistes*"? Im Krieg, im November 1916, referierte Berthold Stauffenberg erneut, diesmal über „Entwicklung und Schicksal der deutschen Flotte bis zum Großen Krieg". Im Zweiten Weltkrieg war die Kriegsmarine dann die Waffengattung, der seine hauptsächliche Rechtsberatungstätigkeit galt – zur Marine war der Reserveoffizier und Kriegsrechtsspezialist gleich zu Beginn der Feindseligkeiten eingezogen worden.

Bei Schulfesten fanden Aufführungen statt, etwa Schillers „Wilhelm Tell". Dabei rezitierte Claus Stauffenberg mit heiligem Ernst Stauffachers bekannte, Widerstand gegen Tyrannen legitimierende Worte beim Rütlischwur:

Nein, eine Grenze hat Tyrannenmacht:
Wenn der Gedrückte nirgends Recht kann finden,
Wenn unerträglich wird die Last – er greift
Hinauf getrosten Mutes in den Himmel
Und holt herunter seine ewgen Rechte,
Die droben hangen unveräußerlich
Und unzerbrechlich wie die Sterne selbst.

Der alte Urstand der Natur kehrt wieder,
Wo Mensch dem Menschen gegenübersteht:
Zum letzten Mittel, wenn kein andres mehr
Verfangen will, ist ihm das Schwert gegeben.
Der Güter höchstes dürfen wir verteidigen
Gegen Gewalt. – Wir stehn vor unser Land,
Wir stehn vor unsre Weiber, unsre Kinder!

2. Gymnasium und Heimat, Stuttgart und Lautlingen

Die Freundschaften der Brüder Stauffenberg, seit 1918 intensiv etwa mit dem Klassenkameraden Theodor Pfizer, dem späteren Oberbürgermeister von Ulm, und mit dem vier Jahre jüngeren Deutschrussen Frank Mehnert[17], entstammten dem gehobenen Beamten- und Bürgertum. Die adlige Herkunft der Stauffenbergs spielte für ihre Freunde offenbar keine Rolle. Das Lachen der Zwillinge soll metallenen Klang gehabt haben, das häufige Lachen von Claus, das selbst im sich existentiell zuspitzenden Sommer 1944 nicht verstummte, soll schon immer mitreißend gewesen sein.

Souverän beherrschten die Brüder Stauffenberg zeitlebens die Alten Sprachen, zu denen sie früh und systematisch hingeführt worden waren. Alle Drei waren passioniert für Stoffe aus der Geschichte des Abendlandes, zumal für die Gestalten und Mythen der griechischen Klassik. Zu diesen gehörten, neben Homers Helden und Platons und Aristoteles' Schriften, auch Harmodios und Aristogeiton. Der Versuch dieser beiden mythischen Freunde, den Tyrannen zu töten und die attische Demokratie zu retten, kostete ihr Leben – und dennoch sind die beiden Helden, anders als jener antike Tyrann, seit drei Jahrtausend unvergessen.

Noch im Sommer 1944 beteiligten sich die drei Stauffenbergs – auch das gehörte zur benötigten Lebensluft im erstickenden Kriegsreich – an einer Übersetzung von zentralen Gesängen der „Odyssee"[18]. Kein Wunder, dass Berthold Stauffenbergs Zwillingsbruder Alexander, wie Peter Hoffmann,

---

[17] Mehnert (1900–1943) war zu gemeinsamen Schulzeiten Berthold Stauffenbergs „Knappe" – eine nicht unproblematische Beziehung. Sein Jurastudium gab er zugunsten der Bildhauerei auf. 1930–33 war er Georges letzter Adlatus. Ende 1940 zum Kriegsdienst einberufen, fiel er am 26. Februar 1943 in Nordrussland.

[18] Publiziert wurden 1941–47 die Gesänge V–VIII sowie XIII–XV sowie die Erzählung „Agis und Kleomenes" (1944), diese posthum unter F. Mehnerts Namen. Weitere Schriften im Delfin-Verlag: Parzival (1941), Gneisenau (1942), Der Tod des Meisters (1945), Hannibal (1947), Rolandslied (1949), Agamemnon (1951), Die Geschichte der siebenundvierzig Ronin (1957). B. Stauffenbergs Korrespondenz in den 1940er Jahren bezog sich auch auf diese Vorhaben, die Mehnert wegen seines Fronteinsatzes nicht mehr fördern konnte.

Eberhard Zeller und Karl Christ eingehend beschreiben, ein Althistoriker und Dichter wurde, zeitlebens besonders interessiert an den Themenkreisen „Täter und Dichter" sowie „Macht und Geist."

Zwischen Berthold Stauffenberg, geboren am 15. März 1905 in Stuttgart, und seinem Bruder Claus, geboren am 15. November 1907 im bayrisch-schwäbischen Jettingen[19], bestand, wie bereits erwähnt, ein ungewöhnlich vertrautes Einverständnis. Die Entwicklung der Persönlichkeit des Jüngeren wurde vom bewunderten Älteren beeinflusst. Später im Widerstand wurde diese Verbindung besonders wirkmächtig[20]. Der Ältere stand dem sich so herrlich wie verletzlich entfaltenden, in der Jugend häufig erkrankten Jüngeren *schirmend* und *bestätigend* zur Seite. Verse seines mit „CLAUS" überschriebenen, im Stefan George Archiv der Stefan George Stiftung bewahrten Gedichtes von 1923–24 deuten das an:

> So weisst du dass gefahr dein weg dir birgt
> Und dass du stets auf schwankem stege gehst
> Wo unter dir das wasser strudelnd tost
> Wenn auch die wiese blühend ihn umzirkt?
>
> Indes das licht in letzter glut versinkt
> Senkt sich in stiller sorge meine stirn:
> Du gehst den weg der dir beschieden ist –
> Doch tadle nicht wenn mein herz mit dir klingt.

Viel später, im Jahr 1957, verfasste Theodor Pfizer in seinem Beitrag in der „Freundesgabe für Robert Boehringer" folgende facettenreiche Miniatur über Berthold Stauffenberg, seinen ehemaligen Schul- und Studienkameraden:

> „(Er) war in der Jugend wie im späteren Leben schweigsam, nicht selten schüchtern, zurückgezogen in das, was ihn beschäftigte – ein Gedanke, ein Buch, eine Freundschaft –, ohne Phrasen in Wort und Gebärde, aber immer scharf beobachtend, das Wesentliche rasch erfassend. Sein klares blaues Auge ruhte prüfend auf jedem, mit dem er im Gespräch war, oder auf dem Gegenstand, mit dem er sich beschäftigte, Menschen und Dinge durchdringend. Konventionen waren ihm im tiefsten fremd trotz seines klaren Sinns für Formen, für das Schöne, und mit Sarkasmus beobachte

---

[19] *P. Hoffmann*, Claus Graf Stauffenberg und Stefan George (o. Anm. 2), S. 535f.: Stauffenberg sei „Täter im Georgischen Sinne" gewesen, der „immer das Gefühl (hatte), zu etwas Besonderem berufen zu sein", „wenn er auch noch nicht wusste, welches seine ‚Tat' sein würde." Zurückhaltender *K. Kauffmann*, Stefan George, Göttingen 2014, S. 184ff., 209ff.

[20] Claus Stauffenberg schrieb an George, ohne Datum, Ort oder Abschluss (StGA): „Dass der Berthold mit nach der Schweiz kommt ist wunder voll sonst hätte ich nur sehr ungern der not nachgegeben: ich habe lange genug einsam gelebt. Und bei dem zusammensein mit einem solchen wird neben der schöneren art des lebens vieles deutlicher und lernbar. ... Besonders wo bei unserer brüderlichen verbundenheit ich wol einer der wenigen bin die seine königliche art nicht zu fürchten (haben) oder durch seine höhere gegenwart nicht bedrückt (werden)".

2. Gymnasium und Heimat, Stuttgart und Lautlingen

er andere in ihrer oft wortreichen Betriebsamkeit. Er hat ohne Mühen Schule und Prüfungen durchlaufen, Anforderungen geistiger Art im Spiel gleichsam bestehend. ... Auch zum fast täglichen Reiten nahm er sich Zeit. ... Wenn es galt, zeigte er körperlichen und moralischen Mut, ohne sich hervortun zu wollen."[21]

1924, als Heranwachsender, dichtete Berthold Stauffenberg von der „heimat rauschen", welches er im „blut" höre – keine „Blut- und -Boden"-Verse, sondern Ausdruck seines tiefen Verbunden-Seins mit der *„Schwäbischen Heimat"*, die etwa auch Claus Stauffenberg (Brief am 15. Juli 1937 an Frank Mehnert, im StGA bewahrt) pries. Eng blieb Berthold Stauffenbergs Verbindung zu seiner Familie, zu seinen Freunden sowie zu den, wie er selbst es war, zurückhaltenden und stillen Menschen seiner südwestdeutschen Heimat. So oft wie möglich fuhr er auch später „nach haus", wie er etwa Robert Boehringer am 14. Dezember 1937 schrieb, also nach Lautlingen. Auf dem Weg dorthin machte er, wenn irgend möglich, Zwischenhalt in Bingen, um nach dem Tod des Dichters dessen kränkelnder Schwester behilflich zu sein, während Robert Boehringer das Finanzielle schulterte – beide nahmen ihren auch insoweit ererbten Dienst ernst, selbst bezüglich angeblich kleiner alltäglicher Dinge.

Schon als Kinder hatten die drei Brüder vom Landgut aus den Alb-Bauern bei der Ernte geholfen. Lautlingen, der vertraute ruhige Besitz am Rand der Rauen Alb, bildete später besonders für Berthold Stauffenberg den geliebten Gegenpol zur lauten, hektischen Reichshauptstadt. Die Großstadt war ihm, wie übrigens auch dem gleichaltrigen Mitverschworenen Helmuth James Graf von Moltke (1907–45), ein Greul, doch hatten beide aus dienstlichem Grund dort zu leben – ohne dass der Völkerrechtler, auch nach seiner Eheschließung in Berlin im Jahr 1936, dort ein Zuhause hatte finden oder gründen können. Nie verstummte im lärmenden Getriebe und unendlichen Gerede der Metropole sein Heimweh nach dem stillen *ländlichen Refugium*. Berthold Stauffenbergs Gedanken waren auch später häufig dort, in der Heimat, wo sich in den dunklen Jahren der nationalsozialistischen Gewaltherrschaft auch seine Frau und beider Kinder hauptsächlich aufhielten.

Intensiv lasen die empfänglichen Heranwachsenden Rilke, Hofmannsthal und George. Durch diese Autoren entdeckten sie den großen europäischen Symbolismus sowie „die andere Moderne" (Bertram Schefold). Von Jugend an lernten sie zudem, alles Edle zu verehren. Zu den „Großen" gehörte für sie neben Dante, Kaiser Friedrich II. und dem „charismatischen" (Max Weber) Stefan George auch Napoleon. Ungewollt habe dieser, meinten sie, dem deutschen Volk zur Selbstfindung verholfen. Seit 1922 Mitglieder der jugend- und reformbewegten, veraltete Formen ablehnenden *Neupfadfinder*, die zur Bündischen Jugend gehörten, ließen die Brüder Stauffenberg das 19. Jahrhundert hinter sich. Sie strebten nach „echter Gemeinschaft" – ein Ideal, das, zur

---

[21] *Th. Pfizer*, Die Brüder Stauffenberg (o. Anm. 9), S. 489.

„Volksgemeinschaft" aufgezäumt, bald darauf von den Nationalsozialisten missbraucht werden sollte. Wahrhaftigkeit, Verantwortung und Bewährung waren Ziele der Neupfadfinder, ja des damals weit verbreiteten Jugendkultes. Ihre Lebensweise sollte, was den jungen Stauffenbergs entgegenkam, „herb und kraftvoll" sein. So wanderten die Drei viel. Sie sangen alte Landknechtslieder, kampierten unter freiem Himmel und durchstreiften die Höhlen und Burgruinen der Alb.

Nicht der instabilen parteiendemokratischen Republik wollten sie dereinst dienen, sondern Deutschland – „als Wahrer von Staat, Nation und Volk (gleichsam oberhalb der Republik)"[22]. Adelige, polemisierten demgegenüber die Nazis, fühlten sich als eine besondere Klasse Mensch, die sich zwar im Sinne der nationalen Idee einsetzten, jedoch nie den Nationalsozialismus erfassten und danach handelten. „Herzensrepublikaner" wurden die Stauffenberg-Brüder nicht, lebenslang blieben sie verantwortungsbewusste „Vernunftrepublikaner". So gehörten sie nicht zu denen, die die Weimarer Republik von Grund auf verachteten und beschimpften. Den ruhmlosen Untergang der württembergischen Monarchie beklagten sie nicht, im Unterschied zu ihrem Vater, der zeitlebens Monarchist blieb und den alten Staats- und Gesellschaftsformen nachtrauerte[23]. Begabt und selbstbewusst bejahten seine Söhne die egalitären Leistungsanforderungen der Republik.

Am 3. März 1923, im kulturell und künstlerisch fruchtbaren Hyperinflationsjahr der Republik, die von Beginn an unter schwersten politischen Erschütterungen litt[24], bestand Berthold Stauffenberg in Stuttgart die *Reifeprüfung*, dem bürgerlichen Leistungsethos entsprechend mit der Spitzennote. Sein Bruder Alexander musste sich mit einem eher mittelmäßigen Reifezeugnis zufriedengeben. Auch die Abiturnoten von Claus Stauffenberg kamen später an die des ältesten Bruders nicht heran. Als deutsche Patrioten und begeisterte Reiter meldeten sich die Zwillinge im dramatischen „Ruhrkampf" (französisch-belgische Besatzer hatten als „Repressalie" das Ruhrgebiet, den Maschinenraum des Deutschen Reiches, lahmgelegt) zum Freiwilligendienst. Da Berthold Stauffenberg bald eine (vorübergehende) Gelenkerkrankung er-

---

22 *H. Reif*, Adel und Bürgertum in Deutschland, Bd. II, Berlin 2001, S. 13.

23 Dem Ansehen von Kaiser und Kronprinz schadete ihre „Fahnenflucht" ins Exil am 10.11.1918 und die anschließende Abdankung. Ruhmlos war auch der Abgang des württembergischen Königspaares: Stumm hatte es Stuttgart verlassen und sich ins Jagdschloss Bebenhausen bei Tübingen fahren lassen.

24 Wegen angeblich „ausbleibender Reparationsleistungen" waren am 11.1.1923 französisch-belgische Truppen ins Ruhrgebiet und in Teile des Rheingebietes einmarschiert. Streiks und passiver Widerstand, geldentwertend unterstützt von der Reichsregierung, waren die Folge. Der bedeutende Berliner Staats- und Völkerrechtler Heinrich Triepel sprach von grobem Verstoß „gegen geschriebene und ungeschriebene Gesetze des Völkerrechts" und „rohen Missetaten eines rachsüchtigen Siegers".

2. Gymnasium und Heimat, Stuttgart und Lautlingen

litt und sein Zwillingsbruder Alexander jede militärische Ader vermissen ließ (später im Krieg avancierte der Artillerist, mehrfach an der Ostfront verwundet, zum Oberleutnant d. Res.), blieb dieses frühe militärisch-vaterländische Engagement Episode. In den späten 1930er Jahren wurde dann auch Berthold Stauffenberg wiederholt zu Militärübungen einberufen.

1923, in diesem mitleidlosen Schicksalsjahr der Republik, amtierten allein vier Kabinette unter drei verschiedenen Reichskanzlern. In Hamburg, Sachsen und Thüringen tobten kommunistische Aufstände. Die erst im November 1923 beendete *Große Inflation* wälzte die Eigentumsverhältnisse um und häufte gefährlichen sozialen Sprengstoff an. Sechs Jahre später, in der im Oktober 1929 einsetzenden Weltwirtschaftskrise, waren die Auswirkungen der Massenarbeitslosigkeit – auch in den USA – nicht weniger dramatisch. Finanzielle und moralische Werte sowie Gewissheiten und Glücksvorstellungen von Generationen lösten sich in nichts auf. Das entfremdete den ohnehin entkräfteten, von sozialen Abstiegsängsten getriebenen Mittelstand und die Beamtenschaft der Republik. Das Deutsche Reich drohte zu zerfallen. Im Rheinland und in der Pfalz probten Separatisten, von den Besatzern unterstützt, das „Los von Berlin".

Erst spät gab es wieder Geld von „beständigem Wert": Karl Helfferichs am 15. November 1923 eingeführte Rentenmark wurde ein Erfolg. Deutschland erholte sich. 1924–29 verstetigte Gustav Stresemann vom Außenamt her die deutsche Politik. Für Kunst und Kultur begannen erneut fruchtbare Jahre. Für einen kurzen „Höhenrausch" (Harald Jähner) kontrollierte die parlamentarische Demokratie ihre Krisen, abgesichert durch die angeblich „unpolitische" Reichswehr. Die liberale republikanische Ordnung blieb auch Ende der zwanziger Jahre anfällig: Fehlspekulationen in New York lösten eine unaufhaltbare Talfahrt in Arbeitslosigkeit und Depression aus – die „goldene" Charleston-Zeit war vorbei, Deutschlands politische Elite am Ende.

Politisch und kulturell blieb das Deutsche Reich in den 1920er Jahren weitgehend isoliert. Die politische Rechte, die, wie die extreme Linke, die Weimarer Republik ohne Wenn und Aber ablehnte, wurde stärker. Nicht nur die Deutschnationalen drängten darauf, die „Fesseln von Versailles" abzuwerfen. In diesem Punkt dachten nahezu alle Deutschen „national" (nicht: nationalistisch oder gewalttätig), gewiss auch die Brüder Stauffenberg und selbst die Pazifisten. Besonders schmerzten die vom Versailler „Gewaltdiktat" (Viktor Bruns) oktroyierten Gebietsverluste, dazu die „Kriegsschuldlüge", die „Reparationen-Tribute" (Edgar Salin) und das Anschlussverbot für Deutschösterreich. Die Minderheiten in Deutschlands Nachbarstaaten wurden zu einem völkisch aufgeladenen, von den Rechten instrumentalisierten Dauerproblem.

Überall fehlten streitbare Demokraten und, auch auf Seiten der ehemaligen Weltkriegsgegner, weitblickende, rhetorisch überzeugende Politiker wie Stresemann, der tragischerweise, wie zuvor schon Reichspräsident Friedrich Ebert, früh starb. Spät erst, zu spät, in der 1932er Agonie der Republik, konzedierten die ehemaligen Weltkriegsgegner dem Deutschen Reich annähende Gleichberechtigung in Rüstungsfragen. Fast alle Deutschen, auch die meisten Völkerrechtler, befürworteten machtstaatliches Denken hegelscher Prägung. Die Rechtsparteien gingen einen verhängnisvollen Schritt weiter: Sie befürworteten die *gewaltsame* Revision der Versailler Nachkriegsordnung.

3. Begegnung mit dem Dichter

Anfang Mai 1923 – ein Laib Brot kostete mittlerweile mehrere Milliarden Mark, die Hyperinflation näherte sich ihrem Höhepunkt – wurde Berthold Stauffenberg, kurz nach seinem achtzehnten Geburtstag, zusammen mit seinem noch nicht sechzehnjährigen Bruder Claus in Marburg von Stefan George empfangen[25]. Der Dichter nahm die beiden, bald auch ihren versonnenen Bruder Alexander, in Freundschaft auf. Ihre besorgte Mutter suchte den so berühmten wie umstrittenen Dichter in Heidelberg auf, um sich Klarheit über ihn und die Bindungen in seinem Freundeskreis zu verschaffen. Der Vater hatte sich der Lebenswendung, die seine Söhne zu nehmen im Begriff waren, von vornherein nicht in den Weg gestellt. Die persönliche Bindung der Brüder an die George-Welt blieb eng, auch über das frühe Ableben des Dichters am 4. Dezember 1933 hinaus. Alexander Stauffenberg zum Beispiel dichtete zum zehnten Todestag des Dichters das Epos „Der Tod des Meisters" (Überlingen 1948), das seine Brüder Anfang Juli 1944 studiert und gebilligt hatten, und das uns noch beschäftigen wird.

Stefan George stammte aus mittelrheinischer Landschaft. Sein Vater war Weinhändler und Gastwirt in Bingen. Georges hochtonige, formbewusste, seit 1890 publizierte Gedichtbände halfen, den literarischen europäischen Symbolismus vor allem aus Frankreich nach Deutschland zu bringen. In Auseinan-

---

[25] Maria Fehling vom Cotta-Verlag hatte den Georgeaner Albrecht von Blumenthal darauf aufmerksam gemacht, dass „mindestens zwei der Brüder für den Kreis geeignet sein könnten". Daraufhin geleitete Blumenthal Berthold und Claus Stauffenberg zu George. Ihr Bruder Alexander folgte bald, *Chr. Müller*, Stauffenberg, Düsseldorf 2003, S. 41 ff. Vgl. auch *C. Groppe/U. Oelmann*, Zum Thema Pädagogik, männliche Jugend und sexualisierter Gewalt im George-Kreis, in: George-Jahrbuch 14 (2023), Berlin/Boston, S. 3, 8 f.: Für Ernst Morwitz sei Dichtung ein autonomes Feld gewesen, mit Sinn und Bedeutung nur für diejenigen, die sich ganz auf sie einlassen, ohne sie zu funktionalisieren. Dies sei „auch eine Möglichkeit (gewesen), sich gegen ... in die Politik übergreifende Deutungen Georges zu verwahren", ebd., S. 16 f. Vgl. *E. Morwitz*, Die Dichtung Stefan Georges, Berlin 1934; *ders.*, Kommentar zu dem Werk Stefan Georges, 2. Aufl. Düsseldorf/München 1969. – Georges Werke werden nachfolgend zitiert: SW und Gedichtband, also z.B. *Stefan George*, Sämtliche Werke in 18 Bänden, Hg. Stefan George Stiftung, Stuttgart 1982 ff., Bd. IX.

dersetzung mit der großstädtischen massenkulturellen Arbeits- und Lebenswelt, die er als „ameisenhaft" und „amerikanisch" kritisierte, erneuerte George zusammen mit Gleichgesinnten die deutschsprachige Lyrik. Seine Dichtung, seine 1892 begründete Zeitschrift „Blätter für die Kunst", sein „Jahrbuch für die geistige Bewegung" (1910–12) und sein weitverzweigter, sich mehrfach erneuernder Freundeskreis – zunächst eine veritable Dichterschule – aus Künstlern, Wissenschaftlern, Intellektuellen und kulturell Interessierten, sowie seine Anleitung zu gemeinsamer Lektüre und gemeinsamer literarischer Produktion beeinflussten eine ganze Epoche deutscher Geistes- und Kulturgeschichte.

Seit der Jahrhundertwende 1899–1900 war Stefan George eine Persönlichkeit des öffentlichen Lebens. Dreimal wurde er für den Literaturnobelpreis vorgeschlagen. Der kunstvolle Duktus seiner Dichtung – fern der Alltagssprache – faszinierte vor allem die akademische Jugend. Sie sah in seinen feierlichen, vielgestaltigen Versen und in seinem Freundeskreis, der sich als geistige Elite verstand, Ansätze für neue Lebens- und Gesellschaftsformen und zunehmend auch Chancen für ein anderes, ein neues Deutschland. Auf die Tiefe der abendländischen Geschichte und Literatur rekurrierend dichtete George, ohne verbindliche Ziele vorzugeben – Künstler sind weder Verfassungs- noch Kulturpolitiker –, von einem „geheimen", einem geistig erneuerten Deutschland.

Wie Mallarmé wurde George von seinen „Jüngern" mit „Meister" angeredet. Seinem Kreis prägte er eine eigene Lebensform auf – auch ein Schlüssel zu Berthold Stauffenberg –, verdeutlicht etwa in Edith Landmanns „Gespräche mit Stefan George", Robert Boehringers „Ewiger Augenblick" und im Tagungsband „Das Ideal des schönen Lebens und die Wirklichkeit der Weimarer Republik" (*R. Köster* u.a.). Wahrscheinlich hat Berthold Stauffenberg durch seine Gespräche mit George gelernt, „dass das (dichterische) wort", wie er Robert Boehringer am 25. April 1938 schrieb, „durch sich selbst wirken muss und dass dem leser, der durch den unmittelbaren klang des wortes nicht berührt wird, eben überhaupt nicht zu helfen ist."

Nach Stefan Georges Tod lebte seine Anhängerschaft teils in Teilkreisen fort, teils zerfiel sie in antagonistische Gruppen und Einzelpersonen, wie *Bruno Pieger* und *Bertram Schefold* berichteten. Durch Flucht und Emigration jüdischer Georgeaner wurden der Kreis und vor allem der Dichter zu einem internationalen Phänomen. Georges Gedichte und seine zahlreichen Übersetzungen, samt ihrem zeitkritischen Telos, wurden weltweit poetisch und wissenschaftlich rezipiert. *Achim Aurnhammer* dokumentierte im dreibändigen Handbuch „Stefan George und sein Kreis" sowie jüngst in seiner monumentalen Monographie „Stefan George in der deutschsprachigen Literatur des 20. Jahrhunderts" die „Aneignung – Umdeutung – Ablehnung" Georges in der neueren deutschsprachigen Lyrik. Sie zeigt starke poetische

Einflüsse Georges, aber auch Distanzierungen von ihm. Ein Jahrhundert nach des Dichters Ableben hält dieses Werk sein Nachleben fest. Es gehört zur Geschichte des Geistes in der Bundesrepublik Deutschland und in der DDR.

Viel diskutiert wird auch die Verstrickung diverser George-Anhänger in den Nationalsozialismus einerseits und die Rolle der mit dem Dichter eng befreundeten Brüder Stauffenberg in Krieg und Konspiration andererseits. Diese Nachwirkungen, Widersprüche und Zusammenhänge spielen auch in nachfolgender Studie eine Rolle. Dabei geht es zudem um die Frage, wie weit und in welche Richtung Georges Ethos und Staatsvorstellung wirkten. Für Berthold Stauffenbergs Rechts- und Staatsdenken dürften georgeanische Vorstellungen, wie sie Bruno Pieger und Bertram Schefold in „Stefan George. Dichtung – Ethos – Staat" jüngst dargelegt haben, kaum eine Rolle gespielt haben.

Die Begegnung mit Stefan George war für den ältesten Stauffenberg-Bruder lebensbestimmend[26]. Der Dichter[27] hatte damals, 1923, den Höhepunkt seines künstlerischen Schaffens bereits überschritten. Der 1928 erschienene Gedichtband „Das neue Reich" (SW IX) bildete schon sein Spätwerk. Berthold Stauffenberg erschien es als eine einmalige Auszeichnung, von dieser weithin ausstrahlenden Persönlichkeit angenommen zu sein[28]. Es war ein „blitz", der ihn da traf (wie er in poetisierender Wortwahl formulierte), eine Bezauberung und Bestätigung[29]. Seither blickte er frei-bewundernd und heiter-ehrerbietig zu

---

26 *J. Kramarz*, Claus Graf Stauffenberg, München 1965, S. 25 ff.; *W. Braungart*, Ästhetischer Katholizismus, Tübingen 1997; *St. Breuer*, Ästhetischer Fundamentalismus, Darmstadt 1995; *R. Kolk*, Literarische Gruppenbildung, Tübingen 1998; *Th. Karlauf*, Stefan George, München 2007; ders., Stauffenberg, München 2019; *U. Raulff*, Kreis ohne Meister, München 2009; *R. E. Lerner*, Ernst Kantorowicz, Stuttgart 2017, S. 84 ff.; *M. Riedel*, Geheimes Deutschland, Köln u. a. 2006. – *Cl. Groppe*, Die Macht der Bildung, Köln 1997, S. 16 ff. skizziert drei Forschungstendenzen: auf Georges Lyrik zentrierte germanistische Forschung, „soziologische" Analysen seiner literarischen Strategien sowie Erforschung sozial- und kulturhistorischer Aspekte. Informativ auch *E. Landmann*, Gespräche mit Stefan George, Düsseldorf/München 1963.

27 *W. Elze*, Marburg, Privatdruck Freiburg i. B. 1961, S. 6: George „gab mir die Hand. Mein Eindruck war: Majestät! Ich brauche hier diesen anklingenden Ausdruck im Sinn des unmittelbaren Erscheinens der Idee."

28 *Th. Karlauf*, George (o. Anm. 26), S. 566: „Für Claus bekam die natürliche Autorität des älteren Bruders durch die Autorität des Meisters zusätzliches Gewicht. Mit ihm besprach er alle wichtigen Entscheidungen seines Lebens, sein Urteil gab den Ausschlag – auch 1944." *L. Thormaehlen*, Die Grafen Stauffenberg (o. Anm. 9), S. 693: Alexanders Verhältnis zu „Berthold war bewundernd und innig. Er erkannte ihn wie ein Wunder an, ja zeigte etwas wie eine achtungsvolle Scheu vor ihm. Berthold begegnete ihm mit gleicher Achtung, mit Sorglichkeit und Anteilnahme."

29 *P. Hoffmann*, Claus Schenk Graf von Stauffenberg (o. Anm. 2), S. 53 f.; *Thormaehlen*, Die Grafen Stauffenberg (o. Anm. 9), S. 690: „So war und blieb (Bertholds Verhältnis zum Dichter) ein heiter-feierliches, herzlich-innerliches – ständig jeder den Rang des anderen bestätigend. Zwischen ihnen gingen kaum viele Gespräche hin und

George auf. Unter dem Eindruck jener Erstbegegnung dichtete er (im StGA bewahrt):

> Du hast mich feste in Deinen bann geschlagen
> Du herrscher meines seins nun ganz und gar
> Ich will all diese lasten gerne tragen
> Denn Deine hand – so leise – streicht mein haar
>
> Es traf der blitz – er zünde mich zur flamme
> Die immer heller loht in Deinem dienst
> Die immer weiss dass nur aus Dir sie stamme ..
> Ich war ja tot wenn Du mir nicht erschienst.
>
> Nur Du .. lass ganz in Deinem hehren dienst mich leben
> Wie Du befiehlst: ich tus und will Dich nicht drum fragen
> In strengem schweigen will ich lauterkeit erstreben
> Dass ich zu Dir dann aufzublicken dürfte wagen.

Wie die meisten anderen Anhänger des Dichters versuchte Berthold Stauffenberg, Georges angedeutetes „Reich des Geistes" in die eigene Lebenspraxis überzuleiten – eine Aufgabe, die sich, wie der Student bald merkte, kaum bruchlos bewältigen ließ. In dem sich in Georges Todesjahr 1933 in Deutschland laut und brutal entfaltenden „nationalen Aufbruch" mochten den wägenden und stillen Stauffenberg nicht dieser nationalistische Lärm, sondern Georges aktivierende Verse (SW VIII, Der Stern des Bundes) mitgerissen haben:

> AUF NEUE TAFELN SCHREIBT DER NEUE STAND:
> Lasst greise des erworbenen guts sich freuen
> Das ferne wettern reicht nicht an ihr ohr.
> Doch alle jugend sollt ihr sklaven nennen
> Die heut mit weichen klängen sich betäubt
> Mit rosenketten überm abgrund tändelt.
> Ihr sollt das morsche aus dem munde spein
> Ihr sollt den dolch im lorbeerstrausse tragen
> Gemäss in schritt und klang der nahen Wal.

Gleiches gilt von einem bereits vor dem Ersten Weltkrieg erschienenen Jahrhundertspruch (SW VI/VII, Der Siebente Ring), der die exklusive „kleine schar" feiert:

---

her. ... Die schlichte Anwesenheit des Berthold wurde als Gehobenheit ... empfunden. (Er) kann kaum als ‚Schüler', gar ‚Jünger' Stefan Georges bezeichnet werden. An ihm war schon beim Augenblick seines Auftretens nichts mehr zu bilden. ... Wenn von dem etwas nötig gewesen wäre, so war das vorher durch die ... Werke Stefan Georges geschehen. Seinsart und Wesenheit von der Bestimmtheit und naturhaften Echtheit, wie sie sich (in Berthold) kundtat, wurde als ... gleichen Ranges wie die eigene vom Dichter empfunden." – Bei Bertholds nachfolgend auszugsweise zitierten Versen handelt es sich um ein knappes Dutzend handschriftlicher Gedichte. Davon zu unterscheiden sind seine Verse in George-Schrift „An Claus" (alle bewahrt im StGA).

EIN VIERTER: SCHLACHT
Ich sah von fern getümmel einer schlacht.
So wie sie bald in unsren ebnen kracht.
Ich sah die kleine schar ums banner stehn ..
Und alle andren haben nichts gesehn.

In ähnlichem Sinn fasste später in romantisierender Sprache ein anderer ehemaliger Schulkamerad der Stauffenberg-Brüder, der Arzt und Historiker Eberhard Zeller[30], seine Eindrücke zusammen:

„Die Dichtung, die Berthold von Stauffenberg hier (bei George) fand und am eigenen Leib spürte, wurde für ihn das Lebenselixier. Für ihn war die Kunst und insbesondere die Dichtung eine Wirklichkeit, für die er Auge und Urteil hatte. Zwar liebte er auch die große alte Musik, aber er lebte aus der Dichtung. Hier war der Boden, in dem er wurzelte, hier standen für ihn die großen Bilder und Namen. Mochte er manchen unentschlossen, untätig, ungesellig, unzugänglich, ungespannt und unbiegsam erscheinen, so war hier die Begründung und Notwendigkeit seiner Gelassenheit und Ruhe, seiner Schlichtheit und Zurückhaltung, seiner Hartnäckigkeit und Geradheit."

Weitere Verse Berthold Stauffenbergs zeigen ebenfalls, wie sehr das Erlebnis Stefan George ihn gebannt und zum „Dienst" inspiriert hat. So heißt es auszugsweise in drei Gedichten des 18-Jährigen (bewahrt im StGA):

Du weihst die worte die wir durch Dich sagen
Du weihst die Bilder die wir durch Dich schauen
Wir werden gegen eine welt uns wagen
Wir können ja stets ganz auf Dich vertrauen

So hast Du mich bezwungen und gebannt
Des sehnens qual und liebe an Dich ketten
Du herr vermagst allein Dein kind zu retten:
Du bist als heiland dieser welt gesandt

Da steigt ein halbgott aus der erde auf
Er schön und licht und hehr betritt die au
Er treibt die eklen rotten rasch zu hauf
Er schwingt die fackel über jedem gau
Er senkt in lichten schoss die edle saat
Er weiht die erde neu und tut die tat.

Auch der 16-jährige jüngste Stauffenberg-Bruder verarbeitete die Erstbegegnung mit George poetisch (im Herbst/Frühwinter 1923). Stilistisch wie die Verse seines ältesten Bruders an denen des „Meisters" orientiert, bezogen sich auch diese Versuche unter anderem auf eine träumerisch-gläubige „kleine schar". Hier ein kurzer Ausschnitt (ebenfalls im StGA bewahrt):

---

[30] *E. Zeller*, Geist der Freiheit (o. Anm. 2), S. 252.

Nur kleine schar ist zu der sicht berufen
Nur kleine schar hat von dem hehren held geträumt
Sie schweigen stille haben nichts mit euch gemein
Sie knieen gläubig an des Meisters stufen.

4. Im Bann von Stefan George

Abbildung 1: Stefan George, Claus und Berthold Stauffenberg.
Berlin-Grunewald Königsallee Pförtnerhaus, November 1924,
Fotograf: Ludwig Thormaehlen

Im nie unterbrochenen Verbunden-Sein mit Stefan George, seinem Werk und seiner geistigen Welt liegt ein Schlüssel für Berthold Stauffenbergs eigenes Denken und Handeln. Noch im Sommer 1944 fanden Berthold und Claus Stauffenberg „Tat"-Inspiration in des Dichters Reich der Schönheit[31], der Verheißung und der Verantwortung. Dieser Rückhalt und die sich auch dadurch im Laufe der Zeit vergrößernde Distanz zum NS-Regime halfen ihnen, die hässliche, materialistische, zutiefst verbrecherische Diktatur – die „Friedens"-

---

[31] *J. Andres/W. Braungart*, Kulturkritik im Namen der Schönheit, in: Zeitschrift für Kulturphilosophie 2007, S. 259 ff. Am 22.11.2021 schrieb Andres dem Verfasser: „Was ist da mit schön gemeint? Das ist wohl eine Kernfrage und wie so vieles bei George bleibt das unscharf. Die Semantik ist offen. Und deswegen wird sie nach Georges Tod ohne die entscheidende Instanz eben auch anfällig für Kaperungen".

Maske war längst gefallen – tatwillig abzulehnen. So schlossen sich Berthold und Claus Stauffenberg im Herbst 1942 den potentiell wirkmächtigsten Verschwörern um Ludwig Beck, den früheren Generalstabschef des Heeres (1880–1944), und den ehemaligen Leipziger Oberbürgermeister Carl Goerdeler (1884–1945) an, ohne ihre Freundschaftsbande zu den im Lande gebliebenen Georgeanern zu kappen. Diese Rückbindung an den Ende 1933 verstorbenen Stefan George bekräftigte wohl auch den ein knappes Jahrzehnt später gefassten Handlungsentschluss von Claus und Berthold Stauffenberg. Beide glaubten sich offenbar in ihrem großen Vorhaben vom Dichter unausgesprochen unterstützt und von seiner Zustimmung, die sie unterstellten, getragen. Schon weit früher, im Jahr 1897, hatte George auf einen „umschwung des deutschen wesens", zumal der Jugend hoffend formuliert[32]:

> „Dass ein strahl von Hellas auf uns fiel: dass unsere jugend jezt das leben nicht mehr niedrig sondern glühend anzusehen beginnt: dass sie im leiblichen und geistigen nach schönen massen sucht: dass sie ... freien hauptes schön durch das leben schreiten will: ... darin finde man den umschwung des deutschen wesens bei der jahrhundertwende."

Eine entschiedene, klare, anschlussfähige Stellungnahme zu konkreten Erscheinungen von Staat oder Gesellschaft, zumal im deutschen Schicksalsjahr 1933, gab George, freilich auch vermehrt von gesundheitlichen Problemen gequält, nie ab. Die Beziehung zwischen Politik und Poesie ist in der Tat zu komplex, als dass sich dafür eine generell und zeitlos gültige Formel finden ließe. Dichterische Aussagen lassen sich nie zweifelsfrei dechiffrieren und *in politicis* fruchtbar machen. Erst recht lassen sie sich nicht eins zu eins in die Sphäre des Tathaften überführen. Auch insofern konsequent hatte sich George, anders als seine Freunde Friedrich Gundolf (1880–1931) und Karl Wolfskehl (1869–1948), im Jahr 1914 nicht am „Krieg der Geister" („deutsche Kultur" versus „französische Zivilisation") beteiligt.

Vereinzelt finden sich freilich doch „politische" Winke des Dichters, etwa im Dezember 1919 im Vorwort der XI./XII. Folge der „Blätter für die Kunst". Hier ging es um „die haltung des geistigen menschen in den staatlichen und gesellschaftlichen dingen", zu der George, um ein klärendes „Wort" gebeten, formulierte:

> „Es hat kaum einen sinn in diesem allgemeinen wirrwarr wo alles sich wütend bekämpft was allzusehr dasselbe ist hineinzurufen mit einem wort der würde der edlen leidenschaft oder auch nur der vernunft. Mag auch mancher mann der öffentlichkeit schon zugestehen dass er über die ‚zeichen der zeit' und ‚was in der welt wirklich vorgeht' sich zuweilen besser aus gedichtbüchern unterrichtet hätte als aus zeitungspapieren: das will nicht viel besagen! Nur den wenigen dürfte es einleuchten dass in der dichtung eines volkes sich seine letzten schicksale enthüllen."

---

[32] Blätter für die Kunst, Berlin 1899, S. 27.

4. Im Bann von Stefan George

Schon 1903 hatte es eine ähnliche Aussage des Dichterfreundes Paul Gérardy (in seiner Parodie auf Kaiser Wilhelm II.: *Le Grand Roi Patacake*) gegeben: George sei „zu erhaben, um jetzt schon politisch gefährlich zu werden", meinte der junge Belgier, gefährlich werde er „erst nach unserer Zeit". Zwei Jahre später, 1905, entwarf George einen Brief an Hugo von Hofmannstal. Der von George umwobene österreichische Dichter hatte ihn gebeten, eine deutsch-englische Friedensinitiative zu unterstützen. In Georges ablehnender, freilich nie abgesandter Antwort heißt es eindrücklich:

> „Wer weiss, ob man als echter freund der Deutschen ihnen nicht eine kräftige SEE-schlappe wünschen soll, damit sie jene völkische Bescheidenheit [‚völkisch' hier im Sinne von *popularis* gebraucht] wiedererlangen die sie von neuem zur erzeugung geistiger werte befähigt."

Gebannt von George wurde den begeisterungsfähigen Brüdern Stauffenberg das Erlebnis der frühen Begegnung mit einem „Großen" geschenkt. Darüber hinaus lernten sie eine ganz der Kunst, der Freundschaft und der Erziehung gewidmete Lebensform kennen. Auch die geistig und menschlich herausfordernde Gemeinschaft um den Dichter, sein intern „Staat" genannter, von Ritualen und Zeitkritik bestimmter „Kreis" zog sie an. In diesem Netzwerk spielte die soziale, religiöse oder ethnische Herkunft bis 1932 keine Rolle. So stieß die Aufnahme der drei „schwäbischen Grafen" auf lebhafte Zustimmung. In der „Genealogie" des Kreises gehörten sie zur „dritten Generation", zu denjenigen also, die den Weltkrieg, damals für die Einberufung noch zu jung, nur als Schüler erlebt hatten. Die Brüder Stauffenberg identifizierten sich mit dem „Kreis", mit dem „Meister", mit seiner „kunde". So dichtete Claus Stauffenberg im Herbst 1923 „An Phes" (das war Berthold; bewahrt im StGA):

> Ich bin der herrschaft nur geboren:
> (…)
> Ich habe herrschaft dir und mir geschworen:
> Wissen das der Meister gab zu kund.

Später, im Jahr 1957, erinnerte sich Ludwig Thormaehlen, in georgeanischem Stil einen hohen Ton anschlagend, an seine erste Begegnung mit Berthold Stauffenberg (Anfang Oktober 1924). Der Berliner Kunsthistoriker und Bildhauer, zeitweise ein wichtiges Mitglied des George-Kreises, war damals 33, der angehende Jurastudent 19 Jahre alt. Hier Thormaehlens Bild von Berthold Stauffenberg, skizziert aus Bildhauerperspektive, als ein Teil seiner Studie in der Freundesgabe für Robert Boehringer „Die Grafen Stauffenberg. Freunde von Stefan George":

> „Hochgewachsen, von überraschend bildhaftem Wuchs, von nicht gesellschaftlich bedingtem, von naturhaftem Adel, stand der Gast vor mir: die Verkörperung einer äußerst seltenen, von der Natur und dem Geist bevorzugten Art, mit einer die Atmosphäre um sich wandelnden Strahlung des Blühens. Im ersten Augenblick wurde ich an eines der jugendlichen Selbstbildnisse des schwäbischen Bildhauers Dannecker,

dann an das Bildnis des jungen Schiller von eben diesem Dannecker erinnert. Dieser wie ein Dichter, zumindest wie die Erfindung eines Dichters aussehende junge Mensch vor mir zeigte nicht wie Schiller rötliches, sondern tiefschwarzes Haar. In leichter Welle lag es über der freigewölbten, auch noch die Biegung der Schläfen formenden Stirn. Diese war offen und klar und erweckte den Eindruck müheloser Festigkeit des Wesens. Die Wangen erschienen archaisch: ohne Furchung, ohne empfindsame Linien. Das Untergesicht wies das lebenskräftig vordrängende ‚Gehege der Zähne', das wie Dannecker und Schiller ursprunghaften Alemannen gelegentlich eignet. Die bewegt gebogenen Lippen vermochten die weißleuchtenden kräftigen Zähne kaum zu decken. Den Blick der Augen unterstützend entstand so der Eindruck des Heiter-Lebenswilligen, Leben-Zugewandten. Die Augen, ein wenig vertieft ruhend, doch wölbig und offen, wiesen einen heiteren, für Augenblicke auch melancholischen Ausdruck. Ihr Blick weilte dann fern, zumeist in einem schwebenden Gleichgewicht von Melancholie und Heiterkeit. Auch unendlich ausgelassen konnten diese Augen dreinschauen. Alles in diesem Antlitz ordnete sich den hochgeistigen, stets erfüllt schauenden Augen unter. Ihre Farbe – seltsamer Gegensatz zu dem schwarzen Haar – war blau, spielte zwischen Lapislazuli und Opal, mit dunklem Rand der Iris und meist weiter schwarzer Pupille. Die Ohren, am Haupt etwas zurücksitzend, waren zierlich und sehr wohlgeformt. Dieses Gesamt: ein verhalten Traum und Hoheit ausstrahlendes Antlitz, bewegt von wacher Gegenwärtigkeit und Intelligenz, von Zurückhaltung und freier Verantwortungswilligkeit."

Stefan George verachtete die geschichts- und gesichtslose Masse. Ihm ging es nicht um Ideologie, Parteipolitik oder intellektuelle Moden. Er zielte auf Grundwerte der Schöpfung, auf Bewahrung der Form, von der auch seine besondere Schrift zeugt, auf menschliche und künstlerische Schönheit. Popularität suchte er nicht, für den Nationalismus und den aufstrebenden Nationalsozialismus hatte er keine Sympathie, vereinnahmen ließ er sich von nichts und niemandem. Fern von Imperialismus, Chauvinismus und (angeblich) „verlogener" *égalité* tendierte George zu „natürlichem Adel" und „echtem Führertum"[33].

Für die umkämpfte Weimarer Republik und ihre moderne Verfassung zeigte George wenig Verständnis[34]. Die verfassungsrechtliche Gewährleistung der Kunst- und Meinungsfreiheit freilich schätzte er. Wenige aus seinem Kreis hatten Geduld mit der tragisch-instabilen Weimarer Demokratie. Friedrich Ebert, dem ersten Staatspräsidenten der Republik, zollte George Respekt, ebenso dessen Nachfolger. Diesen, den Generalfeldmarschall Paul von Hin-

---

[33] Im „Siebenter Ring" (SW VI/VII) scheint auch Georges „romanisches" Europabild auf. Es umfasste alle vom „römischen hauch" gestriffenen Länder. Europa – das waren für ihn die Länder, deren Sprachen er kannte, deren Dichtung er übersetzte, in denen er reiste, schrieb und sich befreundete – bis 1914 ein romanisierter Raum ohne Grenzen, weil die vom Symbolismus berührten Künstler dieser Länder gemeinsame Ziele hatten.
[34] *W. Graf Vitzthum*, „Schon eure zahl ist frevel", in: Sinn und Form 65 (2013), S. 189 ff. Wegen der Demokratie sei „heute nur die sekundäre Leistung möglich", *E. Landmann*, Gespräche (o. Anm. 26) S. 64, 66, 90.

4. Im Bann von Stefan George

denburg, apostrophierte er in seinem erstmals 1917 als Pamphlet veröffentlichten Gedicht „Der Krieg" (später in SW IX) als „Retter des Reichs". Georges Verhältnis zum Reichsgründer Bismarck dagegen war bestenfalls ambivalent.

Stefan George ersehnte nicht nur eine Erneuerung der Dichtung, sondern auch eine Erneuerung der Deutschen, zumal durch das ihrem Wesen, wie er meinte, eng verwandte antike Griechentum: „hellas ewig unsre liebe", hatte er schon 1899 (SW V) gedichtet. George dachte offenbar, wie 1944 auch Berthold und Claus Stauffenberg in ihrem „Schwur", der uns noch beschäftigen wird, an eine enge, fruchtbare Verbindung von antiken, christlichen und deutschen Kulturelementen. Zunehmend wandte er sich von Rom ab, von den „Wunderresten der schon erstorbenen Kultur des Südens" (Ernst Morwitz). George orientierte sich nun, im Gedichtband „Der Teppich des Lebens" (1899), primär am „Rhein", an Deutschland, an der Heimat (SW V):

Schon lockt nicht mehr das Wunder der lagunen
Das allumworbene trümmergrosse Rom
Wie herber eichen duft und rebenblüten
Wie sie die Deines volkes hort behüten –
Wie Deine wogen – lebensgrüner strom!'

Immer bestehen werde das deutsche Land, heißt es dann 1907 im „Siebenten Ring" (VI/VII):

Dies ist das land: solang die fluren strotzen
Von korn und obst am hügel trauben schwellen
Und solche türme in die wolken trotzen
Und flieder aus gemäuern quellen

Ganz ähnlich setzte Claus Stauffenberg die Akzente in einem Brief „am Stefanstag 1939" an Frank Mehnert, ebenfalls aufbewahrt im StGA: Es gelte „so vieles am Leben (zu erhalten), was in diesen zeiten der völligen vergessenheit zuzufallen droht. ... Inzwischen ist das meiste was geschehen kann, dass die schönheit dieses landes erhalten bleibt, ... dass der reichtum dieses volkes nicht verloren geht, dass das ‚Deutsche Wunder' weiter dies land behütet. Selbst das Meisterliche Werk würde uns nichts mehr helfen können wenn es nicht in einigen weiterlebte· so aber kann es und wird es noch wunder wirken." Seine handverlesenen „Jünger" erzog der „Meister" gerade auch in „Zeiten der Wirren" (SW IX). An Lehren des deutschen Idealismus erinnernd zielte er auf ästhetische Erziehung und Verzauberung sowie auf eine Welt von Tat und Traum. Ohne im engeren Sinn Regeln oder „Gesetze" zu diktieren, entwarf er Gegenwelten. Trotz seines Vertrauens auf die Kraft geistiger Gemeinschaft lassen seine Verse keine baldige Erfüllung, keine nahe „Neue Ordnung", kein wirkmächtiges „geheimes Deutschland" erwarten. „Ihr könnt nicht eures landes fäulnis heilen", warnte er im Gedicht „Der Brand des Tempels" (SW IX). Der „Gehalt" von Gedichten geht nicht im Gedanklichen auf.

Wichtig ist auch, ja vor allem ihr Ton, ist der Klang der Worte, ist ihr poetischer Zauber.

Seit 1907, seit den Gedichten des „Siebenten Ringes" (SW VI/VII), suchte George seine Anhänger zu einer geistig-künstlerischen Elite zu formen, die – später auch mittels des von Friedrich Gundolf und Friedrich Wolters herausgegebenen „Jahrbuch für die geistige Bewegung" (1910–12) – in größere staatlich-gesellschaftliche Zusammenhänge hineinwirken sollte. Letztlich galt es, Staat und Gesellschaft künstlerisch zu durchdringen. Nach ihrer rationalistischen „Entzauberung" (Max Weber) sollten Staat und Gesellschaft wieder verzaubert werden. Insofern war Georges „staat" auch eine pädagogische Provinz. Eindringlich warnte der Dichterprophet vor dem Auftreten falscher Propheten – der „Täter" und Retter werde, heißt es 1907 im „Siebenten Ring" (SW VI/VII), vielleicht gar nicht aus der bisherigen Führungsschicht stammen:

> Der mann! Die tat! So lechzen volk und hoher rat
> Hofft nicht auf einen der an euren tischen ass!
> Vielleicht wer jahrlang unter euren mördern sass
> In euren zellen schlief: steht auf und tut die tat.

An den Versuchen seiner Anhänger, Vergangenes neu zu deuten, nahm George lebhaften Anteil. Er förderte ganz unterschiedliche Ansätze, solange sie einem wachen künstlerischen Leben dienten. Ebenso erwartete er, dass sich seine Anhänger in ihrer gesellschaftlichen und beruflichen Sphäre bewährten. Bereit zu Herrschaft und Hingabe sollte Georges „Neuer Adel"[35], weitgehend immunisiert gegen hässliche und traumlose äußere Einflüsse, seine Pflichten erkennen, annehmen und bewältigen. Die „kleine schar", über die Berthold und Claus Stauffenberg schon 1923–24 Verse geschmiedet hatten, sollte bereit sein zu Führung, Verantwortung und „Tat", gegebenenfalls auch zum Selbstopfer. „Der Stern des Bundes", im Februar 1914 als Georges vorletzter Gedichtband erschienen (SW VIII), handelt andeutend von dieser neuen Gemeinschaft. George rief das „jung geschlecht" an, das in seiner, des Dichters Welt heranwuchs, dazu den „Geist der heiligen jugend unsres volks":

---

[35] *Georges* „Neuer Adel" (SW VIII) hatte mit den damaligen „Neuadelsideen" nichts zu tun. Überwiegend mündeten Letztere in die späteren SS-Pläne von „Neuadel aus Blut und Boden". – Nur ganz wenige „Große", besonders Dante, zählten für George. Einige „Jünger" favorisierten auch Alexander, Caesar, Shakespeare, Friedrich den Großen oder Napoleon. Seinem „kranken" Zeitalter kontrastierte George ein imaginiertes „Geheimes Deutschland"; so auch der Titel eines zentralen Gedichts im Gedichtband „Das neue Reich" (SW IX). Vgl. *Th. Karlauf*, George (o. Anm. 26), S. 557 ff.

4. Im Bann von Stefan George

IHR SEID DIE GRÜNDUNG WIE ICH JEZT EUCH PREISE
(...)
Ihr seid die Widmenden ihr tragt das reich
(...)
Und was ihr heut nicht leben könnt wird nie.

Mit George-Versen verständigten sich Widerständler zwei Jahrzehnte später, etwa Claus Stauffenberg und Henning von Tresckow (1901–44): ein Sich-Erkennen und Sich-Verbünden im Medium der Poesie und im Horizont der von Gedichten gestärkten Konspiration. Jahrzehnte zuvor hatte ein inspirierter Berthold Stauffenberg über seine Begegnung mit George („licht des hellen tags") gedichtet (bewahrt im StGA):

Ich fühle nun ein neues in mir werden
Dem ich noch nicht den namen geben kann
In scheuen worten schüchternen gebärden
Drängt es zum licht des hellen tags heran.

Im November 1923 hatte der damals soeben 16-jährige Claus Stauffenberg für seinen ältesten Bruder das Gedicht „Abendland I" verfasst. Dessen letzte, selbstbewusste Verse (im StGA bewahrt) rufen „weisheit herrlichkeit Ruhm und schönheit" an. Sie lauten:

Wo noch grösse gross und tat bekannt
Nimmer solle feige hoheit heucheln.
Denn war Alexander herrlich Cäsar mächtig
Platon weise und Achilles schön
Wo blieb macht dann weisheit herrlichkeit
Ruhm und schönheit wenn nicht wir sie hätten
Des Stauffers und Ottonen blonde erben.

5. Studium, Freundschaften, Reisen

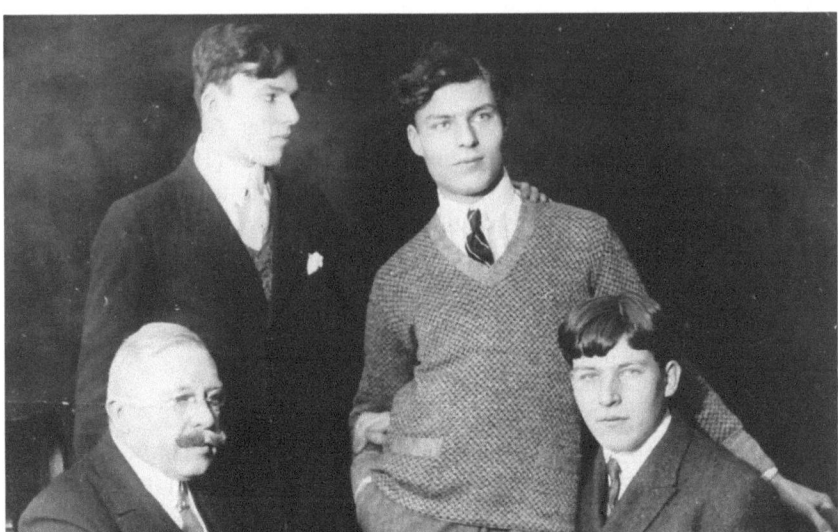

Abbildung 2: Berthold, Claus und Alexander Stauffenberg mit ihrem Vater um 1925

Ohne einer akademischen Verbindung beizutreten (Georgeaner tragen keine bunten Bänder) studierte Berthold Stauffenberg seit dem Sommersemester 1923 vornehmlich Rechts- und Staatswissenschaften. Zunächst ging er mit seinem Zwillingsbruder Alexander nach Heidelberg, wo er unter anderem die Vorlesung „Kunst und Wirtschaft" von Eberhard Gothein (1893–1923) hörte. Dann zog es ihn, die Entscheidung für das *Studienfach Rechtswissenschaften* war endgültig gefallen, nach Jena (Wintersemester 1923–24), das ihn enttäuschte, anschließend ins vertraute Tübingen[36] (Sommersemester 1924) und nach Berlin (Wintersemester 1924–25). In der Metropole belegte er Zivilprozessrecht I und II und die besonders examenswichtigen Übungen im Bürgerlichen Recht. Die weiteren Stationen waren München (Sommersemester 1925), wo er unter anderem Rechtsphilosophie bei Geheimrat Ernst von Beh-

---

[36] In Heidelberg hatte er auch „Altrömische und Frühbyzantinische Geschichte" sowie „Frankreich, England und Orient im Mittelalter" belegt. Es folgten Übungen: im Bürgerlichen Recht für Vorgeschrittene, im Verwaltungs- und im Strafrecht, im Sommer 1926 folgten dann eine Pandektenexegese sowie „Staatsrechtliche Übungen".

ling hörte, und erneut – in seinem sechsten Fachsemester – das turbulente, kalte Berlin (Wintersemester 1925–26).

Dort lernte er den bedeutenden demokratischen Staatsrechtslehrer Rudolf Smend und den einflussreichen Völkerrechtler Viktor Bruns kennen, einen Tübinger Schüler des großen Berliner Rektors und Staats- und Völkerrechtlers Heinrich Triepel. Bruns sollte den jungen Stauffenberg wenig später an sein Völkerrechtsinstitut nach Berlin holen. Zunächst aber wechselte der Student ein zweites Mal in das karg beschauliche Tübingen mit seinen schattigen Gassen und fröhlichen Brunnen. Mit seinen Kommilitonen Theodor Pfizer und Wilhelm Hoffmann engagierte er sich am sogenannten Tübinger „Wirtschaftskörper". Aus diesem ging wenige Jahre später – zusammen mit ähnlichen sozial engagierten Einrichtungen an anderen Universitäten – in studentischer Eigeninitiative die Studienstiftung des deutschen Volkes hervor.

Ohne seine akademischen Aufgaben zu vernachlässigen lebte Berthold Stauffenberg während dieser Jahre, stärker noch als seine Brüder, *im Kraftfeld Stefan Georges*. Der Dichter hielt sich, meist bei Anhängern Quartier nehmend, mal in Heidelberg, mal in Berlin, München, Marburg oder Kiel auf, gelegentlich auch, zusammen mit seiner Schwester, im später im Krieg zerstörten Elternhaus der Geschwister in Bingen. Berthold Stauffenberg nahm auf, was ihm neben seinen Professoren Stefan George und dessen Kreis an Bildung, Freundschaft und Orientierung schenkten und was zur „Weite des Hintergründigen" beitrug, die ihm der Historiker Peter Hoffmann später attestierte. Mit seinen beiden Brüdern nahm der älteste Stauffenberg-Bruder im Jahr 1928 in Berlin, anlässlich des Erscheinens des Gedichtbandes „Das neue Reich" (SW IX), an Georges letzter feierlicher Lesung im Freundeskreis teil. George las die ganz eigenständigen, „politisch" deutbaren Gedichte „Burg Falkenstein" und „Geheimes Deutschland". Seine seltenen Lesefeste dienten auch der Integration der Freunde.

Früh beteiligte sich der für Freundschaften und Sprachen begabte Berthold Stauffenberg an Reisen mit Stefan George oder mit Freunden[37] aus dessen Umfeld[38]. Mehrfach besuchte der angehende Jurist den Dichter, später sogar – dazu war kein Weg zu weit – vom entlegenen, oft grau-verregneten Den Haag aus, wenn George wegen seiner angegriffenen Gesundheit im fernen, sonni-

---

[37] Im Winter 1927–28 absolvierte er mit Johann Anton (1900–31) Sprachstudien in Paris. „Hans" hatte die Weimarer Verfassung extrem scharf verurteilt: „Die deutsche Reichsverfassung von 1919 – ein Rückblick aus dem Jahr 1926" (im StGA), vgl. *W. Graf Vitzthum*, Rechts- und Staatswissenschaften (o. Anm. 6), S. 83 ff.

[38] Der Kreis bestand aus mehreren Dutzend Personen, die, meist in Gruppen, an verschiedenen Orten (Heidelberg, Berlin, München, Marburg, Kiel) studierten oder lehrten. „Zu keiner Zeit (hat George) mit dem vulgären Nihilismus und dem zerstörerischen Barbarentum der Nationalsozialisten um Hitler etwas gemein gehabt", *P. Hoffmann*, Claus Graf Stauffenberg (o. Anm. 2), S. 529.

Abbildung 3: Berthold Stauffenberg, München 1924

gen Tessin weilte und Stauffenberg in Holland am Ständigen Internationalen Gerichtshof arbeitete. Bis zu Georges Ableben in Minusio, einem Ortsteil hoch über Locarno, war Berthold Stauffenberg für den Dichter da, aufmerksam, hilfreich, sich selbst weitgehend zurücknehmend. Das Eindringen in zuvor nur geahnte Bezirke der Kunst bestärkte ihn im Wissen über den eigenen Rang und über die korrespondierenden Pflichten. Für Berthold Stauffenberg wurden Georges Gedichte zur eisernen Ration, erst recht später im Krieg, beim Planen des Attentats und des Staatsstreichs im von der NS-Propaganda vergifteten, total überwachten, vom Bombenhagel zermürbten Berlin. Der Dichter hoffte, seine Freunde würden sich auf ihrem jeweils eigenen Gebiet und im Einklang mit ihrer je speziellen Natur verwirklichen und das leisten, was kein anderer für sie tun könnte. Die Brüder Stauffenberg haben diese Hoffnung, die zugleich ein Ansporn, ja eine Forderung war, erfüllt.

5. Studium, Freundschaften, Reisen

Im Frühjahr 1924, die bürgerkriegsähnlichen Kämpfe in München begannen abzuflauen, reisten Berthold und Alexander Stauffenberg mit zwei Althistorikern (Joseph Vogt, Fritz Taeger) nach Italien, zumal zum Marmor-Sarkophag Friedrichs II., des verehrten Staufferkaisers, im Dom von Palermo. George hatte zu dieser Reise sein Placet gegeben. An Ostersonntag berichtete ihm Berthold Stauffenberg begeistert[39]:

„Mein Meister: Vor einer woche kamen wir hier an: als in der frühe vom Schiff aus die ganze sicilische küste sichtbar wurde und in der sonne das dreifache blau von himmel berg und meer aufglänzte während rechts die roten felsen leuchteten – es ist die schönste landschaft die ich je gesehen – so verstand ich was dies land für die Griechen bedeutet· es stieg mir sofort das bild Friedrichs auf der hier seine hauptstadt gehabt· und man hat das bedürfnis die sicilische geschichte genau zu kennen um sich einigermassen ein bild machen zu können. Am dienstag waren wir in Segesta. Der tempel steht hoch oben in der herrlichen landschaft: vieles wurde uns hier klarer als in Paestum da wir ihn gegen die berge und den himmel in der sonne stehen sahen. Vorgestern sind wir unter den ungeheuren trümmern von Selinunt herumgestiegen. Die eindrücke hier in Sicilien sind die stärksten die ich auf der ganzen reise bisher gehabt."

An der Redaktion des bedeutenden, aus dem Geiste Georges und der Sehnsucht nach dem „geheimen Deutschland" verfassten Friedrichbuches von Ernst H. Kantorowicz (1927)[40] beteiligte sich auch Berthold Stauffenberg. Ebenso bearbeitete und edierte er später, erneut auf Georges Wunsch, zusammen mit Frank Mehnert (1909–43) Johann („Hans") Antons „Dichtungen"[41]. Nach Georges Tod half Berthold Stauffenberg die 18-bändige Gesamtausgabe abzuschließen. Der „Schlussband" der 1927 bei Georg Bondi, Berlin begonnenen und mit diesem Band nun vollständigen (ersten) Gesamtausgabe erschien Mitte 1934, ein halbes Jahr nach Georges Tod.

---

[39] Die Briefe sind von Jan Andres, Universität Bielefeld, als Teil eines Forschungsprojektes aus der Handschrift übertragen. Für ihr Überlassen danke ich.

[40] Über das antipositivistische Bild des Stauffers hinaus faszinierte in „kaiserloser Zeit" das Narrativ von einem Zeitalter, das Werte Georges zu spiegeln schien, vgl. *E. H. Kantorowicz*, Kaiser Friedrich der Zweite, Berlin 1927; ders., Kaiser Friedrich der Zweite. Quellennachweise und Exkurse, Berlin 1931; *R. E. Lerner*, Ernst Kantorowicz (o. Anm. 26), S. 122ff., 437. – Der Blick auf ein geheimes, ein geistiges Deutschland findet sich schon bei Schiller und Hölderlin. Im November 1933 entwarf *Kantorowicz* in seiner Vorlesung „Das Geheime Deutschland" („eine Gemeinschaft derer, die allein das echte Antlitz der Deutschen erschufen") ein Gegenbild zur „unechten" und ungeistigen NS-Reichsideologie (aufbewahrt im StGA).

[41] In Marburg mit einer historischen Arbeit über Napoleon promoviert, wählte J. Anton Jura als Zweitstudium. George sah in ihm den künftigen Dichter. „Hans" teilte Georges Aversion gegen lineares Fortschrittsdenken und liberalistischen Relativismus. Georges Dichtung hat politische Praxis antizipiert, begleitet, legitimiert, *F.-K. von Stockert*, Stefan George und sein Kreis, in: B. Alleman (Hg.), Literatur und Germanistik nach der ‚Machtübernahme', Bonn 1983, S. 52ff.; *M. Petrow*, Der Dichter als Führer? Marburg 1995.

Abbildung 4: Berthold Stauffenberg, um 1925

Der Dichter hatte Berthold Stauffenberg den Übernamen „Adjib" gegeben: der „Wunderbare", benannt nach der Figur eines auserwählten zauberhaften Prinzen aus „Tausend und eine Nacht" (20. bis 24. Nacht)[42]. Auf einer Postkarte vom 19. August 1929 aus Arles benutzte Stauffenberg diesen Namen – abgekürzt – dann auch für sich selbst: „Adj ist recht wol"[43]. George hielt die Familiennamen seiner Freunde und ihre sonstigen bürgerlichen Daten gerne verborgen. Manche Anhänger nannte er nur mit erfundenem Namen. Berthold Stauffenberg hielt sich ebenfalls an diese Praxis. Sie erwies sich geradezu als

---

[42] Adjib wurde vom Volk wegen seiner Schönheit bewundert, Brief R. Fahrner an R. Boehringer, 13.8.1967 (im StGA bewahrt). *L. Thormaehlen*, Die Grafen Stauffenberg (o. Anm 9), S. 688 beklagte: Bertholds „Schicksal wurde dem Schicksal desjenigen ähnlich, dessen Name ihm geliehen war. So sehr man für Berthold die Behütung für späteren Glanz und Größe wünschte, das Erdachte, wie in jener Erzählung, half nicht: nicht der Stahl, ein anderes grausames Werkzeug endete vor der vollen Auswirkung dieses Traum und Hoheit wirkenden Wesens."

[43] B. Stauffenbergs Kartentext lautete: „gestern von Genf über Lyon Avignon hieher (sic!) nach Arles gereist durch ein unbeschreibliches land ... heute abend nach Massalia. Vorn (auf der Karte) ist die Arena dargestellt in die im mittelalter die ganze stadt hineingebaut war. Adj Ist recht wol ...)".

ein unverhofftes Einüben in das in der Konspiration gebotene Verwischen und Verschweigen von Zusammenhängen und Identitäten.

Anders als etwa die langjährigen George-Vertrauten Friedrich Gundolf (1880–1931) und Max Kommerell (1902–44) löste sich kein Stauffenberg je vom Dichter. Dieser war freilich auch seinerseits zu jenen beiden ehemaligen (germanistischen) Schülern auf Distanz gegangen. „Erwachsen" geworden hatten sie – erfolglos – mehr „Unabhängigkeit" vom Dichter eingefordert.

Soeben zweiundzwanzig Jahre alt geworden, bestand Berthold Stauffenberg im Mai 1927 in Tübingen – damals eine Kleinstadt mit belebten Plätzen, verwilderten Gärten, lieblichen Neckarwiesen und bedeutenden Theologen, Medizinern und Juristen – die *Erste höhere Justizdienstprüfung*, Gesamtnote „ausgezeichnet". Das schriftliche Examen war nicht leicht:

„An fünf hintereinander folgenden Tagen mussten 16 Klausuren geschrieben werden... Neben zwei Fallbearbeitungen im Bürgerlichen und Strafrecht gab es Klausuren in diesen Rechtsgebieten, dazu im Zivil- und Strafprozess, im Staats-, Verwaltungs-, Kirchen- und Handelsrecht und in der Volkswirtschaft, sowie eine Digestenexegese ... Einige Wochen später folgte eine vierstündige mündliche Prüfung" (Theodor Pfizer).

Ein Repetitorium hatte Berthold Stauffenberg nicht absolviert. Ebenso wenig hatte er auf seine Leidenschaft, das tägliche Ausreiten, verzichtet. Schon damals zeichnete sich ab: Weder die „Juristerei", etwa die Justiz oder die Anwaltschaft, noch die Wirtschaft, die Verwaltung oder die Politik würden sein Berufs- und Lebenszentrum werden.

Stauffenbergs Examensaufgabe im Bürgerlichen Recht lautete: „Stellung von Vorerbe und Nacherbe. Praktische Bedeutung und Verwertung des Rechtsinstituts". Dieses Rechtsinstitut sollte den jungen Juristen Anfang der 1930er Jahre noch intensiv beschäftigen – wegen der Stiftungspläne des Dichters, in deren Umsetzung Berthold Stauffenberg immer stärker einbezogen wurde. Ursprünglich hatte George eine Stiftung namens „Das Werk von Stefan George" in Basel gründen wollen. Im öffentlichen Recht hatte der nationalkonservative Heinrich Pohl, Stauffenbergs späterer „Doktorvater"[44], als Aufgabe ausgegeben: „Die Staatshaftung für Amtspflichtverletzungen". Dass nicht nur einzelne Amtsträger einzelne Pflichten, sondern eine ganze Staatsführung umfassend, bewusst und nachhaltig das Recht bricht, das eigene und das internationale, das „natürliche" wie das „göttliche" Recht, das hielten damals gewiss weder der erfahrene Hochschullehrer noch der junge Kandidat für möglich.

---

[44] H. Pohl (1883–1931), seit 1920 Tübinger öffentlich-rechtlicher Ordinarius, hatte als Mitglied der deutschen Versailles-Delegation vergeblich auf Fairness der Sieger gehofft, vgl. *F. Giese*, Heinrich Pohl zum Gedächtnis, in: Zeitschrift für Völkerrecht 16 (1932), S. 479.

Ausgedehnte *Sprach- und Bildungsreisen* in kultureller und beruflicher Absicht führten Berthold Stauffenberg nach bestandenem Examen nach England und Irland, wo er sich insgesamt drei Monate aufhielt. Danach wechselte er monatelang nach Paris, um seine Französischkenntnisse zu perfektionieren. Anschließend reiste er zusammen mit dem befreundeten jungen Dichter, Historiker und angehenden Juristen „Hans" Anton nach Biarritz, Marseille, Florenz und Locarno. Ostern 1928, ein Jahr nach dem Staatsexamen, war Stauffenberg wieder zu Hause. Diplomat, nichts anderes wollte er nach wie vor werden. Dem international diskriminierten, innerlich zerrissenen Vaterland aufzuhelfen, war das primäre Ziel des gestaltungswilligen, auf Großes drängenden deutschen Patrioten. In das Auswärtige Amt wurde damals gerade sein als Historiker bereits promovierter Reisebegleiter Johann Anton, ein „Schüler" von Friedrich Wolters (1876–1930), aufgenommen.

6. Promotion und Berufsziel

Bereits am 5. Januar 1929, im Jahr der großen Banken- und Wirtschaftskrise – die Aktienkurse brachen ein, die Arbeit ging aus und die Arbeitslosenzahlen schnellten, auch wegen Brünings Deflationspolitik, in schier unendliche Höhe. Große Teile der Bevölkerung verelendeten, die beginnende deutsch-französische Aussöhnung wurde mit in den Abgrund gerissen – reichte der 24-jährige Berthold Stauffenberg der Tübinger Juristenfakultät seine auf reiches sowjetisches Quellenmaterial gestützte *Dissertation* ein[45]. Der Bericht des Erstkorrektors stammte vom 12. Januar 1929, die Bewertung lautete „gut bis sehr gut". Das ebenfalls äußerst zügig angesetzte Rigorosum bestand der Kandidat am 29. Januar 1929, geprüft von Heinrich Pohl (Völkerrecht und Staatsrecht) und Max von Rümelin (Bürgerliches Recht und Römisches Recht). Anschließend nahm Stauffenberg seinen für die Fertigstellung der Dissertation unterbrochenen Dienst als Referendar wieder auf, freilich ohne ihn mit der zweiten Qualifikationsstufe, dem Assessorexamen, abzuschließen. Als Botschafter – weiterhin sein Berufsziel – brauchte er den Assessor nicht, er hätte Assessoren.

Später, Anfang der 1950er Jahre, beschrieb der Schulkamerad Eberhard Zeller diesen jungen Stauffenberg voller Bewunderung[46]:

---

[45] Die Rechtstellung der russischen Handelsvertretungen, Berlin/Leipzig 1930. Als Student hatte er Russisch gelernt. Der russische Außenhandelsapparat diente fiskalischen und regulativen Zwecken. Erstere qualifizierte Stauffenberg als kaufmännisches, letztere als hoheitliches Tun. Immunität gestand er diesen Vertretungen nicht zu. – Zuvor hatte der schwedische Bildhauer Adh Hedblom von Berthold Stauffenberg eine bronzene Portraitbüste angefertigt. Sie „gibt auch etwas von dem Charme und dem Geist des Grafen: das Heitere, das Überlegen-Belustigte, das Herzliche seines Wesens", L. Thormaehlen, Die Grafen Stauffenberg (o. Anm. 9), S. 689.

[46] E. Zeller, Geist der Freiheit (o. Anm. 2), S. 252.

6. Promotion und Berufsziel

Abbildung 5: Berthold Stauffenberg, bei Bingen am Rhein 1925/26

„Seine Natur war exklusiv, aber nicht im gesellschaftlichen Sinne. So war sein Auftreten: Er kannte die Spielregeln, aber er wirkte nicht eigentlich gewandt. Noch war an ihm etwas von einem großen Jüngling, schlicht, eckig, gutmütig, abwartend ... Mancher hatte es aufgegeben, ihm näherzukommen, weil er sich so gar nicht mit um die Unterhaltung bemühte. Wenn er etwas sagte, hatte es eine einfache, runde Form, und es war immer etwas Eigenes. Nur was aus ihm selbst kam, schien ihm sagenswert. Sein Sinn für Eigenart ertrug eher das Kauzige als das Konventionelle. Gesammelte Ruhe war ihm das Wesentliche, hier entstand für ihn das Schöpferische und Große ebenso wie das Behagen und Genießen."

IV. Völkerrechtler im Vorkriegs-Berlin und im Haag

1. Eintritt in das Berliner Völkerrechtsinstitut

Kurzentschlossen brach der 24-jährige Berthold Stauffenberg den am 15. April 1928 am Amtsgericht Stuttgart I begonnenen und, für die Monate September und Oktober 1928, am Oberamt Reutlingen fortgesetzten juristischen Vorbereitungsdienst ab[47]. Die lebensbestimmende Chance ergreifend trat er am 1. März 1929 als Referent in das im Jahr 1924 in Berlin gegründete *Institut für ausländisches öffentliches Recht und Völkerrecht* ein. Als eingetragener Verein (e.V.) mit dem Recht, das Minerva-Signet der Kaiser-Wilhelm-Gesellschaft zu führen, stand diese durch einen Vertrag zwischen dieser Gesellschaft und der Reichsregierung gegründete Institution von Beginn an unter der Leitung von Viktor Bruns. Ihren Sitz hatte das Institut im Dachgeschoss des weiträumigen alten kaiserlichen Schlosses in „Berlin C-2". Die ebenfalls dort untergebrachte zivilrechtliche Schwestereinrichtung, ein Kaiser-Wilhelm-Institut, leitete bis 1942 Ernst Rabel. Wegen des alliierten Bombenkriegs zunächst nach Tübingen verlegt, kam das Rabel-Institut, nun unter Leitung von Hans Dölle, schließlich nach Hamburg, das Völkerrechtsinstitut unter Carl Bilfinger nach Heidelberg.

1938 wurde Bruns' Institut, um seine Unabhängigkeit gegenüber dem die Wissenschaft immer schrankenloser bedrängenden NS-Regime zu stärken, in das „Kaiser-Wilhelm-Institut für ausländisches öffentliches Recht und Völkerrecht" umgewandelt. Bruns blieb bis zu seinem Tod im Jahr 1943 Institutsdirektor. Zugleich übernahm er neben zahlreichen weiteren Pflichten den Vorsitz des Völkerrechtsausschusses der regimenahen, letztlich wirkungsschwachen Akademie für Deutsches Recht, die ebenfalls in der Reichshauptstadt angesiedelt war. Bei der Bewältigung der zahlreichen internationalen Rechtsfragen, die sich aus der Kriegsniederlage, dem Versailler Vertrag sowie dem anglo-französisch dominierten Genfer Völkerbund[48] ergaben, arbeitete

---

[47] Die Rechtswissenschaft interessiere ihn kaum, sagte er einmal, George sei die Mitte seiner Existenz; er habe hohe Ziele, sei voller Unruhe und lebe für ein hohes Ideal, vgl. *P. Hoffmann*, Claus Schenk Graf von Stauffenberg (o. Anm. 2), S. 73. Mangels Assessor-Examens war er beruflich, anders als etwa sein Institutskollege Carlo Schmid (trotz einer Denunziation konnte dieser bis Kriegsende als Richter in der Provinz amtieren), auf das Institut, auf die (Völker-)Rechtswissenschaft angewiesen.

[48] Friedensvertrag mit dem Deutschen Reich vom 28.6.1919; Der Genfer Völkerbund, Satzung vom 28.6.1919, beides in: *Fontes Historiae Iuris Gentium*, Bd. 3/2,

1. Eintritt in das Berliner Völkerrechtsinstitut

das der Grundlagenforschung gewidmete Völkerrechtsinstitut[49] eng, aber nicht hörig, mit seinem Hauptfinanzier zusammen: mit der Reichsregierung, besonders mit dem Auswärtigen Amt. Zu den Aufgaben des Instituts gehörten rechtliche Beratung und Begutachtung, zumal für Stellen der Regierung.

Besonders der in seiner Legalität umstrittene deutsche U-Bootkrieg im Ersten Weltkrieg (bereits am zweiten Tag des Krieges hatte ein deutsches U-Boot das unbewaffnete britische Passagierschiff „Athenia" versenkt, der 26-jährige U-Boot-Kommandant hatte das Schiff für einen Hilfskreuzer auf Vorpostenstation gehalten) offenbarte Mängel an institutionalisierter Expertise. Bruns' Institut mit seiner großangelegten vielsprachigen Fachbibliothek und einem ständigen Stab völkerrechtlicher und rechtsvergleichender Spezialisten ermöglichten nun eine umfassende, von den Universitäten und ihren kargen Seminarbibliotheken nicht zu leistende Ausbildung und Ausstrahlung. Zeit- und aufgabengemäß stellte Bruns die Institutsarbeit auf dokumentarische Grundlagen: auf Vertrags- und Entscheidungssammlungen sowie auf Quellenwerke und Dokumente zur Staatenpraxis. Bruns' damaliger, moderat-positivistischer Ansatz entsprach der methodischen Vorgehensweise von Berthold Stauffenberg, als dieser dem Institut beitrat.

Nach Weltkriegsniederlage und starkem Ansehensverlust wollte Deutschland in den 1920er/1930er Jahren an vielen wissenschaftlich-künstlerischen und wirtschaftlich-technischen Fronten rasch wieder Anschluss gewinnen – an seine vormals in diversen Bereichen international führende Stellung. In diesem Sinn war das Völkerrechtsinstitut, vergleichbar der an Kunstwerken reichen Berliner Museumsinsel, ein einladendes, zur Welt hin geöffnetes Fenster deutscher Wissenschaft und Kultur.

Hauptziel der damaligen Institutsarbeit war die Unterstützung der erstrebten Revision der viele Deutsche geradezu traumatisierenden Friedensverträge von 1919. „Versailles" war auch ein strafendes Diktat der siegreichen Demokratien, die das „alleinschuldige" Deutsche Reich (Art. 231 des Vertrags) zu Republik und Demokratie zwingen wollten. Indirekt stärkte diese „Sprache des Hasses, der Rache und der Vernichtung", wie später Bruns formulierte, die antidemokratischen Affekte im Reich. Die Hoffnung auf Achtung des Selbstbestimmungsrechts der Völker und auf Gleichberechtigung der Staaten war in den Pariser Vorortverträgen enttäuscht worden. Die Linderung der belastenden Vertragsklauseln wollte Deutschland mit diplomatischen Mitteln erreichen, unterstützt von der Kraft des „besseren" Rechtsargumentes.

W. G. Grewe (Hg.), Berlin/New York 1992, S. 683 ff., 810 ff. Zur verratenen Nachkriegsfriedensordnung *S. G. Pedersen*, The Guardiens: The League of Nations and the Crisis of Empire, 2015.

[49] Mehrfach vertrat V. Bruns das Deutsche Reich im Haag, etwa im Streit über die deutsch-österreichische Zollunion, die der Gerichtshof dann mit denkbar knappster Mehrheit verwarf.

IV. Völkerrechtler im Vorkriegs-Berlin und im Haag

Orientiert man sich an den Veröffentlichungen des Instituts in den 1930er Jahren, dominierte, ohne dass die Arbeiten unakzeptable tendenzwissenschaftliche Ansätze verkörperten, eine latent vaterländische Sicht. Politik, Wissenschaft und Presse kritisierten am Friedensvertrag besonders die historisch beispiellosen Reparationen (Teil VIII), den Verlust wichtiger Territorien wie Westpreußen und Posen, dazu die Abtrennung wertvoller Grenzregionen (Teile II, III) und die Abgabe aller Kolonien (Teil IV). „Versailles" erschien manchen als Fortsetzung des Krieges mit anderen Mitteln. Im Völkerbund sahen national Denkende (nur wenige Deutsche dachten damals „international" oder gar „supranational", also eine europäische Gemeinschaft befürwortend) ein Instrument der Siegermächte zur Sicherung ihrer „Beute"[50].

In der aufgeheizten Nachkriegsära verteidigten die weitaus meisten Völkerrechtler (auf beiden Seiten) ihre jeweilige vaterländische Position. Übernationale Ansätze – einige wenige wurden von deutschen Völkerrechtlern entwickelt, besonders von Walter Schücking und Hans Wehberg – entfalteten nur wenig Überzeugungskraft. Letztlich versuchten die Berliner Politiker und ihre Rechtsexperten, dem Deutschen Reich „seinen" Rang als gleichberechtigte europäische Großmacht zurückzugewinnen[51]. Soweit dies mit dem überkommenen Völkerrecht, einschließlich seiner ungeschriebenen Fundamentalsätze, nicht erreichbar war, galt es neue, womöglich auch rechtstheoretisch und -ethisch inspirierte Normen und Standards zu entwickeln und für ihre Akzeptanz zu werben. Teilweise bezog man sich dabei auf allgemeine Rechtsgrundsätze, etwa auf „Sittlichkeit" und „Gerechtigkeit" – so Viktor Bruns später in diversen kurzen, methodisch kaum überzeugenden Beiträgen.

Nie versuchte sich der „Positivist" Berthold Stauffenberg an diesem geradezu neonaturrechtlich Ansatz. Bekanntlich verfehlte jene internationalrechtlich gestützte Vorgehensweise im nationalistischen Umfeld der frühen 1930er Jahre ihr wichtigstes Etappenziel: die wehr- und rüstungspolitische Gleichbe-

---

[50] Für *G. A. Walz*, Völkerrechtsordnung und Nationalsozialismus, München 1942, S. 57f. war die Periode 1918–32 die „Fortsetzung des nicht endgültig ausgetragenen ersten Weltkrieges mit anderen Mitteln".

[51] Auch *V. Bruns*, Deutschlands Gleichberechtigung als Rechtsproblem, Berlin 1934, leitete aus dem Versailler Vertrag einen Anspruch auf Gleichberechtigung Deutschlands ab. Die Entwaffnung des Reiches sei eine „Vorleistung" gewesen, abhängig von der Vertragserfüllung der Gegenseite. Zunehmend dienten seiner Argumentation Bezugnahmen auf vage „grundlegende" Werte, auf „universale Rechtsideen" sowie auf „Gerechtigkeit". Vgl. *W. Schubert* (Hg.), Ausschüsse für Völkerrecht und für Nationalitätenrecht (1934–1942), Frankfurt a.M. 2002, S. 2ff.; *M. Stolleis*, Geschichte des öffentlichen Rechts in Deutschland, III. Bd. 1914–1945, München 1999, S. 63; *I. Hueck*, Die deutsche Völkerrechtswissenschaft im Nationalsozialismus, in: D. Kaufmann (Hg.), Geschichte der Kaiser-Wilhelm-Gesellschaft im Nationalsozialismus, Göttingen 2000, S. 490ff. (511ff.); *B. Fassbender*, Stories of War and Peace, EJIL 13 (2002), S. 479ff.

rechtigung des Deutschen Reichs. Ebenso scheiterte der später noch zu erläuternde Versuch von Völkerrechtlern im Oberkommando der Wehrmacht in den Jahren 1940–41 – auch Berthold Stauffenberg vom Oberkommando der Marine war mit anderen dienstverpflichteten Juristen an diesem „Vorausschuss Kriegsrecht" beteiligt –, das Kriegsvölkerrecht auf dem Hintergrund der bis dahin (ein Jahr vor dem Beginn des Krieges gegen die Sowjetunion) auf kurze Sicht außerordentlich erfolgreichen Kriegsführung „deutschbestimmt" umzuprägen.

Seit 1933 griff Hitler zum Mittel der Täuschung, der Erpressung, des kaum kaschierten Rechts- und Vertragsbruchs und schließlich der militärischen Überwältigung. Er versuchte (wie im Kern nun auch Bruns), seine Forderungen unter anderem auf allgemeine Rechtsprinzipien (Gerechtigkeit, Staatengleichheit, Selbstbestimmungsrecht des Volkes) zu stützen. Diese Vorgehensweise wurde etwa von den Völkerrechtlern Friedrich Berber und Karl Bilfinger, die, anders als Bruns, nicht nur in den ersten Jahren des „Dritten Reichs" mit dem Nationalsozialismus offen sympathisierten, „legitimiert" – unter Berufung auf ein „politisches Völkerrecht", auf eine „nationalsozialistische Völkerrechtspolitik" und eine „völkische Rechtserneuerung". In den sorgfältig redigierten und seriösen Institutspublikationen findet sich, soweit ersichtlich, keine derartige Engführung – freilich ist das noch kein „Widerstand durch das, was man nicht tut" (Richard von Weizsäcker). Bruns' Institut war insoweit wohl *keine* schattenfreie „Pflanzstätte antinationalsozialistischen Geistes", wie es später gerühmt wurde, etwa von Berthold Stauffenbergs jüngerem Institutskollegen Helmut Strebel (1911–92) und weit später auch von Michael Stolleis.

2. Anfangserfolge und Missverständnisse

Geduldige, wissenschaftlich abgesicherte Bemühungen der Weimarer Regierungen – die Reichsverfassung von 1919 war völkerrechtsfreundlich – hatten ermutigende Anfangserfolge erzielt: Locarno-Pakt 1925, Aufnahme des Deutschen Reichs in den Völkerbund 1926 (Teil I des Versailler Vertrags hatte das noch verwehrt), Ratifikation des kriegsächtenden Briand-Kellogg-Pakts 1927, der in den Nürnberger Kriegsverbrecherprozessen dann eine Schlüsselrolle spielen sollte. Das waren allesamt auch Teilergebnisse deutscher Völkerrechtspolitik, die von den Rechten gleichwohl hasserfüllt als „Erfüllungspolitik" denunziert wurden. Mit dem zentralen Locarno-Vertrag erkannten Deutschland, Frankreich, Belgien und die Niederlande unter Garantie Englands und Italiens dann die in Versailles gezogenen deutschen Westgrenzen an[52]. Die Ausgleichspolitik öffnete den Weg für eine maßvolle deutsch-französische Zusammenar-

---

[52] „Locarno" bezog sich nicht auf die deutschen *Ost*grenzen, was das Verhältnis zu Warschau und Prag stark belastete. Die Tagungsräume in Locarno sind heute verwaist und verstaubt (Mitteilung Bardo Fassbender).

beit in europäischem Geist – ein hoffnungsvoller Ansatz, der 1926 mit der Verleihung des Friedensnobelpreises an die Außenminister Briand und Stresemann überzeugend gewürdigt wurde.

Die Räumung des Ruhrgebietes durch Frankreich und Belgien – die Konferenz von Lausanne zog 1932 in der Reparationsfrage dann einen das Deutsche Reich entlastenden Schlussstrich – war ein weiterer Ertrag dieser *gewaltlosen* Revisionspolitik. Klug ging sie von der europäischen Nachkriegsrealität aus: die Beachtung der Rechtsidee war für ein zukunftweisendes gewaltfreies Zusammenleben der Völker unentbehrlich. Die Rechtsqualität des vom Deutschen Reich unterzeichneten und ratifizierten Versailler Friedensvertrages ließ sich, entgegen Friedrich Berber und Carl Bilfinger, nicht mit Pauschalargumenten wie „Zwang" und „Ungerechtigkeit" negieren. Der Sturz in den zweiten Weltenbrand (Überfall auf Polen am 1. September 1939), der in unvorstellbarem, schrecklichem Umfang Vernichtung und Rechtlosigkeit entfesselte, war aus ex post-Perspektive keineswegs zwingend. Noch im Jahr 1939 wäre ein Innehalten möglich gewesen: durch Verzicht des Deutschen Reiches auf das Ziel, Kontinentaleuropa zu dominieren. Hitler-Deutschland war freilich längst kein revisionistischer Staat mehr, der mit diplomatischen und rechtsdogmatischen Mitteln noch hätte eingehegt werden können. Das „Dritte Reich" war, allen vertraglichen Pflichten zum Trotz, zu einer hochgerüsteten, imperialistischen, totalitären Weltgefahr geworden. Ohne „regime change" in Berlin war ein gewaltfreier Interessenausgleich mit Paris und London nicht mehr möglich.

Viktor Bruns (1884–1943), der erfahrene, hervorragend vernetzte Institutsdirektor, war für Berthold Stauffenberg in den frühen 1930er Jahren die wissenschaftlich prägende Gestalt. Freilich folgte der junge Mitarbeiter, wie angedeutet, seinem „Chef" nicht in dessen zunehmend nicht-positivistisch werdenden Argumentationsweise. Mit generellen Begriffen wie „Unsittlichkeit" und „Ungerechtigkeit" (bezogen auf die Versailler Verträge und ihre Auswirkungen) tendierte Bruns' Ansatz ab den späten 1930er Jahren zu dem Versuch, vertragliche Pflichten zu hinterfragen, ja auszuhebeln. Auch im Übrigen war Bruns nicht der Funke, der das „Eigentliche" im „stillen Stauffenberg" entfachte und lodern ließ. Wie sein Stellvertreter Ernst Schmitz sah Bruns in seinen frühen, nach wie vor bewundernswerten Grundlagenarbeiten im *Völkerrecht* einen *lückenlosen Ordnungszusammenhang*[53], eine gemeinsame Rechtsordnung aller staatlichen Mitglieder der internationalen Gemein-

---

[53] *V. Bruns*, Völkerrecht als Rechtsordnung, ZaöRV 1929, S. 200 ff.; 1933, S. 445 ff.: Das Völkerrecht „ist ein System von Rechtsgrundsätzen, Rechtsinstitutionen und Rechtssätzen, die untereinander in einem Ordnungszusammenhang stehen." Vgl. *ders.*, Die politische Bedeutung des Völkerrechts, Zeitschrift der Akademie für Deutsches Recht, 1935, S. 342 ff.

2. Anfangserfolge und Missverständnisse

schaft[54]. In diesem fruchtbaren, bis heute – trotz aller „Völkerrechtskrisen" – überzeugenden Ansatz folgte ihm Berthold Stauffenberg bis Mitte der 1930er Jahre.

Bis 1943, seinem Todesjahr, steuerte Bruns „sein" Institut erfolgreich durch die Klippen politischer Einwirkung[55]. Die anfänglichen „Blitzkrieg"-Siege der Wehrmacht erschwerten dann ein objektives wissenschaftliches Standhalten gegen den Sog des „neuen deutschen Rechtsdenkens". Distanz zur NS-Diktatur und Treue zur Rechtsidee waren nun schwieriger zu wahren – dem großen Rechtslehrer Heinrich Triepel (1868–1946) etwa gelang dies indes höchst eindrucksvoll. Die letzten, zunehmend chaotischen Jahre der Weimarer Republik, die in verfassungspolitischer Hinsicht (Frauenwahlrecht, Stärkung des Parlaments, Volkswahl des Staatsoberhauptes, liberale und soziale Grundrechte) an sich Chancen für einen nachhaltigen demokratischen Aufbruch besaß, die sich letztlich aber als eine Demokratie weitgehend ohne Demokraten erwies, hatte Berthold Stauffenberg aus nächster Nähe miterlebt – im Zentrum der lärmenden, hektischen Hauptstadt, fern seiner stillen ländlichen Heimat. Vom zeittypischen Affekt gegen Kosmopolitismus, Liberalismus und Pluralismus war er im Kern offenbar so wenig frei wie die meisten seiner Institutskollegen und Vorgesetzten. Manche beteiligten sich, anders als Stauffenberg, an steriler Dauerkritik an „Versailles" und an „Genf"[56]. Die politisch Rechten sahen die deutsche Unterschrift unter den Friedensvertrag gar als rechtlich nicht bindend an und verlangten umfassende Revision.

Der strategisch denkende und mitreißend debattierende Revisionspolitiker *Stresemann* war zu früh gestorben, um die Eroberung des Kanzleramts durch Hitler und die Nationalsozialisten dauerhaft verhindern zu können. Womöglich war Stresemann der einzige demokratische Politiker, der Hitler damals hätte abwehren können. Allenfalls halbherzig stützten die national denkenden Staats- und Völkerrechtler die durch Parteien mediatisierte Weimarer Massendemokratie. Monarchisten waren sie nicht, belastbare Alternativen zu Republik und Demokratie präsentierten sie aber auch nicht. Manchen leuchtete

---

[54] *H. Strebel*, In Memoriam (o. Anm. 9), S. 14: „Die Mitwirkung an der Herausgabe der *Fontes Juris Gentium* führte (Stauffenberg) in die hohe und strenge Schule von Ernst Schmitz, mit dem ihn ... eine echte Freundschaft verband. Beiden gemeinsam war die rasche Erfassung des Wesentlichen, die Sparsamkeit mit Worten und die selbstlose Hingabe an die Sache."

[55] Bezüglich der Entlassung von Deutschen jüdischer Abstammung agierten Bruns und Rabel flexibel. So wurde etwa der „Vierteljude" Joachim-Dieter Bloch 1935 als Beamter entlassen, blieb aber Referent, nun im Angestelltenverhältnis, vgl. *M. Bloch*, Dr. Joachim-Dieter Bloch, ZaöRV 2014, S. 873 ff.

[56] Den Angriffskrieg hatte der Briand-Kellogg-Pakt nach verbreiteter Meinung nicht wirksam verboten, *B. Roscher*, Der Briand-Kellogg-Pakt von 1928, Baden-Baden 2004, S. 155 ff. Das Deutsche Reich berief sich u. a. auf die angeblich veränderte Gesamtlage: „*When the facts change ...*".

eine direkte oder gar autoritäre Demokratie stärker ein als die parlamentarisch-demokratische Ausgestaltung der Weimarer Republik.

Den schon in Versailles ins Spiel gebrachten Instrumenten „internationale Gerichtsbarkeit" und „internationale Schiedsgerichtsbarkeit" stand Berthold Stauffenberg weitgehend aufgeschlossen gegenüber. Er plädierte jedenfalls nicht für ein prinzipielles Zurückdrängen internationaler Organisationen oder internationaler richterlicher Entscheidungen. Nie sprach er dem Briand-Kellogg-Pakt oder dem Statut des Völkerbunds normative Kraft ab. US-Präsident Wilsons idealistische „14-Punkte" hatten freilich offenbar auch für Stauffenbergs Verständnis zu hoch gegriffen. Sie sollten die Grundlage eines modernen universellen Völkerrechts bilden, mit dem Völkerbund als institutionellem Mittelpunkt einer rechtlich geordneten, gerichtlich kontrollierten Staatengemeinschaft – eine Neuordnung jenseits von „Souveränitätsschwindel" und konfrontativer Nationalstaatlichkeit. Bekanntlich scheiterten diese Pläne frühzeitig. Italiens Überfall auf Äthiopien (1935) und Japans besonders verlustreicher Einfall in China (1937) – um nur die schwersten damaligen Völkerrechtsbrüche zu benennen – entlarvten die Schwäche des Völkerbunds.

Offenbar *verkannte* Berthold Stauffenberg das auch *chancenbergende „Fließen" der internationalen Lage* in den späten 1920er und frühen 1930er Jahren. Anders als Stresemann sah der junge Völkerrechtler wohl nicht die Möglichkeiten, die die besonders von Präsident Wilson angestrebte „freie Zusammenordnung der nationalen Interessen in einer neuen Gemeinschaft" (Max Huber) gerade auch für das Deutsche Reich bot. Als patriotische deutsche Juristen – nicht als Weltbürger, die die völkerrechtliche Ordnung durch internationale Sanktionen und wachsame richterliche Eingriffsmöglichkeiten sichern wollten – missverstanden die Berliner Völkerrechtler, ex post geurteilt, die zukunftweisenden Elemente des globalen Geschehens, auch die des chancenreichen Young-Plans. Die internationale Lage befand sich in rascher, aus deutscher Sicht keineswegs auf Dauer ungünstiger Bewegung. So kam etwa auf angloamerikanischer Seite das Gefühl auf, in Versailles die Deutschen nicht „fair" behandelt zu haben. Ein weiterer Aspekt der fluiden Gesamtlage war die zügige Erholung wichtiger Teile der deutschen Wirtschaft.

Letztlich versetzte zunächst nicht das Deutsche Reich, sondern der von Italien entfachte Abessinien-Krieg von 1935–36 der Nachkriegsordnung den Schlag, der die Welt veränderte. Hätten die Staatsmänner mehr internationalen Geist, mehr wirtschafts- und finanzpolitische Kompetenz und mehr republikanische Wachsamkeit besessen, wäre das ein „glücklicher Zufall gewesen"[57].

---

[57] *P. Hoffmann*, Widerstand (o. Anm. 2), S. 21 f.; hinzugekommen sei Unkenntnis über den „totalitären, an kein Gebot der Menschlichkeit und des Rechtes sich gebunden fühlenden Leviathan".

Um die Konsequenzen etwa der präzedenzlos hohen Revisionsforderungen[58] vorherzusehen, hätte es mehr „Katastrophenphantasie" (Henry James) gebraucht. Für die Weimarer Republik ergriffen aber weder der „unpolitische" Stefan George noch der junge Berthold Stauffenberg öffentlich wahrnehmbar Partei. Die zahlreichen ausländischen Besucher und (meist) Bewunderer des „Dritten Reichs" ahnten erst recht nicht, welch katastrophale Konsequenzen dieses totalitäre „neue Deutschland" demnächst haben würde. Selbst die SPD hatte das von Beginn an zutiefst verbrecherische Wesen des Nationalsozialismus verkannt: Kurz vor dem 30. Januar 1933, dem Tag der „Machtergreifung", hatte das Parteiorgan „Vorwärts" Hitler als bloßen „Faschingskanzler" abgetan.

3. Am Ständigen Internationalen Gerichtshof in Den Haag

Zum 1. Juli 1931 entsandte Bruns seinen kaum 26-jährigen Mitarbeiter[59] an den in Den Haag gegründeten Ständigen Internationalen Gerichtshof. Beurlaubt vom Institut wurde Berthold Stauffenberg nun vom Völkerbund angestellt und, was seinen Vater besonders freute, exzellent bezahlt. Mit der Abordnung brach für den Wissenschaftler sein internationalster Lebensabschnitt an. Er sollte nur zweieinhalb Jahre dauern. Stauffenbergs Vorgesetzter war nun der bedeutende schwedische Gerichtskanzler *Åke Hammarskjöld*[60], der im Friedenspalast alle Fäden in der Hand hielt[61]. Unermüdlich rang dieser

---

[58] Der Briand-Kellogg-Pakt relativierte die Revisionsforderungen, vgl. *B. Roscher*, Der Briand-Kellogg-Pakt (o. Anm. 56), S. 191 ff. Georgeaner übten scharfe Kritik an den erst spät erleichterten Reperationslasten: *F. Wolters*, Vier Reden über das Vaterland, Breslau 1927; *E. Salin*, Die deutschen Tribute, Berlin 1930.

[59] *B. vom Brocke*, Die Kaiser-Wilhelm-Gesellschaft in der Weimarer Republik, in: R. Vierhaus/B. vom Brocke (Hg.), Forschung im Spannungsfeld von Politik und Gesellschaft, Stuttgart 1990, S. 197 ff.; *H. Albrecht/A. Hermann*, Die Kaiser-Wilhelm-Gesellschaft im Dritten Reich (1933–1945), ebd., S. 385 ff.; *F. Lange*, Zwischen völkerrechtlicher Systembildung und Begleitung der deutschen Außenpolitik., Berlin 2020; *ders.*, Praxisorientierung und Gemeinschaftskonzeption, Heidelberg 2017, S. 73 ff.

[60] *M. Huber*, In memoriam Åke Hammarskjöld (1893–1937), Leiden 1938, S. 3 ff. Auf Hubers Wunsch hin übersetzte Stauffenberg diesen Nachruf ins Französische, ebd., S. 33 ff.

[61] Stauffenberg an George (alle folgenden Archivalien im StGA), 17.10.1932: „Inzwischen bin ich wieder an die arbeit gegangen · nicht mit besonderer freude. Sie scheint nicht sonderlich sinnvoll – man lernt den schwindel rasch kennen · und dann bietet er nichts neues mehr." Am 18.10.1933 bzgl. Deutschlands Austritt aus dem Völkerbund: „(Er) war offensichtlich unvermeidlich geworden – und man möchte anfragen wie die anderen ehrlicherweise erwarten konnten dass wir auf die neuesten zumutungen eingehen würden." Am 27.10.1933: „Die richter hier scheinen in einen zustand immer grösserer vertrottelung zu geraten und es wäre das beste man würde den ganzen

Bruder des späteren UN-Generalsekretärs Dag Hammarskjöld um die Anerkennung der Bindungen und Möglichkeiten, die vom Völkerrecht ausgehen. Stauffenberg war im Haager Arbeitsstab nun ein „redigierender Sekretär": „Secrétaire-rédacteur au greffe" lautete seine dienstliche Funktionsbezeichnung. Der Gerichtshof, formal kein Organ des Völkerbundes, war eine pointiert zweisprachige Institution. Auf diese Besonderheit, auf Sprache als Medium und Produkt des Rechts, wurde im Haag zur Freude des sprachenkundigen deutschen Mitarbeiters Wert gelegt.

Stauffenberg bevorzugte die damalige Sprache der Diplomatie. Wie George beherrschte er selbst den Geist des Französischen. Auf Wunsch des Gerichts-Präsidenten wirkte Stauffenberg auch bei der Vorbereitung von Entscheidungen der Cour mit – nicht als ein weisungsgebundener subalterner Hilfsassistent, sondern als ein *selbstständig denkender* und zugleich mit Worten haushaltender *Experte*, der Kompetenz mit Takt und, ohne passiv oder abwesend zu wirken, Energie mit Stille verband. Seine fachlichen und charakterlichen Qualitäten öffneten ihm im Haag, wie schon zuvor in Berlin, manche Türen. Zusammen mit den Staaten, dem Gerichtshof und den 15, jeweils auf 9 Jahre gewählten Richtern, unter ihnen der international respektierte deutsche Pazifist Walter Schücking, konnte sich Stauffenberg daran beteiligen, die Entwicklung und Durchsetzung des Völkerrechts zu fördern.

Insgesamt waren die dreißig Monate im Haag für Stauffenberg – trotz aller gegenüber Stefan George geäußerten Kritik an einzelnen Aspekten des Gerichtshofs – eine fachlich und persönlich bereichernde Zeit. Seinen Respekt für den Gerichtskanzler bezog er letztlich auf den Hof insgesamt. Die mustergültig geführte Gerichtskanzlei sicherte Kontinuität und Qualität der Arbeit. Das Völkerrecht gewann an Bedeutung. Mit durchweg abgewogenen, gehaltvollen Urteilen und Gutachten stärkte der Gerichtshof seine und des Völkerrechts Autorität. Gegenüber George, der alles „Internationale" ablehnte, bestand Stauffenberg nicht auf seiner eigenen, prinzipiell etwas hoffnungsvolleren Sicht. Inmitten seines enormen Arbeitspensums bewahrte er sich seine Urteilsfreiheit. Er versuchte nicht, dem Dichter gegenüber seine eigene, weniger kritische Position zu erläutern und zu rechtfertigen[62]. Er war Georges Schüler und Freund, nicht sein Lehrer oder Korrektor.

---

haufen nach hause schicken. Jedenfalls ist unter diesen umständen irgend eine sinnvolle arbeit doch nicht möglich." Am 18.11.1933, zurückkehrend aus Berlin: „Wenn man aus der hiesigen totenruhe kommt ist Berlin ein recht empfindlicher gegensatz".

[62] Von Scheveningen aus beteiligte sich Stauffenberg an der langfristigen Sicherung von Georges Werk. Vgl. etwa folgenden Ausschnitt aus seinem Brief an *F. Mehnert* vom 17.10.1932 (bewahrt im StGA): „Soweit ich feststellen konnte waren die ausführungen Ernsts (Morwitz) über die OHG zutreffend. Sie löst sich wenn nichts anderes vereinbart ist mit dem tode eines gesellschafters auf · kann aber durch vereinbarung mit dessen erben wieder aufleben ohne dass eine neugründung notwendig wäre."

3. Am Ständigen Internationalen Gerichtshof in Den Haag

Von einer *privaten Existenz* Berthold Stauffenbergs, einem etwaigen Interesse für Kino, Musik, Malerei oder Literatur, ist nichts bekannt. Seine meist in Eile verfassten, stets kurzen Briefe waren zunächst ganz dem Gerichtshof, später Georges Stiftungsprojekt und, seit Mitte 1933, dem Ob und Wie der Rückkehr des jungen Juristen nach Deutschland gewidmet. Freilich, in den Monaten im Haag gab es auch Privatheit und Lebensfreude. So erhielt der Vielbeschäftigte mehrfach den Besuch der Deutschrussin Maria („Mika") Classen (1900–77), seiner späteren *Ehefrau*. Geboren im ukrainischen Marienskaja als Tochter von Heinrich Classen auf Gut Reimerhof, Melitopol, Taurien, und der Margarete Dirks, identifizierte sich die junge Frau offenbar mit Berthold Stauffenbergs hoher Auffassung von Dienst und Dichtung, von Familienehre und beruflicher und „staatlicher" Verantwortung.

Über Maria Stauffenberg ist wenig bekannt. Sie besaß offenbar Mut, Geduld und Charme. Berthold Stauffenberg schrieb ihr besorgt und liebevoll am 24. Februar 1944 (ein seltener Einblick in sein Inneres):

„Wenn ich auch wenig zu haus bin so habe ich doch sehr sehnsucht nach meinem dummen liebes und nach den kindern – und manchmal bleibt man am abend zum essen schon deshalb in der stadt weil einen nichts nach haus zieht und dort alles so leer ist … Morgen nachmittag hoffe ich zu haus sein zu können um endlich noch das obst abernten zu können – bisher war es einfach nicht möglich und es fiel einfach herunter… Wegen Deines kommens lässt sich noch schwer etwas sagen. In der nächsten zeit wenn die grossen transporte von osten nach dem westen gehen wird es sowieso nicht möglich sein die reise zu machen… Jedenfalls ist es das beste wenn Du zunächst noch in Lautlingen bleibst so traurig das auch für mich ist. Schreib mir viel von Dir und den kindern und was Ihr treibt – damit ich wenigstens das höre … Ich küsse die kinder und umarme Dich innigst Dein liebster."

Im Krieg und nach dem Zwanzigsten Juli bewies Maria Stauffenberg Familiensinn und Disziplin. Berthold Stauffenberg hatte die junge Frau als Student im Haus seiner Eltern kennengelernt und mit ihr korrespondiert, übungshalber gelegentlich auf Russisch. Die beiden verlobten sich, eine lange, licht- und vor allem schattenreiche Voreheit begann. Erst am 20. Juni 1936, nach dem Tod seines Vaters (Stefan George war schon drei Jahre zuvor verstorben, auch er ein Gegner dieser Eheverbindung Bertholds), heiratete das junge Paar in Berlin. Ein privates Glück, bald mit zwei gemeinsamen Kindern gesegnet, begann – vor einem innen- wie außenpolitisch sich rasch verdunkelnden Horizont. Erneut, wie schon bei seinem Urteil über die internationale Gerichtsbarkeit, traf Berthold Stauffenberg mit der Eheschließung eine ganz *eigenständige Entscheidung*. Sie stand, wie seinerzeit etwa auch die Eheschließung von Friedrich Gundolf mit einer von George abgelehnten „modernen Frau", im Gegensatz zum ausdrücklichen Willen des Dichters und des Vaters. Eigenständig blieb auch Stauffenbergs wissenschaftlicher Ansatz. Dieser unterschied sich, wie gesagt, von der pauschalen „Gerechtigkeits"-Argumentation, der sich etwa Viktor Bruns seit den späten 1930er Jahren bediente.

Dem jungen Ehepaar wurden zwei Kinder geschenkt: Alfred (1937–87) und Elisabeth (geb. 1939), beide kamen in Tübingen zur Welt. Nach dem 20. Juli 1944 fuhr Maria Stauffenberg, um sich nach dem Verbleib ihres Mannes und etwaigen Hilfschancen zu erkundigen, noch am 23. Juli 1944 abends von Lautlingen nach Berlin. Sie quartierte sich in Bertholds und Claus' Wohnung in der Tristanstraße ein. Umgehend in „Sippenhaft" genommen, musste sie die ersten drei Monate im Moabiter Gefängnis verbringen, die anschließenden Monate in verschiedenen Konzentrationslagern. Wie sie überlebten ihre Kinder Alfred und Elisabeth die traumatisierende Haft[63]. Wie die Kinder von Claus und Nina Stauffenberg waren sie unter falschem Namen in ein Heim in Bad Sachsa am Südharz gebracht worden. Im Jahr 1951 leitete Maria Stauffenberg ein erst 1974 erfolgreich abgeschlossenes Verfahren der Wiedergutmachung ein. Ihr Sohn Alfred wurde, wie es Berthold Stauffenberg für sich selbst erhofft hatte, deutscher Diplomat.

Ihre Schwägerin Melitta, die Ehefrau von Alexander Stauffenberg, war am 25. Juli 1944 verhaftet worden. Als „kriegswichtige" Leiterin der „Versuchsstelle für Flugsondergerät" in Berlin-Gatow wurde sie am 29. September 1944 freigelassen. Die brillante Fliegerin widmete sich nun ganz der Sorge für ihre verstreut inhaftierten Verwandten, darunter ihren Ehemann und die Kinder ihrer Schwägerinnen Nina und Maria. Bei einem entsprechenden Hilfsflug am 8. April 1945, der womöglich auch die Befreiung Alexander Stauffenbergs einschließen sollte, fand Melitta Stauffenberg in ihrer langsamen unbewaffneten Übungsmaschine den Tod, bei Straßkirchen abgeschossen von einem amerikanischen Tiefflieger.

Quellen zur Beantwortung der Frage, ob Maria Stauffenberg ihren Mann in Sachen George, Völkerrecht und Konspiration wesentlich beeinflusst hat, sind nicht überliefert. Wahrscheinlich ist die Frage zu verneinen: Bezüglich seiner Kernagenden, einschließlich seiner geistig-künstlerischen Grundüberzeugung und seiner strengen Berufs- und Lebensführung, war Berthold Stauffenberg, nicht anders als sein Bruder Claus, nicht zu beeinflussen. Diesbezüglich waren die beiden Stauffenbergs selbst ihren Ehefrauen gegenüber, gewiss auch zu deren Schutz, verschwiegen und verschlossen. Von ihrem Ehemann zuletzt partiell doch über die Umsturzpläne ins Bild gesetzt, begleitete ihn Maria

---

[63] Maria Stauffenberg, am 25.10.1944 in die niederschlesische „Hindenburgbaude" überführt, wurde Monate später mit den dortigen „Sippenhäftlingen" in Konzentrationslager verlegt: zunächst Stutthof, dann Buchenwald, schließlich Dachau. Die Höllenfahrt ging bis nach Südtirol, Befreiung am 4.5.1945. Ihre Kinder und die von Claus und Nina Stauffenberg waren von der Gestapo in Lautlingen abgeholt und in ein Kinderheim im Harz verlegt worden. Weihnachten 1944 erhielten die Stauffenberg-Kinder Besuch von ihrer Tante Melitta. Am 7.6.1945 konnten sie endlich nach Hause gebracht werden, *G. Bracke*, Melitta Gräfin Stauffenberg, München 1990, S. 175 ff., 215 ff.

Stauffenberg in den seelisch extrem schweren Wochen vor dem Zwanzigsten Juli anteilnehmend und schirmend.

Berthold Stauffenbergs arbeits- und erkenntnisreiche Tätigkeit im Haag, während der er auf Anregung von Hammarskjöld schon größere Teile seines einleitend bereits erwähnten Hauptwerks, des 1934 veröffentlichten Gerichtskommentars, erarbeitete, endete 1933 mit Deutschlands Austritt aus dem Völkerbund. Hitlers brüsker Schritt signalisierte die Abkehr des „neuen Deutschland" vom bisherigen Gefüge des internationalen Systems. Dabei war diese Friedensordnung für ein rechtsförmlich vorgehendes Deutschland, wie gesagt, keineswegs chancenlos. Nach dem Konzept von Präsident Wilson sollte das internationale System künftig auf den universalen Prinzipien der Gleichberechtigung der Staaten, des Selbstbestimmungsrechts der Völker und, obwohl der Weltkrieg kein Krieg zugunsten der Menschenrechte war, der Freiheit und Gleichheit aller Menschen beruhen[64].

Dem scharfen außen- und sicherheitspolitischen Kurswechsel des Deutschen Reichs akklamierten 95 Prozent der Deutschen in der – freilich nicht mehr freien – Volksabstimmung vom 12. November 1933[65]. Auch Berthold Stauffenberg billigte zunächst wohl Deutschlands Abkehr vom Völkerbund und damit mittelbar auch vom Ständigen Internationalen Gerichtshof[66]. Soweit es um den Abschied von Schlüsselelementen des geltenden, letztlich auf dem Konsens und Folgewillen der Staaten aufbauenden Völkerrechts ging, blieb Stauffenbergs Position anschlussfähig. Immer drängender forderte Hitler-Deutschland aber seit Mitte der 1930er Jahre Achtung der Ehre und der Gleichberechtigung der Staaten, dazu ein Interventionsverbot sowie die Revision diverser Grenzen Deutschlands im Osten. Alle deutschen Patrioten, selbstverständlich auch Berthold Stauffenberg, wollten am „Wiederaufbau" Deutschlands „nach langer Winternacht" mitwirken. Gefordert wurden gleichmäßige Abrüstung[67], Wiederherstellung der Wehrhoheit und Vereinigung aller

---

64 Nach *H. Triepel*, Die Hegemonie, 2. Aufl. Stuttgart 1943, S. 292 war „Genf" demgegenüber eine „Kollektivhegemonie der großen Mächte".

65 Ähnlich die Volksabstimmung vom 19.9.1934. *O. Jung*, Plebiszit und Diktatur, Tübingen 1995, sieht in den doch relativ zahlreichen „Nein"-Stimmen (4,9 bzw. 10,1 %) Akte des Widerstands.

66 Nach *B. Ruhm von Oppen* (Bearb.), Helmuth James von Moltke, Briefe an Freya, 2. Aufl. München 1991, S. 29, musste Stauffenberg „unter deutschem Druck seine Stellung" aufgeben. Belege dafür werden nicht angeführt, sie dürfte es nicht geben. Vgl. Stauffenberg an George vom Haag aus (StGA): „Da ich es heute nicht für richtig halte weiter einen gehalt vom Völkerbund zu beziehen so würde ich nächstes jahr nicht mehr hier bleiben falls es nicht ausdrücklich von Berlin gewünscht wird."

67 1931–32 wählte die Deutsche Gesellschaft für Völkerrecht als Tagungsthema: „Hat Deutschland einen Rechtsanspruch auf Abrüstung der anderen?" Von den deutschen Völkerrechtlern vertraten vor allem Walther Schücking und Hans Wehberg (zu

56   IV. Völkerrechtler im Vorkriegs-Berlin und im Haag

Abbildung 6: Berthold Stauffenberg, 1927
Bildhauer: Adh Hedblom

Deutschen im Reich. Diese außen-, sicherheits- und bevölkerungspolitischen Vorstöße verletzten als solche, solange sie auf *gewaltfreiem* Wege durchgesetzt werden sollten, weder das Völkerrecht noch die nationale Grundüberzeugung des Institutsmitarbeiters.

4. Ein deutscher Mann der Wissenschaft

Anfang Januar 1934 kehrte Berthold Stauffenberg ans Berliner Institut zurück. Es hatte keinen dokumentierten Rückruf von Bruns gegeben, auch keinen entsprechenden Wunsch oder Wink seitens des mehrfach konsultierten Auswärtigen Amtes. So erfolgte Stauffenbergs Abschied vom Haag formal freiwillig, in der Sache indes zwingend. Der Völkerrechtler hatte sich dort

---

ihm *Cl. Denfeld*, Hans Wehberg (1885–1962), Baden-Baden 2008) pazifistische Ideale und den Völkerbundgedanken.

dank seiner Begabung, seines auch sprachlichen Engagements und seiner Diskretion eine ausbaufähige Position erarbeitet. Der Gerichtskanzler wollte ihn unbedingt halten. Stauffenberg musste aber davon ausgehen, dass nach dem Ausscheiden Deutschlands aus dem Völkerbund, kombiniert mit der Rücknahme der am Gerichtshof anhängigen deutschen Klagen, kein Interesse Berlins an seinem Bleiben im Haag bestand. Zudem wollte der Völkerrechtler seinem Land und Volk nach wie vor konkret gestaltend dienen, möglichst als Diplomat. Ein entsprechend direktes vaterländisches Engagement war vom Haag aus nicht möglich, schon weil das Deutsche Reich den Gerichtshof mittlerweile boykottierte.

In dem nun anbrechenden neuen Lebensabschnitt gehörte Berthold Stauffenberg zu den kenntnisreichsten deutschen Völkerrechtlern auf dem Gebiet der internationalen Gerichtsbarkeit und Schiedsgerichtsbarkeit. Er kehrte in ein Land zurück, das allein schon durch einzelne Gesetze, wie das über die Einheit von Partei und Staat (1. Dezember 1933), eine ganz andere Gestalt aufwies als das, das er 1931 im ehrenvollen dienstlichen Auftrag („Völkerrecht für die Republik") vorübergehend verlassen hatte. Die brutalen innenpolitischen Rechtsbrüche der „nationalen Revolution", formal unter anderem gestützt auf die „Notverordnung zum Schutze von Volk und Staat" vom 28. Februar 1933, hatten Deutschland innerhalb von wenigen Monaten in die Diktatur eines „völkischen Führerstaates" verwandelt. Legales Opponieren war nicht mehr möglich.

Kommunisten und Sozialdemokaten wurden massiv unterdrückt (SPD-Verbot vom 22. Juni 1933), viele ihrer Mitglieder in Konzentrationslagern gequält und getötet. Es drohte eine verschärfte diplomatische und geistige Isolierung des Reiches. Pogrome und Plünderungen, Verfolgungen von Kirchenmännern, Gewerkschaftlern, Juden und anderer Minderheiten sowie politische Morde folgten, staatlicherseits toleriert, wenn nicht gar initiiert. Die „kollektive Zurichtung" der Deutschen (Léon Poliakov) war Anfang 1934 bereits weit fortgeschritten. Im Unterschied zu anderen Völkerrechtlern, etwa zum Nationalsozialisten Carl Bilfinger[68] und dessen im „Dritten Reich" für einige Jahre tonangebendem Freund Carl Schmitt[69], beide frühe NSDAP-Mitglieder, ließ sich der Patriot Berthold Stauffenberg nicht auf die National-

---

[68] *F. Lange*, Carl Bilfingers Entnazifizierung und die Entscheidung für Heidelberg, ZaöRV 2014, S. 706f., 722, 727. 1943 wurde Bilfinger Institutsleiter, nicht Ulrich Scheuner oder Berthold Stauffenberg, die nach einer Reihungsnotiz von Bruns ebenfalls in Frage gekommen wären. Die Lage habe, erläuterte Gerhard Leibholz, „nur eine Wahl zwischen einem relativ gemäßigten und einem radikalen Nationalsozialisten" zugelassen.

[69] Der grob antisemitische Staats- und Völkerrechtslehrer (1888–1985) führte dem „Dritten Reich" als „Kronjurist" anfänglich Legitimität zu, indem er etwa die Morde des 30. Juni 1934 („Röhm-Putsch") „rechtfertigte". Vgl. *R. Mehring*, Carl Schmitt,

sozialisten ein. Er wurde weder ihr Mitglied, noch trat er in eine ihrer Unter- oder Nebenorganisationen ein, auch nicht in ihre Berufsorganisation der Juristen.

Trotz der zunehmenden Zertrümmerung des Rechts[70] war der Völkerrechtler, wie die überwiegende Mehrheit der Deutschen, zunächst kein Regimegegner, gar ein Widerstandskämpfer der ersten Stunde. Hitler hatte sich bei der pseudolegalen Machterlangung am 30. Januar 1933, anders als bei seinem dilettantischen Münchner Putschversuch ein Jahrzehnt zuvor, weitgehend an das Gebot formaler Gesetzlichkeit gehalten. Zudem versprach der „Führer" – durchaus im Sinne von Berthold Stauffenberg – immer wieder, den „Diktatfrieden" zu revidieren, also die „Schmach von Versailles" zu tilgen und Deutschlands internationale Diskriminierung zu beenden. Die Mittel und Wege dorthin kartierte er zwar nicht, aber die angekündigten oder bereits eingeleiteten Änderungen in der deutschen Politik leuchteten anfangs selbst vielen Ausländern ein. 1934–35 ging man auch im Völkerrechtsinstitut davon aus, ja das war geradezu seine „raison d'être", dass die deutsche Revisionspolitik weiterhin mittels politisch-diplomatischen Ausgleichs erfolgen werde.

Die vom NS-Regime umgehend eingeleiteten innenpolitischen Schritte zur brutalen Ablösung des Rechtsstaates und der parlamentarischen Demokratie konnten kaum überraschen: Die absolute Mehrheit der wahlberechtigten Deutschen hatte bereits 1932 für die radikalen Demokratiefeinde von rechts und von links votiert. Zudem hatten die Nationalsozialisten offen angekündigt, „reinen Tisch" machen zu wollen. Vor diesem so unübersichtlichen wie gefährlichen Hintergrund begrüßte der Heimkehrer aus Holland wohl die geheime Aufrüstung des Deutschen Reichs. Die illegale Einführung der Allgemeinen Wehrpflicht und die handstreichartige „Befreiung" des entmilitarisierten Teils des Rheinlands waren dann ebenfalls, da nicht in kriegerische Aktionen umschlagend, aus Sicht der deutschen Bevölkerung populäre Aktionen. Die Weltkriegs-Alliierten und der Völkerbund beschränkten sich auf papierene Proteste. Hitlers Taktik schien aufzugehen. Aber was waren seine *strategischen* Ziele? Und wie wollte der Taktiker sie erreichen?

Ab wann und auf Grund welcher Umstände Berthold Stauffenberg sich gegen die Diktatur zu wenden begann, ab wann er gar als aktiver Gegner des nationalsozialistischen Unrechtssystems zu bezeichnen ist, lässt sich mangels

---

München 2009; *H. Quaritsch* (Hg.), Complexio Oppositorum, Berlin 1988; *H. Hofmann*, Legitimität gegen Legalität, 4. Aufl. Berlin 2002.

[70] Drei scheinlegale Schritte: Die Notverordnung vom 28.2.1933 suspendierte „demokratische" Grundrechte; das manipulativ beschlossene „Ermächtigungsgesetz" vom 23.3.1933 räumte der Reichsregierung Gesetzgebungskompetenzen ein; die „Einheit von Partei und Staat" (Gesetz vom 1.12.1933) sicherte die NS-Kontrolle aller Lebensbereiche.

Quellen nicht mit Bestimmtheit sagen. Es gibt keine Belege für die Annahme, dass dieser Positionswechsel schon in den ersten Jahren des „Dritten Reiches" stattfand. In die frühesten Staatsstreich-Planungen (1936, 1938) bürgerlicher Oppositioneller und hoher Militärs waren bei allem, was bisher bekannt ist, die Brüder Stauffenberg nicht eingeweiht. Regimekritischen Gesprächskreisen seit 1938 nahe stehend ahnten die Stauffenbergs offenbar nichts vom damals geplanten, aber letztlich nicht ausgeführten Umsturzvorhaben.

Die „*Septemberverschwörung*" hatten Persönlichkeiten geplant und anlaufen lassen, die dem NS-Regime wie die beiden Stauffenbergs zunächst Sympathie entgegengebracht hatten: Generaloberst Beck, der frühere Chef des Generalstabs des Heeres, der Leipziger Oberbürgermeister a. D. Carl Goerdeler, Oberst i. G. Hans Oster (1887–1945) und Generalfeldmarschall von Witzleben (1881–1944). Zu dieser frühen zivil-militärischen Widerstandsgruppe gehörten auch General Olbricht (1888–1944), Generaloberst Hoepner (1886–1944), Oberregierungsrat Peter Graf Yorck von Wartenburg (1904–44) und der Gutsbesitzer Hauptmann d. Res. Ulrich Wilhelm Graf Schwerin von Schwanenfeld (1902–44). Nach dem Scheitern der ersten Versuche, Hitler notfalls mit Gewalt von seinen sich immer deutlicher abzeichnenden Kriegsplänen abzuhalten, blieben diese Verschwörer gleichwohl aktiv – bis sie später alle, mit Ausnahme des schon vorher kaltgestellten Oster, im Kontext des Zwanzigsten Juli verhaftet, verurteilt und hingemordet wurden.

Einzelne fundamentale Zielvorstellungen von Berthold und Claus Stauffenberg konvergierten anfangs formal, orientiert man sich an die summarisch festgehaltenen Aussagen des Juristen im Gestapo-Verhör, weitgehend mit denen, die die Nationalsozialisten als ihre Ziele propagiert hatten. Es gab zwar terminologische Überschneidungen und inhaltliche Analogien, aber es gab keine Identitäten. Berthold Stauffenberg täuschte sich über die politisch-rassistischen Exklusionsschritte des Regimes, wenn er – so resümierte jedenfalls die Gestapo seine Aussage – erklärte, er und sein Bruder Claus hätten anfänglich Sympathien für das NS-Konzept der „Volksgemeinschaft" besessen[71]. Für eine rassisch homogene, letztlich alle „Fremden" vertreibende oder gar mordende „völkische Gemeinschaft" trat kein Stauffenberg ein.

---

[71] Beim Verhör nach dem 20.7. äußerte Berthold Stauffenberg laut (resümierendem) Gestapo-Bericht: „Der Gedanke des Führertums, der selbstverantwortlichen und sachverständigen Führung, verbunden mit einer gesunden Rangordnung und dem der Volksgemeinschaft, der Grundsatz ‚Gemeinnutz geht vor Eigennutz' und der Kampf gegen die Korruption, die Betonung des Bäuerlichen und der Kampf gegen den Geist der Großstädte, der Rassegedanke und der Wille zu einer neuen deutsch bestimmten Rechtsordnung erschien uns (seinem Bruder Claus und ihm) gesund und zukunftsträchtig", Kaltenbrunner-Berichte (o. Anm. 11), S. 326. Wer innere „Zerrissenheit" als Deutschlands Hauptübel ansah, dem mochte eine wahre „Volksgemeinschaft" Abhilfe bieten.

Der sich immer weiter steigernde Rassismus der Nationalsozialisten, ihre Verbrechen gegen vermeintlich „unwertes Leben" und inhaftierte Regimegegner sowie ihr glühender Antisemitismus – das alles widersprach der sittlichen Grundhaltung der Stauffenberg-Brüder, auch der von Alexander, der seine Ablehnung des NS-Regimes schon frühzeitig hatte erkennen lassen. Ironisch hatte Claus Stauffenberg schon am 14. März 1934 (Brief an Berthold, bewahrt im StGA) darauf angespielt, dass er ja eine eigene (georgeanische) „Staatszugehörigkeit" besäße. Personalpolitisch spielte für Viktor Bruns und Ernst Rabel die Herkunft der Mitarbeiter keine Rolle, weder in sozialer, landsmannschaftlicher oder „rassischer" Hinsicht. So erfolgte entgegen den staatlichen Vorgaben in beiden Rechtsinstituten keine systematische, gar vollständige Ausgrenzung von als „jüdisch" oder „jüdisch-stämmig" definierten Mitarbeitern.

Trotz gewisserer terminologischer Konzessionen beteiligte sich, soweit ersichtlich, kein Mitglied des Instituts an antisemitischer Hetze. Es finden sich auch keine völkischen oder judenfeindlichen Phrasen in Berthold Stauffenbergs Publikationen. Wohl aber verbreiteten Autoren wie Herbert Kier, Günther Küchenhoff und Hermann Raschhofer Ende der 1930er/Anfang der 1940er Jahre völkisches Gedankengut. Vermutlich erst im Jahr 1942 erfuhren Claus und Berthold Stauffenberg Verlässliches über die systematische Ermordung der Juden: über das Menschheitsverbrechen Holocaust. Es finden sich, wie erwähnt, auch keine Anzeichen einer *frühen* Regimegegnerschaft Berthold Stauffenbergs[72]. Welche Gedanken machte er sich aber etwa über den formlosen „Führerbefehl als Recht und Gesetz", welche über die eng begrenzte Wissenschaftsfreiheit in der Diktatur?

Hinweise auf eine öffentliche Reaktion Berthold Stauffenbergs auf das am 30. Juni 1934 begonnene dreitägige Blutbad, den sogenannten „*Röhm-Putsch*" fehlen ebenfalls. Das durch Hitler persönlich eingeleitete mafiaartige Massaker war gegen die Führung der SA gerichtet. Es kostete auch politischen Gegnern der Nationalsozialisten das Leben, darunter zwei Generalen. Substantielle regimekritische Reaktionen von Institutswissenschaftlern lassen sich ebenfalls nicht nachweisen, auch nicht im Horizont der vom Ausland besonders kritisch registrierten Entrechtung, Verfolgung und Ermordung der jüdischen bzw. jüdisch-stämmigen Deutschen. Victor Bruns setzte als Direktor, um die Integrität des Instituts zu wahren, weiter auf Kooperation mit der Reichsregierung und mit der regimenahen Akademie für Deutsches Recht.

Hätten aber 1934 („Röhm-Putsch") oder 1935 (Proklamation der „Wehrfreiheit", Verabschiedung der „Nürnberger Gesetze") juristische Gegenargu-

---

[72] „Anpassung, Schwäche, Opportunismus .... Hunderte deutscher Professoren hatten nichts Eiligeres zu tun, als Hitler ... zu huldigen", *P. Hoffmann*, Widerstand (o. Anm. 2), S. 27.

mente, etwa in einer Fachzeitschrift, noch etwas bewirken können? Polizei, Justiz und Presse waren bereits Ende 1933 weitestgehend gleichgeschaltet, der Rechts- und der Bundesstaat zunehmend ausgehöhlt, die sie schützenden Garantien eine Farce. Den beiden insofern schweigenden internationalrechtlichen Instituten beließ das NS-Regime bis auf weiteres ihre relative Autonomie. Alles andere hätte ihren internationalen Legitimationswert für Hitler-Deutschland vermindert. Erkannte Berthold Stauffenberg schon damals, 1934/35, wie es etwa bei Pastor Dietrich Bonhoeffer (1906–45), Rechtsanwalt Helmuth James Graf von Moltke (1907–45), Ministerialrat Rüdiger Schleicher (1895–1945) und Rechtsanwalt Josef Wirmer (1901–44) der Fall war[73], welche nur notdürftig kaschierten Staatsverbrechen von diesem „neuen Deutschland" von Anfang an begangen wurden?

Worin hätte der „Wert" eines etwaigen Rückzugs aus dem Institut – als ein Akt passiven Widerstands – bestanden? Welche Folgen für Berthold Stauffenberg hätte es gehabt, wenn er als Spezialist für die Rechtsfragen der Seekriegsführung sich der Wahrnehmung seiner einschlägigen Beratung der Regierung entzogen hätte? Hätte sich der mit einer „inneren Emigration" einhergehende Informations-, Einfluss- und Gestaltungsverlust des Kriegsvölkerrechtlers kompensieren lassen? Vom entlegenen schwäbischen Lautlingen aus, ohne Absicherung durch eine regimenahe Institution oder kriegswichtige Funktion, hätte er sich ein Jahrzehnt später nicht als aktiver Mitverschworener am Attentats- und Umsturzversuch der Beck-Goerdeler-Tresckow-(Claus) Stauffenberg-Gruppe beteiligen können. Handlungsleitend blieb Berthold Stauffenbergs Loyalität zum Vaterland, zum Rechtsstaat, seine Verantwortung für seine Familie und die im Lande gebliebenen Freunde Stefan Georges.

Aus der George-Welt konnte Berthold Stauffenberg keine entscheidenden Folgerungen für seine Orientierung ableiten. Der Dichter hatte seinem zögernden „Jünger" Adalbert Cohrs im Jahr 1918 zwar geraten, der Aufforderung zum mörderischen Kriegsdienst weiterhin Folge zu leisten, er hatte aber auch dabei sein Ethos und seine Staatsvorstellung nicht konkretisiert. So folgten Cohrs und sein Freund nicht dem Rat Georges, sondern wählten statt Rückkehr auf das Schlachtfeld den Freitod. George mochte ein Dichter der „Tat" gewesen sein – ein Anstifter zu Tyrannenmord und Staatsstreich war er nicht, und wollte er nicht sein. Als Verschwörer handelte Berthold Stauffenberg dann einmal mehr, nun *in politicis*, ohne einem „Gebot" Georges zu gehorchen. Ein anderer Akt vergleichbarer *Eigenständigkeit* war, wie gesagt, Stauffenbergs von seinem Vater und vom Dichter missbilligte Eheschließung mit Maria Classen. In die gleiche Richtung – Mut, Selbstständigkeit, Konsequenz – zielte Stauffenbergs Überzeugung vom Potential des von George ab-

---

[73] Früh erkannten sie, wie auch andere, den Handlungszwang gegen Hitler und sein verbrecherisches System, vgl. *A. Wirmer*, Josef Wirmer, Göttingen 2020, S. 22 ff.

gelehnten Haager Gerichtshofs. Auch das Nichtbefolgen von Bruns' pauschaler Anti-Versailles-Argumentation, die immer wieder um die abstrakte „Ungerechtigkeit" dieser Vertragsordnung kreiste, illustriert Berthold Stauffenbergs Eigenständigkeit.

5. Die geöffnete Büchse der Pandora

Als Berthold Stauffenberg Anfang 1934 nach Berlin zurückkehrte, war die Pandora-Büchse außen- wie innenpolitisch bereits weit geöffnet[74]. Die als „liberal" denunzierten Sicherungen des Rechtsstaates waren denaturiert, die Aufrüstung, nun alle Waffengattungen erfassend, wurde forciert und die Trias Versailles, Völkerbund, Gerichtshof[75] wurde desavouiert[76]. Das deutsch-englische Flottenabkommen von 1935 (es zog London partiell aus der zerstrittenen anglo-französischen Front heraus) wurde vom Deutschen Reich umgehend gebrochen. Trotzdem lehnten die weltkriegsverbündeten Westmächte die stürmische Aufrüstung des Deutschen Reichs weder kategorisch noch einheitlich ab. Weitere rechtfertigungsbedürftige Aktionen folgten: der deutsche Einmarsch in die vertraglich demilitarisierten linksrheinischen Gebiete, zeitgleich mit der Aufkündigung des Locarno-Vertrages (März 1936) – eine Parallelaktion, deren Legalität Berthold Stauffenberg, wie noch zu zeigen sein wird, umgehend untersuchte und letztlich mittelbar bejahte. Der von Nazis in Wien vorbereite, dann erpresste „Anschluss" Österreichs sowie kurz danach die mit scharfer Kriegsdrohung von Hitler erzwungene Annexion des Sudeten-

---

[74] Gleich nach der „Machterlangung" setzte die Entrechtung der Juden ein, was auch Anhänger Georges traf, vgl. *J. Egyptien*, Georges Haltung zum Judentum, und *M. Philipp*, „Im Politischen gingen halt die Dinge anders", beide in: G. Mattenklott u. a. (Hg.), „Verkannte brüder?", Hildesheim 2001, S. 15 ff., 32 ff. Einige Anhänger Georges rückten von „den Juden" ab. Der Dichter selbst hielt den deutsch-jüdischen Freunden weitgehend die Treue, etwa dem Mediävisten Ernst H. Kantorowicz, dem Kammergerichtsrat Ernst Morwitz, der in den späteren Jahren freilich kaum noch eine („Kreis"-)Rolle spielte, und dem Privatgelehrten Ernst Gundolf, der im Spätherbst 1938 zeitweise in einem KZ gefangen gehalten wurde. Karl Wolfskehl galt als von George weitgehend fallengelassen. Unverändert freundschaftlich verhielten sich die Stauffenbergs zu Karl Josef Partsch, von dessem jüdischen Großvater man im „Kreis" wohl nichts wusste, *M. Bozza*, Karl Josef Partschs ‚Erstes Tagebuch' (1929–1931), George-Jahrbuch Bd. 10, Berlin/Boston 2014/2015, S. 217 f. mit Anm. 18.

[75] *J. Wintzer*, Deutschland und der Völkerbund, Paderborn 2006. Zum Völkerrecht im „Dritten Reich" *D. Vagts*, International Law in the Third Reich, AJIL 84 (1990), S. 661 ff., 703 f.; *D. Diner*, Rassistisches Völkerrecht, VjH 37 (1990), S. 23 ff.

[76] 1935 überfiel Italien Abessinien. Die Völkerbundsanktionen wurden sabotiert, das Konzept der kollektiven Sicherheit wurde faktisch beerdigt. Hitlers Außenpolitik trugen viele Konservative zunächst als Erfüllung eigener Wünsche mit, vgl. *E. Klausa*, Gewissen (o. Anm. 13).

landes schlossen sich an. Im September 1939 folgte der so brutale wie verlustreiche zweiwöchige Feldzug gegen Polen.

Womöglich erfolgte Berthold Stauffenbergs Annäherung an den sich verstärkenden deutschen Widerstand im Jahr 1938. Damals traf er sich in Berlin, wie erwähnt, mehrfach zu Besprechungen mit Gleichgesinnten, darunter mehreren oppositionell gesinnten Verwandten. Gastgeber der informellen Treffen war meist Stauffenbergs entfernter Vetter Peter Graf Yorck von Wartenburg (1904–44). Es ging um den Austausch von Informationen, das Einschätzen der Lage und um „die Zeit danach", also um ein Deutschland ohne Hitler und ohne Nazis. 1940 stieß Rechtsanwalt Helmuth James Graf von Moltke (1907–45) zu diesen vertraulichen, sich intensivierenden Besprechungen. Der hier angetroffene Personenkreis bildete bald darauf den Nukleus, aus dem Moltke und Yorck den bedeutenden „Kreisauer Kreis", benannt nach Moltkes schlesischem Gut, schufen.

In Kreisau fanden 1942 und 1943 drei große oppositionelle Zusammenkünfte statt. An diesen Besprechungen, Ausarbeitungen und Treffen, zumal denen der Kreisauer, beteiligten sich auch wichtige Vertreter der beiden großen Kirchen. Über die Attentats- und Gewaltfrage bestand unter den Kreisauern keine Einigkeit. Das mag ein Grund dafür gewesen sein, dass Berthold Stauffenberg an den Treffen in Kreisau nicht teilnahm. Seit Herbst 1942 wandte er sich stattdessen Verschwörern zu, die auch die Frage der „Tat" in ihre Pläne einbezogen, die also notfalls einer *gewaltsamen* Beseitigung Hitlers als Initialzündung für den Staatsstreich zustimmten.

In der praktischen Durchführung durch das Regime, hatte Berthold Stauffenberg laut summarischem Gestapo-Protokoll geurteilt und damit zugleich seine Hinwendung zur aktiven Konspiration erklärt, seien die NS-Ziele

> „fast alle in ihr Gegenteil verkehrt worden. Statt berufener Führer kamen im Allgemeinen kleine Leute an die Spitze, die eine unkontrollierte Macht ausübten. Gegen den Gedanken der Volkgemeinschaft wurde verstoßen, indem gegen die oberen Schichten und die ‚Intellektuellen' gehetzt und überhaupt nach Möglichkeit das Ressentiment des Kleinbürgers gewahrt wurde. Den Grundsatz ‚Gemeinnutz geht vor Eigennutz' verrieten die Führenden zum großen Teil selbst, indem sie eigene Interessen voranstellten und eine in diesem Umfang nie gekannte Korruption einsetzte. Statt einer Stärkung des Landes kam es zu einer Landflucht, die gleichfalls das bisher gekannte Maß überschritt und das Land auf das schwerste gefährdet. Statt einer neuen Rechtsordnung[77] kamen wir zur Rechtlosigkeit und sogar in weitem Umfang zum Verlust der Rechtsgefühle".

---

[77] „Als Grundlagen für die Ordnung wollten wir", resümierte die Gestapo die Aussage eines Verschwörers, „heiliges unverbrüchliches Recht schaffen, das dem einzelnen ... eine Freiheitssphäre gewährt, innerhalb derer nach dem Gewissen gehandelt und die Kräfte wahrhaft entfaltet werden können", Kaltenbrunner-Berichte (o. Anm. 11), S. 327.

IV. Völkerrechtler im Vorkriegs-Berlin und im Haag

Ein Regime, das gegen seine eigenen Ideen handele, schloss Stauffenberg seine Philippika (jedenfalls nach der umstrittenen historischen Quelle „Kaltenbrunner-Berichte"), habe sein Lebensrecht verwirkt.

Im Krieg unterschieden die Verschwörer weiterhin zwischen Hitler und Deutschland, zwischen Partei und Staat, zwischen nationalsozialistischem Fanatismus und traditioneller Vaterlandstreue. Was folgte aber konkret daraus, zumal nach dem überwältigenden Sieg über Frankreich (Sommer 1940), der die Konspiration vorübergehend lähmte? Auch die Regimegegner hatten im „Krieg gegen den jüdischen Bolschewismus" ihre Pflicht zu erfüllen – an der Front, im heimatlichen Material-, Nachschub- und „Ernährungskrieg" oder beim Verwalten und Ausbeuten der besetzten Gebiete. Berthold Stauffenbergs Kriegsschauplatz war nun das Kriegsvölkerrecht. Ohne zu zögern war er in schwerer Stunde seinem Vaterland zu Hilfe geeilt – als Rechtsberater eingezogen in das Oberkommando der Kriegsmarine. Er hatte der Seekriegsleitung bezüglich ihrer Aktionen und Reaktionen rechtliche Möglichkeiten und Grenzen aufzuzeigen und um Zustimmung zu seinen Stellungnahmen zu werben. Durch gewahrte Rechtlichkeit der deutschen Kriegsführung hoffte er offensichtlich, Chancen für einen Verhandlungs- und Kompromissfrieden offenzuhalten. „Not kennt kein Gebot", hatte Reichskanzler von Bethmann-Hollweg 1914 im Reichstag behauptet. Rechtsbrüche wie der uneingeschränkte U-Bootkrieg und die (schon von Schlieffen strategisch geplante) Verletzung der belgischen und holländischen Neutralität ließen sich so nicht rechtfertigen. Ebenso wenig hatte der gezielte Rechtsbruch die Niederlage von 1918 vermeiden können.

Im Krieg beteiligten sich nun auch Moltke und Ernst Schmitz – beide in das Oberkommando der Wehrmacht (OKW), Amt Ausland/Abwehr, einberufen – an der Lösung kriegsvölkerrechtlicher Probleme. Moltkes „Briefe an (seine Ehefrau) Freya, 1939–1945" (München 1991), geben einen guten Einblick in die fachliche Vielfalt und begrenzte Wirkkraft dieser Beratungstätigkeit. In vielem ähnelte diese der Beratung, die Stauffenberg in der Ersten Seekriegsleitung zu leisten hatte. Auch über seinen Bruder Claus wusste er immer deutlicher von der Durchsetzung der mörderischen NS-Ideologie hinter den Fronten. Mit großräumigen, blutigen Vertreibungen und Massakern sollte „Lebensraum im Osten" geschaffen werden. Bereits im Polenfeldzug 1939 hatten Einsatzgruppen und SS-Verbände, zusammen mit zivilen und militärischen Helfern, Jagd auf die polnisch-jüdische Bevölkerung gemacht.

Im Krieg gegen die Sowjetunion kulminierte der vom Regime organisierte und exekutierte Massenmord. „Der 20. Juli (wäre) im Kern nicht passiert ohne diese Dinge" (so Hauptmann Axel von dem Bussche, der zufällig Augenzeuge eines der ersten und größten Massaker in der Ukraine geworden war). Auch das Verhungern-Lassen von rund drei Millionen sowjetischer

Kriegsgefangener, also von besiegten „Kameraden" in staatlicher deutscher Obhut, entging den Stauffenbergs nicht. „Wir sind als Generalstäbler alle mitverantwortlich", bekannte Claus Stauffenberg 1943. Die Erkenntnis von Hitlers Verrat an den Soldaten und die schließlich erlangte Gewissheit über die verbrecherische „Natur Hitlers und seines Krieges" (Peter Hoffmann) führten die beiden Brüder in den aktiven Widerstand.

Bekanntlich fehlte lange Zeit, auch unter den Feldmarschällen (Ausnahme: Witzleben) und den Generalen (Ausnahme: Olbricht), ein Gespür für die verbrecherisch-dämonische Natur des deutschen Diktators und seiner Kriegsführung[78]. Im Sommer 1944, mit Claus Stauffenbergs Ernennung zum Chef des Stabes des Befehlshabers des Ersatzheeres, war sie da: die Gelegenheit zur „Tat".

Berthold Stauffenbergs ursprünglichen Versuche, in den diplomatischen Dienst zu gelangen, waren schon im Jahr 1934 gescheitert. Womöglich war die Entscheidung gegen ihn auch aus „politischen Gründen" erfolgt. Zudem waren wohl seine bereits erwähnte Verschlossenheit, sein verschwiegener Ernst und seine zähe Entschlossenheit ein Hindernis, ebenso seine teilweise als Gehemmtheit gedeutete Zurückhaltung im Umgang mit fremden Menschen. Ein mitteilsamer, redegewandter Weltbürger wie etwa der anglophile, dem Völkerrechtsinstitut ebenfalls eng verbundene Moltke war er jedenfalls nicht.

Stefan Georges „geheimes europäisches Deutschland" (Manfred Riedel) beschäftigte Berthold Stauffenberg offenbar mehr als die Weimarer Reichsverfassung. Da er, anders als Moltke, Privates nicht der Post anvertraute, wissen wir auch nicht, wie er die Metropole privat nutzte. Ging er wie der opportunistische Staats- und Völkerrechtler Carl Schmitt oft sogar mehrmals täglich ins Kino? Wahrscheinlich fehlte ihm dafür bereits die Zeit. Die 1930er Jahre waren vor allem von Berthold Stauffenbergs stetig wachsenden Pflichten im Institut geprägt und von seiner zweiten, äußerlich kaum in Erscheinung tretenden Aufgabe: dem Engagement für Stefan George, für dessen Werk, Weltsicht und Freundeskreis.

---

[78] Zum Polen- und Russlandfeldzug scharf kritisch *M. Olex-Szczytowski*, The German Military Opposition and National Sozialist Crimes, in: War in History, Oxford 2019.

6. Institutskarriere und „hintergründige Weite"

Als brillanter Kopf wirkte Berthold Stauffenberg in Fachberatungen offenbar ohne viel Worte – durch strenge Objektivität, wie es heißt, und durch eine natürliche Autorität. Von seinen Anlagen und Interessen her, gepaart mit seiner staatsbezogenen Loyalität und seiner Freude am Kennenlernen anderer Kulturen und Sprachen, wäre er ein gewiss wertvoller, wenn auch stiller Diplomat geworden. Als ein solcher wäre er freilich noch tiefer in die Maschinerie des verbrecherischen Regimes geraten, als er es als Mitarbeiter einer im Wesentlichen staatsfinanzierten (Völkerrechts-)Institution ohnehin war. Um dem „neuen Deutschland" aufzuhelfen, bedurfte es in den Augen der Personen, die über Stauffenbergs Aufnahme in den Auswärtigen Dienst entschieden, keines weiteren Vertreters der alten deutschen Führungsschicht. Nun waren keine elitären Persönlichkeiten gefragt, sondern egalitäre, vom NS-Regime steuerbare Funktionäre. In dieses faktische Anforderungsprofil passte ein schweigsamer Graf Stauffenberg nicht.

Anders als sein Bruder Claus strahlte Berthold Stauffenberg auch keine heitere Zuversicht aus. Seine spärliche Korrespondenz gibt keine Auskunft über die „Weite des Hintergründigen", die ihm Peter Hoffmann später attestierte. Sich-zur-Schau-stellen, sich ein interessantes Profil geben, sich gar dem Zeitgeist auszuliefern, ist zudem, wie etwa am kämpferisch-liberalen Autor und Schweiger Ludwig Uhland erkennbar, nicht schwäbische Art. So wechselte Stauffenberg nicht in die Wilhelmstraße, sondern blieb im „Schloss", im Völkerrechtsinstitut[79]. Auf Antrag von Bruns erhielt er 1935, als soeben 30-Jähriger, den Rang eines wissenschaftlichen Mitglieds des Instituts. Damit gehörte er, nun Leiter der Abteilung „Völkerrecht und internationale Gerichtsbarkeit", zur Leitungsebene. Dereinst hätte Stauffenberg, bei günstigeren Bedingungen, Bruns' Nachfolger werden oder, nach dem Krieg, wie der jüngere Mitarbeiter Wilhelm Grewe auf einen Botschafterposten oder, wie dessen Kollege Wilhelm Wengler, auf einen internationalrechtlichen Lehrstuhl wechseln können. 1936–37 wurde Berthold Stauffenberg, was mit viel Zusatzarbeit verbunden war, Mitherausgeber der renommierten Zeitschrift des Instituts.

Den von Jugend an, bezogen auf den öffentlichen Bezirk, *staatlich* Wirkungswilligen konnte diese herausragende wissenschaftliche Karriere nicht zufriedenstellen. Die erhofften Gestaltungsmöglichkeiten sollten sich, zumindest teilweise, indes bald einstellen: im Kriegsreich, zumal im Bereich des Seekriegsrechts. Bis zum Ausbruch des Krieges bereitete er auch die völker-

---

[79] *Wilhelm Wengler* war nach einer Denunziation im Polizeirevier Prenzlau in Haft. Dort hilfreich „vergessen", konnte seine Auslieferung an die Gestapo vermieden werden. Vgl. *dens.*, Internationales Privatrecht, Berlin 1981, S. X.

rechtshistorischen Sammlungen des Instituts, die *Fontes Juris Gentium*, zur Veröffentlichung vor. Auch dies mochte ihm als eine „nur" wissenschaftliche Zusatzauszeichnung erscheinen. Seine Ämter im Institut lieferten zunächst in der Tat keinen Hebel mit direkten „staatlich-gouvernementalen" Gestaltungschancen. Verdeckt erfolgte Stauffenbergs aktive Beteiligung an der Konspiration dann primär aus der Deckung heraus, die das Institut bot. Weder die als zerstritten erlebte Staatengemeinschaft (mit schwachem Völkerbund) noch Carl Schmitts imperialistischer „Großraum"[80], sondern der starke Nationalstaat blieb für den Völkerrechtler das Aktions- und Verantwortungszentrum des internationalen Systems.

Auch das Institut griff die neuen „deutschrechtlichen" und „völkischen" Phrasen[81] nicht auf. Es beteiligte sich auch kaum an rechtstheoretischen oder -methodischen Grundsatzdebatten. Stauffenberg publizierte weiter, im Wesentlichen freilich nur noch bis zum Jahr 1936, zu aktuellen völkerrechtsrelevanten Schritten des „Dritten Reiches". Das imperialistisch ausgreifende Vaterland argumentativ zu verteidigen, auch und gerade bezüglich rechtlich problematischer Aktionen, deckte sich nicht mehr mit Stauffenbergs lebendig gebliebenem „Rechtsgefühl".

Insgesamt bleibt Berthold Stauffenbergs Bild in den 1930er Jahren eher blass und vertiefungsbedürftig. Wie Bruns und Schmitz, seine „Chefs", sah er im Völkerrecht weiterhin eine in sich geschlossene, zukunftstaugliche universelle Rechtsordnung. Die Verteidigung dieser legalen internationalen Ordnung diente somit auch legitimen deutschen Interessen. In diesem Rahmen besaß der Völkerrechtler Handlungsfreiheit. Wichtig für sein späteres konspiratives Vorgehen war sein nie abreißender Kontakt mit seinem Bruder Claus Stauffenberg, dem Generalstäbler. Wichtig blieb auch der Austausch mit den im Lande gebliebenen Freunden aus dem George-Kreis[82].

---

[80] Vgl. *M. Schmoeckel*, Die Großraumtheorie, Berlin 1994, S. 158 ff., 166 ff. Die Institutsmitglieder ignorierten das „neue, völkisch-etatistische Völkerrecht", während etwa der Mitverschworene Ex-Botschafter Ulrich von Hassell (1881–1944) mit einer deutschen Vorrangstellung in einem kontinental-europäischen „Großraum" sympathisierte.

[81] Vgl. *A. Dietz*, Das Primat der Politik in kaiserlicher Armee, Reichswehr, Wehrmacht und Bundeswehr, Tübingen 2011, S. 363 ff.

[82] Die Bezeichnung „Staat" für den George-Kreis wurde unter Freunden üblich, ebenso der paradoxe Begriff „ewiger Augenblick" für das gemeinsame „schöne leben". „Der Sinn unseres Staates", zitierte *Edith Landmann* den Dichter (Stefan George und die Griechen, in: Castrum Peregrini 1971, S. 25 f.) „ist dieser, dass für eine vielleicht nur kurze Zeit ein Gebilde da sei, das, aus einer bestimmten Gesinnung hervorgegangen, eine gewisse Höhe des Menschentums gewährleistet. Auch dies ist dann ein ewiger Augenblick wie das griechische Jahrhundert. ... Der Augenblick, in dem ... eine eines Menschen würdige Tat vollbracht wird, (ist) ... ewig. Mit solchem Augen-

IV. Völkerrechtler im Vorkriegs-Berlin und im Haag

Abbildung 7: Berthold Stauffenberg 1927

Diese Einflüsse brachten Berthold Stauffenberg in immer größere Nähe zu dem Versuch, ein „neues Reich", zumal eine wirksame rechtsstaatliche und freiheitliche Ordnung, aufzurichten, notfalls mittels eines Tyrannenmordes und eines gewaltsamen Umsturzes.

---

blick beginnt eine neue Kette von Ursachen und Wirkungen. ... Eine neue Erscheinung, ein neues Wesen, ein neues Werk tritt ans Licht."

V. Völkerrechtsinstitut und George-Kreis in der Diktatur

1. „Die Entziehung der Staatsangehörigkeit" (1934)

Berthold Stauffenbergs *Publikationen* beginnen, wie erwähnt, mit der Dissertation „Die Rechtsstellung der russischen Handelsvertretungen", eine Arbeit, die der Gerichtsreferendar im Jahr 1928 zügig in Berlin und Tübingen verfasst hatte. Das schlanke, quellengesättigte Werk wurde prestigereich in der Schriftenreihe des Berliner Völkerrechtsinstituts veröffentlicht (Leipzig 1930). Es klärte Rechtsfragen der neuartigen sowjetischen Außenhandelsvertretungen und ihres von der Sowjetunion in Anspruch genommenen Handelsmonopols. Überzeugend argumentierend sprach der junge Völkerrechtler diesen Einrichtungen die beanspruchte Exterritorialität ab.

Stauffenbergs zweite Monographie ist das in Den Haag und Berlin ab 1931 entstandene, einleitend ebenfalls bereits erwähnte „Opus magnum": der schnörkellos sachliche, materialreiche und hochinformative Kommentar zu Statut und Verfahrensordnung des Ständigen Internationalen Gerichtshofs (Berlin 1934). Das ebenfalls unter der Flagge des Berliner Instituts veröffentlichte 500-Seiten-Werk enthält die Entstehungsgeschichte der einzelnen Bestimmungen des Statuts und der Verfahrensordnung. Die Materialien, einschließlich der Bezüge zum *Règlement*, sind unter den jeweiligen Artikeln des Statuts eingeordnet. Dargestellt werden die Entstehungsgeschichte, die Vorarbeiten zum Statut sowie – aus heutiger Sicht das Wertvollste – ihre Auslegung und Anwendung durch den Gerichtshof. Die entstehungsgeschichtliche („historische") Auslegung blieb die von Stauffenberg hier wie auch sonst präferierte Methode.

Besonders verdienstvoll waren auch die ersten Bände der *Fontes Juris Gentium* (1931), Gemeinschaftsarbeiten von Stauffenberg und Schmitz. Die Sammlung wuchs bis 1938 auf sechs Bände an. Des Weiteren besteht Stauffenbergs Werk aus 13 zwischen 1933 und 1938 publizierten Fachaufsätzen sowie aus zahlreichen kurzen Buchanzeigen. Diese Arbeiten kreisen nahezu ausschließlich um den Haager Gerichtshof[83]. Stauffenberg ging meist ausführ-

---

[83] Beispiele: Die Abberufung des Präsidenten des Memeldirektoriums und das Urteil des Ständigen Internationalen Gerichtshofs vom 11. August 1932, Völkerbund und Völkerrecht 1934–35, S. 291 ff. (Kritik am „krassen Rechtsbruch" des Gouverneurs); Gutachten des Ständigen Internationalen Gerichtshofs vom 4. Dezember 1935 über die Vereinbarkeit gewisser Danziger Verordnungen mit der Verfassung der Freien Stadt,

lich auf die Entstehungsgeschichte der jeweils einschlägigen Normen ein. Mit dieser Methode lasse sich, meinte er, die jeweilige Rechtslage am ehesten klären. Es erübrige sich dann[84], „auf besondere Auslegungsgrundsätze zurückzugreifen", etwa auf die damals von Frankreich bevorzugte strikte Orientierung am Wortlaut einer vertraglichen Vereinbarung (besonders natürlich des Versailler Vertrages) oder einer einzelnen Norm. Bereits die Vorgeschichte eines Vertrages zeige, argumentierte Stauffenberg, was jeweils „gewollt war". Sie drücke den subjektiven „Willen der Verfasser" aus[85].

Stauffenbergs Aufsätze sind jeweils, trotz der aufgeheizten Zeit, phrasenlos nüchtern gehalten, in strukturierender, meist referierender Sprache, ohne Hetze gegen den Gerichtshof, gegen einzelne Richter oder gegen spezielle Staaten, frei von ideologischem Tand, von Verherrlichung und Hurrapatriotismus. Sein Ansatz war nie der eines Philosophen, Soziologen oder Politikers des Rechts. Stauffenberg blieb vielmehr ein wacher, *überzeugter Positivist*, dem geltenden Recht verpflichtet, und zwar, wenn möglich, so wie dieses vom Haager Gerichtshof bereits anerkannt und interpretiert worden war. Ohne zeittypische, gar institutsinterne Forderungen nach „echter Gerechtigkeit für Deutschland" aufzugreifen und ohne auf den nun zunehmend grassierenden Nationalsozialismus, Rassismus und Imperialismus zu reagieren, vertrat Stauffenberg weiterhin das universelle Völkerrecht. Als deutscher Patriot suchte er – nicht anders als es seine französischen und britischen Kollegen taten – nach den für die Heimat jeweils günstigsten Auslegungsergebnissen, soweit sich diese methodisch vertretbar herleiten ließen.

Bewirkte „kluge" Themenwahl, dass sich Stauffenberg nicht zu den schwersten Rechtsbrüchen Hitler-Deutschlands äußerste? Bezeugte die letztlich regimestützende Tendenz seiner Beiträge gar eine Haltung des „right or wrong my country"? Verteidigte er umstrittene deutsche Rechtsakte als „unvermeidbare Kosten" („wo gehobelt wird, fallen Späne") der „nationalen Revolution"?

Für den Publizisten Thomas Karlauf[86] ist die Antwort klar: Stauffenbergs Aufsatz „Die Entziehung der Staatsangehörigkeit und das Völkerrecht"[87], der das hässliche Reichsgesetz vom 14. Juli 1933 aus fachlich-völkerrechtlicher

---

ZaöRV 1936, S. 153 ff. (Kritik am Argumentieren mit „gesundem Volksempfinden"); skeptisch auch: Die Richterwahl zum Ständigen Internationalen Gerichtshof, ZaöRV 1937, S. 146 ff.

[84] Die Abberufung des Präsidenten (o. Anm. 83), S. 291 ff.

[85] Stauffenberg suchte mittels der Entstehungsgeschichte nach dem subjektiven Willen des Normgebers. Heute ist dieser „historische" Ansatz nur noch ein ergänzendes Auslegungsmittel, zur Beseitigung verbleibender Zweifel, Art. 32 Wiener Vertragsrechtskonvention von 1969.

[86] *Th. Karlauf*, Stauffenberg. Portrait eines Attentäters, München 2019, S. 66.

[87] ZaöRV 1934, S. 261 ff.

1. „Die Entziehung der Staatsangehörigkeit" (1934)

Perspektive nicht beanstandete, belege, dass er „von der Richtigkeit des deutschen (rassistischen) Standpunktes tief überzeugt gewesen sein (musste)". Gibt es also Hinweise dafür, dass Stauffenberg damals, Anfang 1934, nicht nur die „nationale Erhebung" bejahte, sondern auch die durch das 1933er Gesetz ermöglichte Ausgrenzung und *Zurückweisung* der sogenannten „Ostjuden"? Sympathisierte er mit dem gesetzlich legitimierten Widerruf von Einbürgerungen jedenfalls dann, wenn es um diese kulturell weitgehend „fremden", nichtintegrierten Juden ging[88]?

Bei diesem Aufsatz handelte es sich um die erste gewichtige Publikation Stauffenbergs in der Diktatur[89]. Laut Untertitel des Beitrages war er eine „Entgegnung" auf einen Aufsatz des bedeutenden französischen Rechtssoziologen und Völkerrechtlers George Scelle. Der dem Quai d'Orsay nahestehende Pariser Wissenschaftler hatte das deutsche Entziehungs-Gesetz von 1933 wegen seiner „*conception raciste* und *doctrine ‚totalitaire'* " scharf und, aus heutiger Sicht, beeindruckend hellsichtig kritisiert[90]. Was regelte dieses „Gesetz über den Widerruf von Einbürgerungen und die Aberkennung der deutschen Staatsangehörigkeit", und wie ist Stauffenbergs Interpretation zu bewerten?

---

[88] Zahlen bei *S. Adler-Rudel*, Ostjuden in Deutschland 1880–1940, Tübingen 1959, S. 64 ff., 112 ff. Allein in Polen lebten damals mehr als drei Millionen Juden. Für Ostjuden war Preußen seit den 1880er Jahren und ebenso nach dem Ersten Weltkrieg ein wichtiger Zufluchtsort gewesen. Entgegen der NS-Propaganda ging es später nicht um „Überfremdung", sondern um Rassismus: „Tausendjährige Verwurzelung oder sechzigjähriger Aufenthalt machten keinen Unterschied … Deutsche Juden und ausländische Juden erlitten das gleiche Schicksal", *ders.*, S. 155. Nach *L. Thormaehlen* (im StGA), habe George in der wachsenden Zahl der nach Deutschland strömenden Ostjuden „eine Gefährdung" gesehen. „Vor 1914 gab es keine Judenfrage, war die Ansicht des Dichters. Erst durch das Überhandnehmen der Zahl … gab es eine Judenfrage und eine Gefährdung der Interessen des Gastvolkes. Vordem war das jüdische Kontingent drauf und dran sich aufzulösen und sich einzufügen. Aber bei der Weichheit, der Unselbständigkeit, der Autoritäts-Gläubigkeit des durchschnittlichen Deutschen bedeutete die Aktivität der Judenschaft, besonders der eingewanderten, (die) die alteingesessenen wieder mitrissen, eine Gefährdung", zitiert nach *J. Egyptien*, Georges Haltung (o. Anm. 74), S. 20, 28. Freilich stützt sich auch diese womöglich exkulpierend gemeinte Äußerung auf keine handfeste Quelle.

[89] 1934 veröffentlichte er auch: Die Zuständigkeit des Ständigen Internationalen Gerichtshof für die sogenannten politischen Streitigkeiten, in: Deutsche Juristen-Zeitung 1934, Sp. 1325 ff. Die Zuständigkeit sei auf *Rechts*streitigkeiten zu beschränken, für Politisches sei die *Cour* „nicht geschaffen" (Sp. 1330). Stauffenberg kritisierte zudem den „Versuch, unter allen Umständen den *Status quo* zu erhalten" sowie – erneut – „die französische Auslegung" des Völkerrechts (Sp. 1327).

[90] Revue critique de Droit International privé, 1934, S. 63 ff. Zu Scelle *O. Diggelmann*, Anfänge der Völkerrechtssoziologie, Zürich 2000; *A. Wüst*, Das völkerrechtliche Werk von Georges Scelle im Frankreich der Zwischenkriegszeit, Baden-Baden 2007.

Betrachten wir zunächst den Wortlaut von Gesetz und Durchführungsverordnung.

„§ 1 Einbürgerungen, die in der Zeit zwischen dem 9. November 1918 und dem 30. Januar 1933 vorgenommen worden sind, können widerrufen werden, falls die Einbürgerung nicht als erwünscht anzusehen ist.

Durchführungsverordnung zu § 1:

Ob eine Einbürgerung als nicht erwünscht anzusehen ist, beurteilt sich nach völkisch-nationalen Grundsätzen. Im Vordergrunde stehen die rassischen, staatsbürgerlichen und kulturellen Gesichtspunkte für eine den Belangen von Reich und Volk zuträglichen Vermehrung der deutschen Bevölkerung durch Einbürgerung.

Hiernach kommen für den Widerruf der Einbürgerung insbesondere in Betracht:

Ostjuden (und)

Personen, die sich eines schweren Vergehens oder eines Verbrechens schuldig gemacht haben.

§ 2 Reichsangehörige, die sich im Ausland aufhalten, können der deutschen Staatsangehörigkeit verlustig erklärt werden, sofern sie durch ein Verhalten, das gegen die Pflicht zur Treue gegen Reich und Volk verstößt, die deutschen Belange geschädigt haben.

Durchführungsverordnung zu § 2:

Ein der Treupflicht gegen Reich und Volk widersprechendes Verhalten ist insbesondere gegeben, wenn ein Deutscher der feindseligen Propaganda gegen Deutschland Vorschub geleistet oder das deutsche Ansehen oder die Maßnahmen der nationalen Regierung herabzuwürdigen gesucht hat."[91]

Soviel zum Wortlaut der einschlägigen Bestimmungen. Letztlich handelte es sich bei § 1 des Entziehungsgesetzes um die Revision der jahrzehntelangen weitgehend offenen Einbürgerungspraxis Preußens. Bei § 2 ging es um die Denaturalisation von aus NS-Sicht „illoyalen", „verräterischen", „politisch unerwünschten" Personen. Konkret ging es um die Ausbürgerung vor allem von „kritischen" Intellektuellen, „linken" Ex-Politikern, „entarteten" Künstlern und sonstigen „Volksverrätern", die häufig aus dem Ausland heraus Hitler-Deutschland angegriffen hatten und meist weiterhin angriffen.

Auf der Grundlage dieses zweiteiligen 1933er Gesetzes wurden vor allem zahlreiche Einbürgerungen mittel- und osteuropäischer Personen jüdischer Ab-

---

91 RGBl. 1933, S. 538 zur Durchführungsverordnung. Das Gesetz vom 14.7.1933, RGBl. I, 480, geändert durch Ausführungsgesetz vom 30. Juli 1935, RGBl. I, 1015. Das Deutsche Reich hatte im späten 19. Jahrhundert die Zuwanderung zahlreicher Juden aus Polen und Russland erlebt. Ihre Einbürgerung „widersprach" damals „dem staatlichen Konsolidierungsinteresse", ihre Ablehnung erfolgte demnach, folgt man dieser These, nicht aus rassischen, sondern aus gesellschafts- und integrationspolitischen Gründen. Vgl. *F. Weber*, Staatsangehörigkeit und Status, Tübingen 2018, S. 133 f. Es gab auch später Überfremdungsängste. Andererseits fehlten in Ostdeutschland Arbeitskräfte, besonders in der Landwirtschaft.

1. „Die Entziehung der Staatsangehörigkeit" (1934)

stammung *ex nunc* widerrufen, und Deutschen, die sich vom Exil aus über Nazi-Deutschland „treulos" geäußert hatten, wurde die deutsche Staatsangehörigkeit (und u. a. ihr Vermögen) im Einzelfall (also nicht pauschal) durch Verwaltungsakt entzogen.[92]

Die „Nürnberger Rassengesetze" von 1935 waren mit ihrer Unterscheidung zwischen „bloßen" Staatsangehörigen und blutmäßig definierten Reichsbürgern für die Diskriminierung und Vertreibung der Juden dann wohl noch folgenreicher. Das „Blutschutzgesetz" vom 15. September 1935 und das „Erbgesundheitsgesetz" vom 18. Oktober 1935 rundeten dann die „biologisch-völkische Ordnung" ab. Sie verletzte den Grundsatz der Gleichheit vor dem Gesetz und begründete Staat und Recht „völkisch". Bereits ein Jahr später, am 3./4. Oktober 1936, fand die berüchtigte, von Carl Schmitt initiierte und geleitete Tagung „Das Judentum in der Rechtswissenschaft" statt. Den barbarischen Endpunkt dieses Höllenkurses, das Menschheitsverbrechen Holocaust, die Vernichtung der europäischen Juden in den Todesfabriken des Hitler-Regimes, konnte sich 1933/34 niemand vorstellen, selbst nicht der sonst so weitblickende George Scelle.

Während dieser primär rechtssoziologisch und -politisch argumentierte[93], ja nur den kleineren Teil seines Aufsatzes strikt juristischer Argumentation widmete, beantwortete Stauffenberg die konkrete Rechtsfrage – Völkerrechtswidrigkeit des deutschen Entzugs- und Ausbürgerungsgesetzes? – mit den Mitteln und Methoden des positiven Rechts. Dieses enthielt, so lautete schon die von Viktor Bruns formulierte Grundüberzeugung, eine Antwort auf „jede" völkerrechtliche Frage[94]. Der Berliner David trat dem Pariser Goliath, metaphorisch

---

[92] Vgl. *M. Hepp* (Hg.), Die Ausbürgerung deutscher Staatsangehöriger 1933–1945 nach den im Reichsanzeiger veröffentlichten Listen, Bd. I, München 1985; *M. Schumacher* u. a. (Bearb.), M. d. R. Die Reichstagsabgeordneten der Weimarer Republik in der Zeit des Nationalsozialismus, Düsseldorf, 3., erheblich erweiterte und überarbeitete Aufl. 1994, S. 39 ff. Expatriiert wurden u. a. Lion Feuchtwanger, Alfred Kerr, Heinrich Mann, Philipp Scheidemann, Kurt Tucholsky, insgesamt knapp 40.000 Personen (einschließlich der meist mitausgebürgerten Familienangehörigen). Unter den Ausgebürgerten befanden sich 113 Weimarer Reichstagsabgeordnete. Zur Ausbürgerung wurden überwiegend Nebenstrafen verhängt: Verlust des Einkommens, des Vermögens und des Versorgungsanspruchs. Mit Ablauf ihres Passes wurden die Ausgebürgerten staatenlos.
[93] Stauffenbergs respektvolle Anzeige einer Neuerscheinung von Scelle („Das Werk wird sicher einen hervorragenden Platz unter den Gesamtdarstellungen des Völkerrechts einnehmen", ZaöRV 1935, S. 220 f.) relativierte: Scelles monistischer Ansatz werde dann Schwierigkeiten machen, wenn man bei der Rechtsermittlung die realen Kräfte stärker berücksichtige.
[94] Vgl. *V. Bruns*, Grenzen der Schiedsgerichtsbarkeit, ZaöRV 1939/40, S. 636 ff., 837: „Das Völkerrecht ist eine Rechtsordnung, ein in sich geschlossenes Ordnungssystem von Rechtsregeln, das jeden Staatenstreit durch Rechtsspruch zu entscheiden gestattet." Heute wird diese Ordnung durch Wertevorstellungen angereichert, *Chr. Wal-*

gesprochen, demnach mit der „Schleuder" der Rechtsdogmatik und der -technik entgegen. „David" kämpfte womöglich besonders konzentriert und methodenbewusst, weil „Goliath" ein Franzose war, ein Wissenschaftler und Rechtsberater also aus einem Staat, der, siegreich im Weltkrieg, das Deutsche Reich weiterhin niederzuhalten versuchte.

Moralische Wertungen und rechtspolitische sowie -soziologische Desiderata waren auch Stauffenberg, wie er gleich eingangs seines Aufsatzes andeutete, vertraut. Anders als Scelle trennte er aber die Moral strikt vom Recht. Ebenso unterschied er eine gewünschte *lex ferenda* von der womöglich defizitären, indes geltenden *lex lata*. Deren Inhalt entnahm Stauffenberg im Wesentlichen der Staatenpraxis, einschließlich der Rechtsprechung des Ständigen Internationalen Gerichtshofs. Anhand bekannter Voten des Haager Gerichts wies er *lege artis* nach, dass Fragen der Staatsangehörigkeit zur ausschließlichen Zuständigkeit des jeweiligen Staates gehören. Die entsprechende umfassende Gestaltungsfreiheit der Staaten sei Ausfluss ihrer Souveränität. Sie finde erst dort eine Grenze, wo Rechte eines anderen Staates verletzt werden[95]. Eine solche Verletzung konnte Stauffenberg dem Widerrufs- und Entzugsgesetz nicht entnehmen – mit Recht.

Das Völkerecht untersagte damals selbst Massenausweisungen nicht. Stauffenbergs Schlussfolgerung entsprach insofern dem Stand des Völkerrechts der Zwischenkriegszeit[96]. Der Deutsche beachtete bei seiner Schlussfolgerung auch, nachdrücklicher als der Franzose, die fragmentarische Natur des Völkerrechts, das dem Individuum damals noch keinen gesicherten Status, geschweige denn Völkerrechtssubjektivität bot. Es fehlte auch ein umfassender

---

ter, Der Ukraine-Krieg und das wertebasierte Völkerrecht, in: Juristenzeitung 2022, S. 473 ff. (477).

95 Eine „naturrechtliche" Argumentation hätte zu anderen Ergebnissen geführt, vgl. *Ph. C. Mohr*, „Kein Recht zur Einmischung?", Tübingen 2002, S. 336 ff. *H. Triepel*, Internationale Regelung der Staatsangehörigkeit, ZaöRV 1929, S. 185 ff. (195 f.) kritisierte die Haager Gutachten zu Staatsangehörigkeitsdekreten in den Protektoraten Tunis und Marokko (PCIJ Series B No. 4, S. 27 ff.): Es existierten, so Triepel (freilich ohne nähere Erläuterung), bereits *de lege lata* „ungeschriebene Sätze des Völkerrechts" sowie „Rechtsgrundsätze allgemeiner Art", die „der Freiheit der Staaten auf jenem Gebiete Schranken ziehen. … Es gibt keine Freiheit des Gesetzgebers in der Wahl der Anknüpfungspunkte für den Erwerb und für den Verlust der Staatsangehörigkeit, keine unbeschränkte Freiheit in Bezug auf … Denationalisierung eigener Staatsgenossen" (S. 195). Damit wollte *Triepel*, wie er ebenda, S. 196 f. schrieb, gegen „die Übelstände der doppelten Staatsangehörigkeit und der Staatenlosigkeit" vorgehen, soweit dies „einem anderen Staate (nicht) zum Nachteil gereicht" – freilich ohne „‚Rassegefühl'" und „Stolz auf die eigene Kultur" als Anknüpfungspunkte auszuschließen.

96 Ebenso *Ph. C. Mohr*, „Kein Recht zur Einmischung?" (o. Anm. 95), S. 337 f.: Stauffenberg habe „die besseren Argumente auf seiner Seite" gehabt; ebenso *G. Stuby*, Vom ‚Kronjuristen' zum ‚Kronzeugen', Hamburg 2008, S. 397 ff.

Schutz von Minderheiten. Versuche der Haager Kodifikationskonferenz vom Frühjahr 1930, die damals nahezu ubiquitäre Praxis der Entziehung der Staatsangehörigkeit und die ebenso verbreitete Ausbürgerung *de pacto ferendo* einzugrenzen, waren gescheitert. In der Epoche leidenschaftlicher nationalistischer Konfrontation fehlte zu konstruktiven Lösungen der politische Wille[97].

Handlungsleitend blieben, wie schon auf den beiden Haager Friedenskonferenzen vor dem Ersten Weltkrieg, der nationalstaatliche Rahmen und die Skepsis gegenüber internationalen Lösungen. Hinzu kam in Deutschland eine den Staat seit Hegel geradezu absolut setzende und „nach außen" abschirmende Tradition. Gegen Stauffenbergs wohl in Kontakt mit dem Auswärtigen Amt erarbeitetes Ergebnis: „Völkerrechtmäßigkeit des 1933er Widerrufs- und Ausbürgerungsgesetzes", erheben sich somit keine rechtlichen Einwände. Selbst Scelle hatte in dem Gesetz weniger einen klaren Rechtsbruch gesehen als, treffsicher, ein Menetekel, eine Schrift an der Wand, die Unheil ankündigt.

2. Grenzen der Sensibilität und der Wissenschaftsfreiheit

Stauffenberg versuchte, sein Ergebnis auch rechtsvergleichend abzusichern, indem er, kaum überzeugend, auf diskriminierende Gesetze einiger weniger und kaum bedeutender US-amerikanischer „States" verwies. Auf die Gleichheitsgarantien der formal weiter geltenden Weimarer Verfassung ging er nicht ein. Mehrfach betonte er zudem, die Geltung des neuen Gesetzes sei zeitlich strikt begrenzt – eine Befristung, die vom nationalsozialistischen Regime freilich bald unterlaufen und später im Krieg „vergessen" wurde.

Wie der Haager Gerichtshof in seinem „Lotus"-Urteil von 1927[98] vertrat Stauffenberg in seinem Aufsatz das *Dogma unbegrenzter staatlicher Souveränität*[99]. Einschränkungen dieser Rechtsmacht hatte selbst Scelle nicht konkret

---

[97] Gemäß der StIGH-Entscheidung im tunesisch-marokkanischen Streit waren „questions of nationality ... in principle within this reserved domain". Nur bereits eingegangene Einschränkungen begrenzten das einschlägige „right of a State to use its discretion".

[98] StIGHE 5, S. 71 ff.; *V. Bruns*, Das Lotusurteil, ZaöRV 1929, S. 50 ff.; kritisch gegenüber diesem überdehnten Souveränitätsverständnis *U. Fastenrath*, Lücken im Völkerrecht, Berlin 1991, S. 239 ff.: Ein Staat könne nicht alle Maßnahmen ergreifen, solange dem keine Verbotsnorm entgegenstünde.

[99] Auch *Christian Tomuschat* betrachtet das Völkerrecht als ein System, das „feste Bindungen auferlegt, die sehr weitgehend die souveräne Handlungsfreiheit einschränken", *ders.*, Konstitutionalisierung des Völkerrechts durch die Vereinten Nationen, in: E. Grothe/A. Schlegelmilch (Hg.), Constitutional Moments, Berlin 2020, S. 18 ff. Ähn-

benannt, obwohl erste allgemeinvölkerrechtliche Grenzen, etwa bei der Wahl der Anknüpfungspunkte für den Entzug der Staatsangehörigkeit, damals schon intensiv erörtert wurden. Auf diese Grenzen der Souveränität hatte etwa, wie erwähnt, Heinrich Triepel bereits im ersten Heft der Institutszeitschrift hingewiesen. Auch diese Grenzen verlangten freilich für das Verdikt „völkerrechtswidrig", dass andere Staaten durch eine Entzugs- oder eine Aberkennungsmaßnahme *wesentlich* belastet, also deutlich geschädigt werden. Eine derart gewichtige Drittwirkung fehlte dem deutschen Gesetz. Auch insofern entsprach Stauffenbergs Ergebnis dem damaligen Stand des Völkerrechts.

Auf einem anderen Blatt steht die von Thomas Karlauf als beantwortet unterstellte Frage nach Stauffenbergs *„tiefer Überzeugung"*. Mangels Quellen muss die Frage nach seiner eigenen subjektiven Einstellung unbeantwortet bleiben. Klar ist nur folgendes: Ein rechtswissenschaftliches Votum – das Resultat methodengeleiteter Überprüfung eines Sachverhalts am geltenden Recht – muss nicht identisch sein mit der persönlichen Meinung des Gutachtenden. Zwischen objektiver Expertise und subjektiver Überzeugung ist zu unterscheiden. Der Subsumierende mag das Ergebnis seiner Untersuchung bejahen oder ablehnen – das Resultat seiner Überprüfung sagt nichts aus über seine persönliche Präferenz, seine „tiefe Überzeugung".

Stauffenbergs Aufsatz stimmte im Übrigen nicht nur mit dem damaligen Völkerrecht überein, sondern ebenso mit der unausgesprochenen „Linie" des Instituts wie des Auswärtigen Amts. Andernfalls wäre der Beitrag schwerlich in der Institutszeitschrift, der weithin „offiziöse" Bedeutung zugeschrieben wurde, veröffentlicht worden. Zudem hatten selbst Teile der assimilierten Deutschen jüdischer Abstammung mit den kulturell so „ganz anderen" Ostjuden wenig im Sinn. Viele Assimilierte rechneten sich nicht zu den (Ost-)Juden und ihrer spirituell meist reichen Welt.

Auf zwei weitere Aspekte bleibt hinzuweisen. Indirekt tragen sie zur Klärung der Frage bei, warum Stauffenberg das hässliche 1933er Entzugs- und Ausbürgerungsgesetz, anders als Scelle, weder an politisch-moralischen Kriterien überprüfte noch etwa den rassistischen Kern der Widerrufsregelung als solchen näher bezeichnete und bei der Bewertung berücksichtigte. Hier zeigten sich frühe Grenzen der Wissenschaftsfreiheit in der Diktatur, passte das neue Gesetz doch ganz in die erste Etappe der NS-Rassenpolitik, der es damals, so schon das NSDAP-Parteiprogramm, um den Ausschluss der Juden aus der deutschen Rechtsgemeinschaft ging.

Erstens stand Berthold Stauffenberg unter institutionellem Druck. Sein Aufsatz erfüllte einen dienstlichen Auftrag – nicht anders als bald darauf sein

---

lich bereits *H. Triepel*, Internationale Regelung (o. Anm. 95), S. 196: Jedenfalls eine *willkürliche* Erweiterung der Verlustgründe verstieße gegen ungeschriebene völkerrechtliche Schranken.

2. Grenzen der Sensibilität und der Wissenschaftsfreiheit

im Handbuch der Akademie für Deutsches Recht zusammen mit Ernst Schmitz veröffentlichter linientreuer Beitrag zur internationalen Schiedsgerichtsbarkeit[100]. Bruns hatte der Akademie schon im Jahr 1933 das brisante Thema „Entziehung der Staatsangehörigkeit" als völkerrechtlichen Beratungsgegenstand vorgeschlagen. Als Referenten hatte er offenbar an seinen demnächst aus dem Haag zurückkehrenden, für dieses Thema besonders qualifizierten Mitarbeiter Stauffenberg gedacht. Dabei stellte er sich gewiss nicht vor, dass dieser bezüglich des vom Ausland angefeindeten Gesetzes das Votum „völkerrechtswidrig" fällen würde. Insofern waren Stauffenberg – „Kollateralkosten" seiner Institutsmitgliedschaft – bei seinem Akademievortrag am 14. Juni 1934 (Thema: „Verlust der Staatsangehörigkeit durch Aberkennung") und bei dessen damaliger Veröffentlichung die Hände weitestgehend gebunden. Eine „Klare-Kante-Bestätigung" der Völkerrechtmäßigkeit des Gesetzes wurde verlangt – und geliefert.

Zweitens: Stauffenberg erwähnte den neuartigen „Rassekern" des § 1 des Gesetzes, an dem Scelle zu Recht so lebhaft Anstoß genommen hatte, nur eher beiläufig. Jene fundamentale legislative Weichenstellung – der Einbruch der „Rasse" in das Recht – behandelte er nicht als solche. Insbesondere beantwortete er nicht die Frage, ob die Wahl der Rassezugehörigkeit als Anknüpfungspunkt für die Entziehung der Staatsangehörigkeit (der Ostjuden) ein Willkürakt war. Er verwies stattdessen auf einige wenige, seine Position allenfalls ephemer stützende rechtsvergleichende Beispiele.

Die postulierte „Reinheit der Nation" als Rechtsprinzip, im Kaiserreich bei den Beratungen des Reichs- und Staatsangehörigkeitsgesetzes noch verworfen, nahm Stauffenberg still und kommentarlos hin. Dabei verdeutlichten die Ausführungsbestimmungen des 1933er Gesetzes[101] zweifelsfrei, dass eine vieltausendköpfige Gruppe – die seit 1918 im Deutschen Reich legal eingebürgerten Ostjuden – allein aus rassenideologischen Gründen fortan fundamental anders behandelt werden sollte als die sonstigen deutschen Staatsangehörigen[102]. Zuvor hatten nur die einschlägigen Sätze des NSDAP-Parteipro-

---

[100] *B. von Stauffenberg/E. Schmitz*, Internationale Schiedsgerichtsbarkeit (o. Anm. 15), S. 307 ff. Vgl. auch *B. Schenk Graf von Stauffenberg*, Die friedliche Erledigung (o. Anm. 15), S. 120 f.

[101] An Gustav Radbruch anknüpfend sprach das Bundesverfassungsgericht (BVerfG) NS-Rechtsvorschriften Geltung dann ab, „wenn sie fundamentalen Prinzipien der Gerechtigkeit so evident widersprechen, dass der Richter, der sie anwenden oder ihre Rechtsfolgen anerkennen wollte, Unrecht statt Recht sprechen würde", BVerfGE 3, 8 ff.; 6, 132 ff.; 23, 98 ff. Insofern haben „Verfolgte, denen zwischen dem 30. Januar 1933 und dem 8. Mai 1945 die deutsche Staatsangehörigkeit aus politischen, rassischen oder religiösen Gründen entzogen worden ist", diese nicht verloren.

[102] Zum rassisch-biologischen Volksbegriff *D. Gosewinkel*, Einbürgern und Ausschließen, Göttingen 2001, S. 370 ff. Zwischen 1914 und 1933 wurden in Deutschland nicht mehr als 80.000 Ostjuden eingebürgert.

gramms insoweit Geltung beansprucht, jetzt tat dies das neue, einschneidende Gesetz.

Wie das Gros der späteren Verschwörer lehnte Berthold Stauffenberg Ende 1933/Anfang 1934 das „zupackende" und „starke" neue Regime, das auf das zögernde und schwache Weimarer „System" gefolgt war, nicht *a limine* ab. Wie sein Bruder Claus, aber wohl anders als ihr Bruder Alexander, setzte er zu Beginn des „Dritten Reichs" positive Erwartungen in die neuen Machthaber. Auf die versprochene, aber weitgehend undefinierte „gerechtere" Friedensordnung und einen wiedergeborenen „nationalen Geist" hoffend konnte sich Berthold Stauffenberg damals wie die meisten Deutschen offensichtlich nicht vorstellen, dass das 1933er Gesetz[103] nur den Anfang einer wahnhaften Politik bildete, die, wie ex post bekannt, letztlich zur „Endlösung der Judenfrage in Europa" führte.

Berthold Stauffenberg war kein Antisemit und erst recht kein vulgärer Rassenideologe. Aber er war offenbar wie viele andere Patrioten, Nationalkonservative, George-Anhänger, Theologen, Juristen und spätere Widerstandskämpfer, *in der „Judenfrage"*, wie man damals abwertend sagte, zunächst *nicht hinreichend sensibilisiert*. Die meisten Vertreter der christlichen Kirchen schwiegen bekanntlich auch dann noch, als 1938 die Synagogen und die jüdischen Geschäfte brannten und die mosaischen Schwestern und Brüder verfolgt und erschlagen wurden. Wer konnte sich den rassistischen Klischees der Epoche auf Dauer entziehen? Das dreitägige „Röhm-Putsch"-Massaker (1934) – Hitlers im neuzeitlichen Europa bis dahin nie gesehene Mordserie – und spätestens das ebenso barbarische, ebenfalls vom Regime initiierte „Reichskristallnacht-Pogrom" vom 9./10. November 1938 verschafften Klarheit über den totalitären und rassistischen Charakter der Diktatur und über die von Anfang an verbrecherische Natur des „Führers" und seiner Helfer. Protest war, selbst im Medium der Wissenschaft und der Kunst, nicht mehr möglich[104].

Stauffenbergs faktisches Ausblenden der antisemitischen Ratio des 1933er Gesetzes berührt nicht die sachliche Richtigkeit seines im Jahr 1934 publizierten Votums. Die Menschenrechtsrevolution, auch gerichtet gegen die Versklavung und Diskriminierung von Minderheiten, fand vollumfänglich erst nach dem Zweiten Weltkrieg statt. Namhafte Schranken für den Entzug von Staatsangehörigkeit und für das Ausbürgern ließen sich international erst seit

---

[103] Ein „hässliches" Gesetz gemäß *H. Triepel*, Vom Stil des Rechts, Heidelberg 1947, S. 150 ff. Ein Jahr später wurde es an Hässlichkeit übertroffen vom Gesetz vom 3.7.1934, das die „Röhm-Putsch-Maßnahmen" zur „berechtigten Staatsnotwehr" erklärte. Ihre Unsittlichkeit ließ sie freilich, so auch Triepel, „von Anfang an als null und nichtig erscheinen".

[104] *H. Dreier*, Die deutsche Staatsrechtslehre in der Zeit des Nationalsozialismus, Berlin/New York 2001.

den späten 1940er Jahren – schrittweise – vereinbaren. Teilweise fanden sie sich auch im Völkergewohnheitsrecht. Besonders die Erfahrung mit den verbrecherischen Massenausbürgerungen in der ersten Hälfte des „Jahrhunderts der Extreme" induzierte in dessen zweiter Hälfte diesen normativen Fortschritt. Das deutsche Entziehungs- und Ausbürgerungsgesetz dagegen stammte aus der Hochzeit der Souveränitätsideologie und „Staatsvergottung". Was auch immer Stauffenbergs eigene, „tiefe Überzeugung" war – in handwerklich-rechtlicher Hinsicht war seine Replik auf Scelle ohne Fehler: sie war objektive, seriöse, nüchterne Forschung und Begründung.

Stauffenbergs Aufsatz legitimierte umstrittene und folgenreiche Aktionen des NS-Regimes. In der ersten Zeit nach ihrer Machterlangung waren die Nationalsozialisten bestrebt, Konflikte mit den hochgerüsteten ehemaligen Kriegsgegnern, einschließlich Polens, zu vermeiden. Stattdessen wurde versucht, die Weltöffentlichkeit mit Friedensreden und rechtspolitischen Initiativen ruhigzustellen. Insofern war eine Veröffentlichung, die prominente französische Kritik an einem der ersten völkerrechtlich relevanten Gesetze des „Dritten Reichs" professionell zurückwies, in der Wilhelmstrasse hoch willkommen – und gewiss auch in der Reichskanzlei.

3. „Die Vorgeschichte des Locarno-Vertrages" (1936)

Hinsichtlich Berthold Stauffenbergs Haltung in der Diktatur ist ein späterer Aufsatz ähnlich aussagekräftig: „Die Vorgeschichte des Locarno-Vertrages und das russisch-französische Bündnis"[105]. Der überraschend teleologisch argumentierende Beitrag rechtfertigte Hitlers Rheinland-Coup vom März 1936, also letztlich die einseitige Abwendung des Deutschen Reichs von einem vertraglichen Schlüsselelement der europäischen Nachkriegsordnung. Der Einmarsch der Wehrmacht in die demilitarisierten linksrheinischen Gebiete verletzte nach verbreiteter Auffassung Art. 42–44 des Versailler Friedensvertrages. Gebrochen wurde auch der Locarno-Vertrag von 1925. Er hatte die Entmilitarisierung dieses potentiellen deutschen Aufmarschgebiets ebenfalls festgeschrieben.

„Also bedurfte es einer möglichst hieb- und stichfesten juristischen Begründung für diese Missachtung. Man glaubte sie (im Auswärtigen Amt) in der Vertragsverlet-

---

[105] ZaöRV 1936, S. 215 ff. Er fungierte nun als „Wissenschaftliches Mitglied des Instituts für ausländisches öffentliches Recht und Völkerrecht", was seinem Beitrag einen offiziösen Anstrich gab. Zum Hintergrund *K. Linnebach*, Die Entmilitarisierung der Rheinlande und der Vertrag von Locarno, Berlin 1927, S. 138 ff., 216 ff.; *M. Breuer/N. Weiß* (Hg.), Das Vertragswerk von Locarno und seine Bedeutung für die internationale Gemeinschaft nach 80 Jahren, Frankfurt a.M. u. an 2007, S. 77 ff. (*P. Krüger*).

zung Frankreichs mit dem Abschluss des französisch-sowjetischen Beistandsvertrages von 1935 finden zu können"[106].

Stimmte Stauffenberg der Begründung zu, wonach jene in Versailles und Locarno vereinbarten Regelungen wegen des späteren Paktes zwischen Paris und Moskau „erloschen" waren, ein „Bruch" durch das Deutsche Reich also gar nicht möglich war?

Die unilaterale Aufkündigung des unbefristeten Locarno-Pakts, des Kernstücks der ausgleichenden Außenpolitik Stresemanns, verstieß gegen das *pacta sunt servanda*-Gebot[107]. Die vom NS-Regime versuchte Rechtfertigung lautete demgegenüber: Das sowjetisch-französische Bündnis über gegenseitige Hilfeleistung habe dem Locarno-Vertrag die *Rechtsgrundlage entzogen*[108]. Diese komplizierte Argumentation stammte von Friedrich Gaus, dem langjährigen Chefjuristen des Auswärtigen Amtes, und von Carl von Schubert, dem damaligen Staatssekretär des Amtes.

Die Pflichten aus dem Locarno-Vertrag, hieß es in Berlin, hätten die Wiederherstellung der vollen deutschen Souveränität über die entmilitarisierten Teile der Rheinlande verhindert. Dieses Hemmnis[109] galt es aus deutscher

---

[106] *W. Grewe*, Ein Leben mit Staats- und Völkerrecht im 20. Jahrhundert, Freiburger Universitätsblätter 31 (1992), S. 25 ff., 28, 40.

[107] Vgl. *W. Kägi*, Pacta sunt servanda, in: K. Strupp/H.-J. Schlochauer (Hg.), Wörterbuch des Völkerrechts, Bd. 2, Berlin 1961, S. 710 ff. Der grundlegende Rechtssatz von der Vertragstreue wurde trotz seiner prinzipiellen Kompromisslosigkeit von „Vertretern des opportunistischen Denkens" immer wieder gebrochen. Dann wurde versucht, die Missachtung des vertraglichen Gebots mit zweifelhaften Theorien zu verhüllen, um den Rechtsbrecher nicht mit dem Stigma des Rechtsbruchs zu belasten. Im Ersten Weltkrieg fiel gar das verhängnisvolle, verantwortungslose Wort vom „bloßen Fetzen Papier", ebd. S. 711 f. – Auch „Locarno" ist nach damaligem Maßstab zu beurteilen. Die gewohnheitsrechtliche pacta-Regel ist seit den 1960er Jahren in Art. 26 der Wiener Vertragsrechtskonvention (WVK) niedergelegt – *ohne* flankierende Bestimmung über ein Erledigen oder „Erlöschen" wegen Nichterreichens des Vertragszwecks. Eine Änderung der dem Vertrag zugrundeliegenden Lage, ja selbst der Ausbruch eines bewaffneten Konflikts ist (vertrags-)rechtlich unerheblich. Eingeschränkt erkennt Art. 62 WVK die *clausula* dann an, wenn die ursprüngliche Faktenlage wesentliche Grundlage für die Zustimmung zum Vertrag war, vgl. etwa *Chr. Tomuschat*, Die Bedeutung der Zeit im Völkerrecht, Archiv des Völkerrechts 60 (2022), S. 1 ff.; *W. Kägi*, S. 710.

[108] Vgl. *H. Wehberg*, Der Grundsatz der Vertragstreue, in: F. A. v. d. Heydte (Hg.), FS für A. Verdross, Wien 1960, S. 307 ff. (309): Haben sich die Umstände geändert, sei Nichteinhaltung entschuldbar. Das habe schon Machiavelli erklärt. Heute muss es jedenfalls um einen *wesentlichen* Umstand gehen – was der französisch-sowjetische Pakt wohl nicht war.

[109] Damals wurde, im Anschluss an Triepel, die Souveränität „als unerlässliches Schutzinstrument der Nation" (Bardo Fassbender) angesehen. Durchgehend berief sich auch das Deutsche Reich auf Völkerrecht: auf Gleichberechtigung, Nichtintervention, Gerechtigkeit, Selbstbestimmung.

3. „Die Vorgeschichte des Locarno-Vertrages" (1936)

Sicht rechtskonform zu beseitigen, notfalls mittels *fait accompli*, aber unterhalb der Gewaltschwelle. Das verschachtelte Locarno-Vertragswerk, abgeschlossen zwischen den vier Westmächten und dem Deutschen Reich – deshalb auch „Rheinpakt" genannt –, hatte die Demilitarisierung der Rheinlandzone bestätigt. Davon erfasst waren das gesamte linke Rheinufer sowie ein 50 km breiter rechtsrheinischer Streifen von Basel bis Holland. Betroffen waren insgesamt 14 Millionen Einwohner. Auch Bingen mit Stefan Georges Elternhaus lag in diesem Sondergebiet. Im Kriegsverbots-Artikel des Rheinpakts (Art. 2 Abs. 1) verpflichteten sich Deutschland, Belgien und Frankreich, gegeneinander *nich*t zum Angriff oder *zum Krieg zu schreiten* – es sei denn im Fall von Notwehr oder einer vom Völkerbund angeordneten kollektiven Aktion. Die Mitgliedstaaten der Genfer Weltorganisation waren zur Teilnahme an derartigen gemeinsamen „Exekutionen" verpflichtet.

Im Kern, analysierte Stauffenberg[110], habe der Völkerbund die *unilaterale* Bestimmung des Angreifers, also eine solche ohne Beschluss des Völkerbundrates, letztlich ebenso wenig ausgeschlossen wie für Frankreich oder die Sowjetunion den sofortigen *recours à la guerre*. Die beiden Großmächte wollten mit ihrem Pakt erreichen, dass der Völkerbundrat im Konfliktfall schnell entscheidet. Misslingt das, kam – und das war das Entscheidende – die bilaterale Paktpflicht zum Zuge. In letzter Konsequenz bedeutete das: Freiheit des militärischen Handelns für Paris und Moskau. Dadurch, dass sie, wenn sie wollten, einen Beschluss des Völkerbundrates blockieren konnten, erlangten sie die „*Freiheit zum Krieg*".

Die Genfer Abrüstungskonferenz von 1932/33 war ohne Erfolg geblieben. So verließ Hitler-Deutschland die Konferenz im Oktober 1933 – und wenige Tage später auch den Völkerbund. Mit dem zwischen Frankreich und der Sowjetunion im Jahr 1935 vereinbarten Sicherheitsvertrag sei – hatte Hitler am 21. Mai 1935 tastend und weiteres argumentativ vorbereitend erklärt – in den Locarno-Komplex „ein Element der Unsicherheit hineingetragen worden". In Hitlers im Jahr darauf im Reichstag verlesenen Memorandum hieß es dann: Mit der Vereinbarung der französisch-sowjetischen Allianz habe der Rheinpakt „seinen inneren Sinn verloren und praktisch aufgehört zu existieren. Deutschland (sieht) sich daher auch seinerseits nicht mehr als an diesen erloschenen Pakt gebunden an".

Was hielt Stauffenberg von dieser verblüffenden Schutzbehauptung? Seine Analyse fußte auf dem engen Wirkungszusammenhang von „Versailles", „Genf" und „Locarno" einerseits und dem französisch-sowjetischen Pakt an-

---

[110] ZaöRV 1936, S. 217. Die Partner eines solchen Paktes könnten berechtigt sein, den Angreifer selbständig zu bestimmen, ohne Rücksicht auf den (von ihnen ggfs. blockierten) Völkerbundrat. Vgl. *V. Bruns*, Die politische Bedeutung des Völkerrechts, in: Zeitschrift der Akademie für Deutsches Recht, 1935, S. 342 ff., 346.

dererseits. Stauffenberg behandelte dabei weniger die geltende völkerrechtliche Lage als – so schon der Titel seines Aufsatzes – deren „Vorgeschichte". Dabei stützte er sich auf eine Vielzahl ausländischer, mehr oder weniger amtlicher Stellungnahmen aus den Jahren 1922–35. Die eine Wiederherstellung der vollen deutschen Gebietshoheit in der Rheinzone hindernden Verträge („Versailles", „Locarno") waren bezüglich der Streitbeilegung und der Bestimmung des etwaigen Aggressors in der Tat eng mit dem Recht des Völkerbunds verschränkt – anders der französisch-sowjetische Pakt, der letztlich, wie gesagt, ein uni- und bilaterales kriegerisches Vorgehen nicht ausschloss, sondern letztlich geradezu absicherte.

Stauffenberg bezweifelte, dass dieser Pakt „mit Geist und Sinn des Völkerbundes und seiner Satzung vereinbar" sei. Der Pakt habe, übernahm er die regierungsamtliche Position gleich im Einleitungssatz seines Aufsatzes, dem Locarno-Pakt „sowohl die rechtliche als auch besonders die politische Grundlage und damit die Voraussetzungen seiner Existenz entzogen". Die Reichsregierung habe in ihrem „Friedensplan" betont, „dass die Tendenz, Europa mit Militärbündnissen zu durchziehen, überhaupt dem Geist und Sinn der Aufrichtung einer wirklichen Völkergemeinschaft widerspricht". Unklar blieb, was Stauffenberg bzw. die deutsche Regierung mit „wirklicher Völkergemeinschaft", mit „Friedenssicherung" und mit „Geist und Sinn des Völkerbundes und seiner Satzung" konkret meinten. Und inwieweit konnten diese überwiegend „politischen" Aspekte für die juristische Kritik am französisch-sowjetischen Paktes relevant sein?

Offen blieb auch die Frage, welchen Stellenwert Stauffenberg diesen auslegungsbedürftigen Begriffen und Konzepten im Hinblick auf die drängende konkrete Rechtsfrage – verstieß die Loslösung des Deutschen Reiches von „Locarno" gegen das Völkerrecht? – einräumte. Von Vertragsbruch oder -kündigung der deutschen Seite könne, meinte er, nicht die Rede sein, wohl aber vom Vorliegen „veränderter Umstände"[111]. Unerwähnt blieb, dass das Deutsche Reich eine Schlüsselvoraussetzung für den (behaupteten) Wegfall der (Geschäfts-)Grundlage selbst geschaffen hatte[112] – durch Austritt aus dem Völkerbund. Konnte es sich trotzdem auf das *bona fides*-Prinzip und die *clau-*

---

[111] *Stuby*, Vom „Kronjurist" (o. Anm. 96), S. 333 ff., 337 (Wegfall der Geschäftsgrundlage); *C. Schmitt*, Sprengung der Locarno-Gemeinschaft durch Einschaltung der Sowjets, in: Deutsche Juristen-Zeitung 1936, Sp. 338 ff.: Der Pakt führe einen außereuropäischen Partner in die europäische „Locarno"-Gemeinschaft ein, womit der Pakt „zu einem juristischen *aliud*" werde (aber offenbar nicht obsolet geworden ist).

[112] ZaöRV 1936, S. 226 f. Um einen zweiten „Ruhreinbruch" zu verhindern, habe das Deutsche Reich „Abweichungen vom Grundgedanken (des Locarno-Vertrags) in Kauf nehmen" müssen. Auch die Garantiemächte „mussten die Ausnahme zulassen, wenn sie durch den Vertrag eine Beruhigung herbeiführen wollten."

sula rebus sic stantibus berufen[113]? Stauffenberg ging auch auf diese Aspekte nicht ein. Er versuchte stattdessen, den Locarno-Vertrag mit einem alten konstruierten Argument, das ähnlich auch schon gegen „Versailles" vorgebracht worden war, zu delegitimieren: „Locarno" sei seinerzeit nicht „unter Wahrung völliger Gegenseitigkeit bei völlig gleichen Rechten und Pflichten der Vertragspartner" abgeschlossen worden. Wann und wo hat es jemals diese „völlige" Gleichheit der Partner bei Vertragsschluss gegeben?

4. Auslegung, Begründung, Erkenntnisinteresse

Diese Hinweise auf Stauffenbergs 1936er Aufsatz bedürfen, um sein Erkenntnisinteresse, sein Denken, Interpretieren und Argumentieren besser zu verstehen, in dreierlei Hinsicht der Ergänzung. *Erstens* überging er den politisch-strategischen Hintergrund der deutschen Paktaufkündigung, die als eine solche zu benennen er so sorgfältig vermied wie zuvor schon die Reichsregierung. Wie das Auswärtige Amt ging er vielmehr vom *„Erlöschen" der Vertragspflichten*, also vom „Unwirksam-Geworden-Sein" des Rheinpaktes aus. Lagen die für ein derartiges Obsolet-Werden erforderlichen Voraussetzungen vor? Ließ sich die gebotene *wesentliche* Änderung der Umstände, die bei Vertragsschluss vorgelegen hatten, konstatieren? Stauffenberg überging diese Fragen.

Dass das Deutsche Reich die Entmilitarisierung des Rheinlandes schnellstens beenden wollte, koste es was es wolle, illustriert die Parallelaktion vom 7. März 1936. Zeitgleich mit dem Verlesen des Memorandums über das angebliche „Erlöschen" des Rheinpaktes (das Verlesen erfolgte im Reichstag) rückten 19 Bataillone in die früheren rheinischen Garnisonsstädte ein. Hitlers Handstreich war riskant. Die Aufrüstung des weiterhin isolierten „Dritten Reichs" war im Jahr 1936 noch längst nicht am politisch-militärischen Ziel. Die alliierte Reaktion auf die deutsche Parallelaktion – Verlesung des Memorandums und zeitgleicher Einmarsch – hätte auch militärischer Natur sein können. Auch vor diesem Hintergrund wirkt Stauffenbergs Aufsatz wie der Versuch, den Vorwurf „Vertragsbruch" mit konstruierten entstehungsgeschichtlichen und teleologischen Gegenargumenten zu entkräften.

Wie die Reichsregierung setzte sich Stauffenberg, *zweitens*, mit den Voraussetzungen der *clausula* nicht auseinander. Er erwähnte weder diese Rechtsfigur als solche noch deren Voraussetzungen: das Vorhandensein eines *grundlegenden*, nicht vorhersehbaren Wandels der vertraglichen Umstände. Stauf-

---

[113] Jener Pakt, so Reichsregierung und B. Stauffenberg, habe die Vertragsbindung entfallen lassen. Vgl. *P. Barandon*, Locarno-Verträge von 1925, in: K. Strupp/ H.-J. Schlochauer (Hg.), Wörterbuch des Völkerrechts, Bd. II, Berlin 1961, S. 421 ff. Die immer wieder missbräuchlich angerufene *clausula* „erlaube" Vertragsbruch zu begehen, ohne ihn eingestehen zu müssen.

fenberg überging auch den Umstand, dass Hitler-Deutschland den Versuch unterlassen hatte, die Zustimmung der Rheinpakt-Partner zu einer etwaigen Vertragsanpassung zu gewinnen. Stattdessen zitierte er Überlegungen zu „Locarno" aus der diplomatischen Korrespondenz des *vergangenen* Jahrzehnts. Diese überholten Stellungnahmen hatten sich auch mit der etwaigen Unzulässigkeit partikulärer Bündnisverträge auseinandergesetzt. Mehrere Staaten hatten im Abschluss von derartigen Pakten einen Verstoß gegen den Komplex „Versailles-Locarno-Völkerbund" gesehen[114]. Die frühzeitig angedachte Konsequenz – solche bilateralen Pakte verletzen unter anderem die Satzung des Völkerbunds – war jedoch *nie vertraglich fixiert* worden. Ein Völkergewohnheitsrecht, welches derartige Pakte verbietet, war ebenfalls nicht entstanden. Die Mehrzahl der Staaten erachtete solche Pakte weiterhin für zulässig, unabhängig davon, welche Auffassung sie im vergangenen Jahrzehnt formlos kommuniziert hatten.

Längst hatte die politisch-militärische Entwicklung jene Vorüberlegungen überholt. Realität war das wilde Aufrüsten des „Dritten Reichs", die Einführung der Wehrpflicht und (durch Reichsgesetz vom 16. März 1935) die Aufstellung einer eigenen Luftwaffe. Erst jetzt schloss Paris, eine erneute kriegerische Bedrohung von der anderen Rheinseite her fürchtend, den Beistandspakt mit Moskau. Insofern waren die amtlichen Berliner Begründungs- und Rechtfertigungsversuche und mit ihnen auch die von Stauffenberg „sehr windig"[115].

Dass sich der Locarno-Aufsatz, *drittens*, hauptsächlich auf die *teleologische* Auslegungsmethode stützte, irritiert ebenfalls. Stauffenberg hatte in seinen bisherigen Arbeiten, wie berichtet, überwiegend entstehungsgeschichtlich („historisch") argumentiert und sich am Wortlaut der einschlägigen Normen („grammatisch") orientiert. Nun aber berief er sich auf den – vagen – „Geist und Zweck" der Verträge. Er verwarf die „buchstabenmäßige, rein formale Vertragsauslegung", die „innerhalb des Völkerbundes unter französischer Ägide" angewendet werde[116]. Stattdessen bezog er sich nun auf den „Geist und den eigentlichen Sinn des Rheinpakts", auf den „Geist des Völkerbunds", auf „den Geist und Sinn der (Völkerbund-)Satzung" sowie auf den „inneren Sinn" des Rheinpaktes und seine „politische Grundlage"[117]. Und Stauffenberg

---

[114] Anderer Ansicht G. *Scelle*, Rechtmäßigkeit des französisch-russischen Pakts, in: Völkerbund und Völkerrecht 1935/36, S. 222 ff.

[115] *Stuby*, Vom „Kronjurist" (o. Anm. 96), S. 337.

[116] *Scelle*, Rechtmäßigkeit (o. Anm. 114), S. 225 beruft sich demgegenüber auf „Wortlaut der Verträge und Praxis". Zu den Auslegungsmethoden J. *Schröder*, Recht als Wissenschaft, Bd. I, München 2020, S. 356 ff.

[117] Auch F. *Berber* übernahm die amtliche Begründung wörtlich in seinen Bericht „Die Deutsche Völkerrechtswissenschaft", in: Geist und Zeit 17 (1939), S. 731 ff.

4. Auslegung, Begründung, Erkenntnisinteresse

fügte, ein Echo der amtlichen Begründung, hinzu: Frankreichs Beistandspakt mit der Sowjetunion sei „eine so radikale Änderung der Verhältnisse, dass ... der innere Sinn des Rheinpaktes zerstört und sein System zerbrochen worden ist"[118].

Natürlich war das Vertragsgefüge auch teleologisch auszulegen. Über Wortlaut, Entstehungsgeschichte und systematischen Zusammenhang hinaus ist stets ebenfalls nach der *ratio* einer Norm oder eines Normenkomplexes zu fragen. Aber dieser Auslegungsansatz allein reicht schwerlich aus, um das schwerwiegende „Erlöschen" eines Vertrages – des Rheinpaktes – zu begründen. Gleichwohl unterblieben namhafte internationale Reaktionen auf den deutschen Handstreich. Andernfalls hätten die Alliierten sich wohl selbst – „Bumerangeffekt" – mit Protesten und Sanktionen am meisten geschadet. Der Umstand, dass Stauffenberg nach diesem Aufsatz keine substantiellen wissenschaftlichen Beiträge mehr publizierte[119], lässt sich deshalb wohl auch dahingehend deuten, dass er nach diesem bestenfalls ambivalenten Locarno-Aufsatz dem NS-Regime beziehungsweise dessen jeweiliger Rechtsauffassung nicht mehr als Autor zur Verfügung stehen wollte.

Zusammenfassend zeigt vorstehende Skizze der beiden politisch wohl wichtigsten Publikationen Berthold Stauffenbergs in der Diktatur: Er agierte als ein scharfsinniger, wandlungsfähiger, phrasenloser Rechtstechniker, als ein objektiver und staatstreuer, keineswegs „völkischer" Wissenschaftler. In beiden Aufsätzen wählte er die für NS-Deutschland jeweils günstigste Auslegungsmethode. 1934 rechtfertigte er ein vor allem rassistisches, gegen die sogenannten Ostjuden gerichtetes Gesetz. 1936 legitimierte er die überfallartige deutsche Besetzung des demilitarisierten Rheinlands.

Bei ersterem, dem Staatsangehörigkeits-Beitrag, erfolgte die auf das Souveränitätsprinzip gestützte Argumentation *lege artis*. Freilich überging Stauffenberg moderne integrative Ansätze, wie sie damals bereits Heinrich Triepel und Georges Scelle vertreten hatten. Stauffenbergs unsensible Haltung der „Judenfrage" gegenüber war damals, 1934, *mainstream* (was sie nicht besser machte). Beim 1936er Locarno-Aufsatz argumentierte Stauffenberg überraschend teleologisch. Jetzt bezog er sich auf den „Geist", den „Sinn" und „Zweck" von Verträgen und auf eine angeblich „radikale Änderung der Verhältnisse". Dieser Ansatz, nahezu eine Anhäufung von „weißer Farbe", überzeugt schwerlich. Mittels dieser hellen Farbe sollten offenbar die dunklen Stellen der Gesetzgebung und des Handstreichs kaschiert werden – eine

---

[118] ZaöRV 1936, S. 233. Die Verträge Frankreichs mit Warschau und Prag seien von Berlin „nur unter großen Bedenken hingenommen (worden), da sie mit dem Geist und dem eigentlichen Sinn des Rheinpakts nicht übereinstimmten".

[119] *Stauffenbergs* letzter, ganz technisch gehaltener Aufsatz behandelte das „Prisenrecht der französischen Instruktionen vom 08. März 1934", ZaöRV 1938, S. 23 ff.

Konzession dem NS-Regime gegenüber. Seine „Innenseite", seine eigene Auffassung von den in den beiden Aufsätzen 1934/1936 zu behandelnden Rechtsfragen, ließ Berthold Stauffenberg nicht erkennen. Stellungnahmen eines überzeugten Nationalsozialisten oder eines völkischen Völkerrechtlers waren seine beiden Beiträge keinesfalls. Sie waren aber auch nicht die Äußerungen eines von institutionellen oder politischen Rücksichtnahmen gänzlich freien Wissenschaftlers oder gar eines aktiven Regimegegners.

5. Berthold Stauffenberg als Nacherbe von Stefan George

Mit Stefan Georges Ableben am 4. Dezember 1933 – die drei Brüder nahmen mit weiteren Personen aus Georges engerem Umfeld an der Beerdigung am 6. Dezember 1933 in Minusio teil, Claus Stauffenberg hatte die Totenwache bestimmt – wurde Berthold Stauffenberg der Nacherbe des Dichters[120]. Durch diese testamentarische Bestimmung blieb der Nachlass über Georges Tod hinaus zunächst weitgehend als Einheit erhalten. Anschließend wurde er zwischen Boehringer, Berthold Stauffenberg und Mehnert geteilt und erst später wieder – vor allem durch Boehringer – zusammengeführt und schließlich in eine Stiftung eingebracht.

Der letztwilligen Verfügung des Dichters vom 31. März 1932 vorausgegangen waren seit 1930 umfangreiche Beratungen zwischen Robert Boehringer (Genf), Ernst Morwitz (Berlin), Berthold Stauffenberg (Den Haag, Berlin), Frank Mehnert (Berlin) und Boehringers Anwältin Maria Plum (Freiburg i. Br.). Sie alle hatten sich über die Frage gebeugt, ob eine Stiftung zur Fortführung des „Werkes von Stefan George" in Basel errichtet werden könnte, und ob nach dem Tod des Dichters eine Annahme der Erbschaft durch diese Stiftung rechtlich möglich sein würde[121]. Die stiftungs-, gesellschafts- und steuerrechtlichen Hürden, einschließlich solcher des Internationalen Privatrechts, und die Schwierigkeiten eines legalen Geldtransfers in die Schweiz erwiesen sich letztlich als nicht überwindbar.

Seinen juristischen Beratern folgend entschied sich George, *natürliche Personen als Erben* einzusetzen, und zwar nicht, wie ursprünglich geplant, mehrere Erben als Erbengemeinschaft, sondern, wegen der bekannten Schwerfäl-

---

[120] Letztwillige Verfügung vom 31. März 1932, abgedruckt in: *Chr. Perels* u.a., Fünfzig Jahre (o. Anm. 13), Vorblatt, S. 72. Vgl. § 2100 BGB: „Der Erblasser kann einen Erben in der Weise einsetzen, dass dieser erst Erbe wird, nachdem zunächst ein anderer Erbe geworden ist (Nacherbe)". Bis zum Eintritt des Nacherbfalls besitzt der Nacherbe ein unentziehbares erbrechtliches Anwartschaftsrecht.

[121] Ein Beispiel ist Stauffenbergs Schreiben vom 3. Dezember 1932, mit dem er Anfragen Franks zu einer etwaigen GmbH-Konstruktion der „Stiftung" und einer verlagsrechtlichen Klausel beantwortete (im StGA).

ligkeit und Störanfälligkeit dieses Instituts, nur einen *Alleinerben* (ursprünglich war an Ernst Morwitz gedacht worden) sowie einen ihm zur Seite stehenden und ihn im Todesfall ersetzenden *Nacherben*. Diese Gestaltung wurde abgerundet durch die Auflage, dass der jeweilige Nacherbe umgehend nach dem Erbfall seinerseits einen Nacherben zu bestimmen hatte.

Zusammen mit dem Universalerben und Nachlassverwalter, dem Industriellen Robert Boehringer (1884–1973)[122], und mit Frank Mehnert, dem letzten Begleiter Stefan Georges, sammelte und ordnete der Nacherbe Berthold Stauffenberg den Nachlass des Dichters, zumal dessen weit verstreute Korrespondenz. Mit leidenschaftlichem Ernst und unverbrüchlicher Treue versuchte er, die Anhänger des Dichters zusammenzuhalten, zu informieren und zu stärken. Der im fernen Genf residierende Erbe Boehringer – er weigerte sich, Nazi-Deutschland zu betreten – konnte, obwohl brieflich stark vernetzt, die in Deutschland gebliebenen Anhänger Georges nur schwer erreichen. So wurde der dem Dichter seit einem Jahrzehnt tief vertraute Berthold Stauffenberg, bildlich gesprochen, dessen *Statthalter im Reich*. Er war der von George eingesetzte Jüngere, der den erreichbaren Nachlass, das „Erbe", mit Rechtskenntnissen und Geschmack sichern sollte.

Berthold Stauffenberg zeichnete seinem Freund und Nachnacherben Mehnert gegenüber am Ostersonntag 1940 handschriftlich und schwer entzifferbar die militärische Gesamtlage in hellen Farben. Bezüglich des für Georgeaner „Entscheidenden" schrieb er:

„Was diese lage im geistigen bedeutet vermag ich nicht zu sagen. Manchmal bedrückt mich das gefühl durch die starke inanspruchnahme mit den tagesdingen zu sehr von dem abgezogen zu werden was das zuletzt entscheidende ist ... aber im tun ist die beschränkung unvermeidbar. Sicher ist dass der blick in die gegenden (jenseits?) unserer grenzen wie er jetzt möglich ist den glauben an die deutsche bestimmung (erneuert)"[123].

Anderthalb Jahre später, am 22. November 1941, endete Berthold Stauffenbergs ebenfalls im Stefan George Archiv bewahrtes kurzes handschriftliches Schreiben an Mehnert hinsichtlich der Gesamtlage und der korrespondierenden eigenen Möglichkeiten weit zurückhaltender:

---

[122] *R. Boehringer* hatte Nationalökonomie, Kunst- und Literaturgeschichte studiert und erstmals 1908/09 in Georges „Blätter für die Kunst" publiziert. Er veröffentlichte u. a.: Das Leben von Gedichten, Breslau 1932; Briefwechsel zwischen George und Hofmannsthal, Berlin 1938 (2. erw. Aufl. Düsseldorf/München 1953); platonisch-heiter geführte Gespräche um und mit George: Ewiger Augenblick, Aaraus 1945; sowie die erste George-Biographie „Mein Bild von Stefan George", München 1951 (erw. 2. Aufl. 1967).
[123] Der Brief stammt wie die übrigen hier zitierten aus dem Nachlass Mehnert, bewahrt im StGA der StGS.

„Die möglichkeit einigermassen sinnvoller existenz in diesen läuften sehe ich wie du: es bleibt nur die möglichkeit der wirkung auf die nächsten und der mittelbaren gegenwirkung – das brennen erhalten eines feuers sei es auch allein bis wieder der boden für seine ausbreitung bereitet ist"[124].

Am 4. Januar 1943 ergänzte Berthold Stauffenberg Mehnert gegenüber, der im Norden der Ostfront eingesetzt war: „Häufig kommt der Wunsch nicht mehr hier zu sitzen wo man zwar das meiste rasch erfährt und die lage überblicken kann aber nichts an ihr zu ändern vermag... Claus den ich an Weihnachten kurz sah wusste auch nichts erfreuliches zu berichten" (bereits seit einigen Monaten versuchten die beiden Stauffenbergs vom Zentrum der Konspiration aus, die Lage „zu ändern"). Berthold Stauffenberg hatte zuvor wohl auch deshalb an seiner Situation so gelitten, weil er, „ausgepumpt durch die arbeit des tages" (Brief vom 15. September 1942 an Mehnert, wie alle anderen zitierten im StGA bewahrt), in der Seekriegsleitung offenbar wenig durchzusetzen vermochte. Einen Monat zuvor, am 21. August 1942, hatte er dem Freund an der Front noch ganz im Sinne der hochgreifenden NS-Kriegsziele Mut gemacht:

„Wenn wir aber das ganze Kaukasusgebiet in unserer hand haben, und es ausserdem gelingt sich in Ägypten festzusetzen... und dann die möglichkeit besteht auch gegen den Nahen Osten zu operieren und die Verbindung zu den Japanern herzustellen, dann erhält die gesamtlage ein völlig anderes bild, und auch die gegner werden dann kaum noch eine möglichkeit sehen die deutsche stellung zu erschüttern."

Regimekritisch, ja aus NS-Sicht geradezu defätistisch hatte Berthold Stauffenberg am 13. November 1942 angemerkt:

„Meine Reise nach Paris (in Sachen Seekriegsführung) hat mir wieder mit erschrekken gezeigt welche grossen chancen wir aus der hand gegeben haben. Ein wirkliches zusammengehen im Westen hätte uns im Osten auf die dauer freie hand gegeben und uns eine ganz andere stellung gegenüber den Amerikanern gegeben."

Freunde jüdischer Abstammung hatten sich durch den schweren Gang in die Emigration oder ins Niemandsland Exil gerettet. Der erste, Karl Wolfskehl, Georges ältester Dichterfreund, hatte sich schon Mitte 1932 ins Exil begeben. Seine allerletzte Station war schließlich das von Nazi-Deutschland geographisch am weitesten entfernte Neuseeland. Dieser ungemein gebildete und hellsichtige Privatgelehrte fürchtete, die Verfolgung der jüdischen oder jüdisch-stämmigen Deutschen im Reich werde bald in ihre weltweite Vernichtung münden. Die letzten unmittelbar gefährdeten Anhänger jüdischer Herkunft, unter ihnen der frühere Freikorpskämpfer und national gesinnte Ernst H. Kantorowicz, hatten aus der „Reichskristallnacht" am 9./10. November

---

[124] Weniger als zwei Monate später, am 4. Januar 1943, teilte er Mehnert mit, dass „man das ganze letzte vierteljahr unter einem solchen druck (stand) als immer mehr meist vorhergesehene und vermeidbare rückschläge eintraten."

5. Berthold Stauffenberg als Nacherbe von Stefan George

1938, erst weit später als Wolfskehl, die sehr schmerzliche Konsequenz gezogen: Ausreise, Flucht, Emigration, Exil.

Seinen befreundeten ehemaligen Schulkameraden Frank Mehnert[125] machte Berthold Stauffenberg Ende 1933 zu seinem Nacherben in Sachen George-Nachlass. Als Mehnert im Februar 1943 in Nordrussland fiel[126], fühlte sich Stauffenberg „verpflichtet bald eine neue verfügung niederzuschreiben, da derartiges unter den heutigen umständen nicht aufgeschoben werden darf" (Brief an Robert Boehringer vom April 1943). So rückte mit Boehringers Zustimmung nun Claus Stauffenberg in die Nacherbenanwartschaft ein. Jetzt waren, für gut ein Jahr, *zwei Brüder Stauffenberg Stefan Georges Nach- und „Nachnacherben"*. Sie taten „das unsrige" (wie Berthold Stauffenberg dem befreundeten Karl Josef Partsch am 4. August 1942 geschrieben hatte), „damit die künftigen möglichkeiten nicht verschüttet werden. Als erstes ist entscheidend dass wir den glauben behalten": den Glauben an den Dichter, an seine Weltsicht und Sendung.

Hatte ihre Verehrung für Stefan George Berthold und Claus Stauffenberg gegen das NS-Gedankengut immunisiert? War George, trotz seines frühen Todes gar der Funke, der 1942 (also bereits *vor* der Stalingrad-Katastrophe) die Entscheidung der beiden Brüder für den aktiven Widerstand beeinflusste und später das Feuer des Attentats und Umsturzversuchs entzündete? War der Zwanzigste Juli insofern eine „Tat" aus dem Geist Stefan Georges? Auf Grundlage der spärlichen Quellen ist eine eindeutige Antwort nicht möglich. Es spricht indes einiges dafür, dass das Verbinden des Künstlerischen und Konzeptionellen mit dem Heldischen und Tathaften in Georges Person und Werk nach 1900 für die beiden Stauffenberg-Brüder in der Widerstandsfrage eine orientierende und inspirierende Wirkung entfaltete. In diesem Horizont mochten Claus und Berthold Stauffenberg auf einen „geistesaristokratischen Sonderweg in der deutschen Mentalitätsgeschichte" geraten sein, der sie „stärker zur Tat (gedrängt hat) als die Strömungen, denen ihre Freunde ... angehörten" (Peter Hoffmann). Zweifellos verstärkte der George-Kosmos damit eine im familiären, adligen und nationalen Ethos der Brüder und in ihrem Gewissen bereits angelegte Haltung[127].

---

[125] Er modellierte 1925 die Köpfe der beiden Brüder: den von Berthold (jetzt im Foyer des Heidelberger Nachfolge-Instituts) und den von Claus (jetzt im Fundus des Deutschen Bundestages).

[126] *M. Stettler* (Hg.), Erinnerung an Frank, Düsseldorf/München 1968.

[127] *P. Hoffmann*, Schiller-Jahrbuch (o. Anm. 2), S. 538 f. spitzte zu: Im Widerstand war Claus Stauffenberg „vom Denken Georges erfüllt und angespornt. Der Tatgedanke ... war immer stark in (ihm)." Vom Dichter habe er „gelernt, Attentäter gegen Hitler zu werden." Zur Tat drängte ihn wohl auch die Scham darüber, einem – wovon er spätestens 1942 überzeugt war – Verbrecher dienen zu müssen.

Dafür spricht auch Claus Stauffenbergs wiederholtes Zitieren von George-Gedichten im Kreis der Verschwörer, etwa sein Hersagen der Augen öffnenden „Widerchrist"-Verse aus dem Gedichtband „Der Siebente Ring" aus dem Jahr 1907 (SW VI/VII). Das Gedicht über den zunächst verführenden, letztlich aber scheiternden Beelzebub – eine Figur, die sich ohne weiteres auf Hitler beziehen ließ – wurde geradezu zum Erkennungszeichen unter Verschwörern. Der falsche Prophet schien wie der deutsche Diktator zunächst zu triumphieren. Zuletzt jedoch – davon sprechen die nachfolgend zitierten Schlussstrophen des Gedichts – scheitert er, und mit ihm die unbelehrbare, vom „Fürst des Geziefers" geblendete Masse:

Der Fürst des Geziefers verbreitet sein reich·
Kein schatz der ihm mangelt· kein glück das ihm weicht ..
Zu grund mit dem rest der empörer!

Ihr jauchzet entzückt von dem teuflischen schein·
Verprasset was blieb von dem früheren seim
Und fühlt erst die not vor dem ende.

Dann hängt ihr die zunge am trocknenden trog·
Irrt ratlos wie vieh durch den brennenden hof
Und schrecklich erschallt die posaune.

In die gleiche Richtung – poetische Stärkung und künstlerische Inspiration – deutet das Übersetzen von zentralen Gesängen der „Odyssee" durch die drei Brüder Stauffenberg und Freunde aus dem George-Umfeld. Das gemeinsame Lesen, Besprechen und Übertragen großer Dichtung erfolgte bis hinein in die ersten beiden Wochen des „existentiellen" Juli 1944, also fast bis zum Vorabend von Anschlag und versuchtem Staatsstreich. Berthold Stauffenberg identifizierte sich, wie berichtet, mit der geistigen Weltsicht des Dichters[128] und mit dem Schicksal des Vaterlands. Wie sein jüngster Bruder ging er offensichtlich davon aus, dass das Attentat und die mit anderen Verschwörern erörterte staatlich-gesellschaftliche Neuordnung eines von Hitler und seiner Verbrecherbande befreiten Deutschlands die *Zustimmung des* (längst verstorbenen) *Dichters gefunden hätte*. In ihren Augen rechtfertigte auch diese unterstellte „meisterliche" Einwilligung die befreiende „Tat" moralisch. Gelegentlich kommentierten die Stauffenbergs und ihre Freunde ihr Tun und Hoffen auch durch das Verlesen von Versen Stefan Georges – fast so, als zitierten sie heilige Texte.

Für die Verschwörung war das vorherige Leben im George-Kreis eine indirekte Hilfe. Die vom Dichter, der viel auf Distanz und Anonymität gab, geforderte und selbst gelebte Verschwiegenheit verstärkte die Verschlossenheit

---

[128] 1937–38 übertrugen die beiden Brüder Stauffenberg mit Boehringers Zustimmung Georges Elternhaus in Bingen an die Stadt – ein arbeitsreicher Übereignungsvorgang, der auch ihre Loyalität George gegenüber ausdrückte.

seines Nacherben. Ähnlich nützlich für den Widerstand war später das dezentrale und schwer aufzuschlüsselnde Gefüge der Anhängerschaft Georges. Manche Freunde kannten einander jahrelang nur unter ihrem vom Dichter kreierten Übernamen. Für Berthold und Claus Stauffenberg war das von der Verschwörung für sie später erzwungene Doppelleben insofern keine gänzlich unbekannte Lebensform.

Tagsüber erledigten die Verschwörer, häufig bis zur Erschöpfung gefordert, die Fülle ihrer dienstlichen Aufgaben, den Schein unbezweifelbarer Regime-Loyalität wahrend. Abends und nachts sowie an Wochenenden oder auf Reisen beteiligen sie sich seit den 1940er Jahren an dem Versuch, dem niederrollenden Rad in die Speichen zu greifen – mittels vertraulicher Beratungen im verwandtschaftlichen oder befreundeten Umfeld und durch die Weitergabe von Informationen, etwa solchen über potentiell „ansprechbare" Personen. Immer wieder war die sich für Deutschland seit 1942 stetig verschlechternde Gesamtlage neu zu durchdenken, und die personellen und fachlichen Planungen waren entsprechend anzupassen.

6. Inspirierter Dienst am Dichter und an dessen Kreis

Berthold Stauffenbergs Engagement für den Dichter und dessen Kreis[129] hatte für sein Mitwirken am Widerstand eine dreifache Bedeutung. *Erstens* bestärkte ihn der Austausch mit gleichgesinnten George-Anhängern wie etwa dem Literaturwissenschaftler Rudolf Fahrner (1908–88) in seiner ästhetischen und ethischen Grundhaltung. Geistig im Kreis, fachlich im Institut und in der Seekriegsleitung, emotional in Lautlingen bei der Familie und in der freien Natur, hielt der Völkerrechtler dem totalitären Propaganda- und Egalisierungsdruck stand. Er bewahrte sich seine innere Freiheit, verbesserte seine souveräne Übersicht über die „Lage" und war seit Herbst 1942 als Verschwörer handlungsbereit. Auch der verdeckte Freundschaftsstil im George-Umfeld half beim Kaschieren konspirativer Kontakte. Mit seinen Rechts- und Personenkenntnissen unterstützte der Jurist die anderen Widerständler, besonders seinen bei ihm ab Sommer 1943 wohnenden kriegsversehrten Bruder Claus.

Zweitens erhielt Berthold Stauffenberg durch George-Anhänger konkrete Hilfe im Widerstand. Das bekannteste Beispiel ist der teils aus Athen, teils aus Überlingen am Bodensee im Sommer 1943 nach Lautlingen und erneut An-

---

[129] Zu den im Kontext von Berthold Stauffenberg relevanten George-Anhängern zählen insbesondere H. und W. Anton, E. Bertram, A. von Blumenthal, R. Boehringer, W. Elze, R. Fahrner, E. und F. Gundolf, K. Hildebrandt, E. von Kahler, E. und G. Kantorowicz, E. Landmann, F. Mehnert, E. Morwitz, K. J. Partsch, L. Thormaehlen, K. Wolfskehl, vgl. die jeweiligen werkbiographischen Portraits im Handbuch: Stefan George und sein Kreis, Hg. *A. Aurnhammer* u. a., 3 Bände, Berlin/Boston 2012 (2. Aufl. 2016). Portraitiert sind auch die Brüder Stauffenberg.

fang Juli 1944 nach Berlin gerufene Rudolf Fahrner[130]. Ihm war Georges „Tat"-Dichtung ebenso vertraut wie, jedenfalls in groben Zügen, das konspirative Denken, Hoffen und Planen der beiden Brüder Stauffenberg. Bei der für sie nun ganz in den Vordergrund tretenden Verschwörung gelang ein geradezu selbstverständlich-vertrautes Zusammenwirken von Claus und Berthold Stauffenberg mit dem hilfreichen und mutigen Germanisten. Sie einte von George her eine gemeinsame geistig-künstlerische und weltanschaulich-elitäre Grundgestimmtheit und eine furchtlose Handlungsbereitschaft. Die geheime Umsturz-Vorbereitung war für *die* Verschwörer „organischer", die zuvor schon als George-Anhänger – also in einem unbürgerlichen, verdeckten Freundeskreis – gelebt und gewirkt hatten.

Berthold Stauffenberg wurde, *drittens*, für die in Deutschland verbliebenen jüngeren George-Anhänger der „spornende, lenkende, wegweisende" Ratgeber[131]. Orientierungs- und stärkungsbedürftig wendeten sich besonders die jungen Frank Mehnert und „Cajo" Partsch an ihn. Intensiv nahm der Vielbeschäftigte – als „Statthalter" des verstorbenen Dichters – Anteil an ihren Geschicken, Sorgen und Projekten. Gelegentlich schaltete Berthold Stauffenberg seinen Bruder Claus ein. Dessen Einschätzung der Gesamtlage teilte er dann – möglichst encouragierend formulierend – den Freunden mit.

Negationen (Antiliberalismus, Antipluralismus, Antisemitismus) bildeten das freiheits- und demokratiefeindliche ideologische Fundament des „Dritten Reichs". Demgegenüber förderte die George-Welt, gerade auch in der Vermittlung durch Berthold Stauffenberg, eine *Perspektive ex positivo*[132]. Dazu leistete der George-Nacherbe im menschen-, rechts- und kunstverschlingenden Krieg einen wichtigen Beitrag. Die Erinnerung an die von Stefan George beschworenen Gegenwelten befähigten Berthold Stauffenberg, Jüngeren Mut

---

[130] R. Fahrner leitete 1939–44 das Deutsche Wissenschaftliche Institut in Athen. Die Brüder Stauffenberg hatte er 1936 kennengelernt. Später half er bei den Umsturzplänen und dem „Schwur", vgl. *R. Fahrner*, Erinnerungen 1903–1945, Hg. St. Bianca, Genf 1998, S. 237 ff.

[131] Brief von F. Mehnert vom 23. April 1942 an Claus Stauffenberg (im StGA). Am Ostersonntag 1940 hatte Berthold Stauffenberg Mehnert geschrieben: „Was diese (militärische) lage im geistigen bedeutet vermag ich nicht zu sagen. Manchmal bedrückt mich das Gefühl durch die starke inanspruchnahme mit den tagesdingen zu sehr von dem abgezogen zu werden was das zuletzt entscheidende ist."

[132] *E. von Kahler*, Stefan George, Pfullingen 1964, S. 16, 26: Georges Bewegung sei „massenfeindlich" gewesen, „Demokratie wurde abgelehnt, insofern sie die Herrschaft der Massen begünstigt." In „ihrem innersten Wesen" sei die George-Bewegung „dem Nationalsozialismus diametral entgegengesetzt (gewesen)." Parallelen sah der in die USA emigrierte Kulturhistoriker in der „schrankenlosen Heldenverehrung und Glorifizierung des einen, unbedingten Herrschers, Meisters, Führers, dem es zu glauben und zu folgen galt" (ebd., S. 32); vgl. *G. Luhr*, „Klassizistisch, humanistisch, aristokratisch", in: Mattenklott u. a. (Hg.), „Verkannte brüder?" (o. Anm. 74), S. 163 ff.

6. Inspirierter Dienst am Dichter und an dessen Kreis

zu machen und Wege zu weisen. Wiederholt bedauerte er, wegen enormer dienstlicher Inanspruchnahme zu sehr von dem abgezogen zu werden, was für die Anhänger des Dichters „das zuletzt entscheidende" war. Das war nicht der Krieg, sondern der Geist, nicht der nationalsozialistische „Führer" in den Abgrund, sondern ihr geistig-poetischer „Führer" in ein „neues Reich".

Warum hatte der Dichter Berthold Stauffenberg als Nacherben ausgewählt? In seiner Person vereinigte dieser wohl das, was Stefan George unter „Schönheit" begriff: Anmut verbunden mit Geist, Hoheit mit Tatgesinnung, Dienstbereitschaft mit Zugewandtheit. Körperliche Schönheit war für Georges Bild vom Menschen, wie schon für die Griechen der Antike, Ausdruck auch geistiger Schönheit und menschlicher Vollkommenheit. Diese Qualitäten waren nach Auffassung des Dichters bei Berthold Stauffenberg vorhanden. Als einzigen der drei Brüder zeichnete er ihn in seinem dichterischen Werk aus, in einem Preisgedicht, das die Einzigartigkeit des Freundes, seinen inneren Wert und seine Hoheit umkreist, und das auf eine Gleichheitskritik hinausläuft, die sich im später noch zu erörternden „Schwur" von Claus und Berthold Stauffenberg im Begriff „Gleichheitslüge" wiederfindet. Hier die Berthold Stauffenberg von Stefan George gewidmeten Verse (SW IX)[133]:

B. v. ST.

I

Im sommerlichen glanz der götterstadt
Sannen wir trauernd oft den spuren nach
Des toten königskindes.

Was dient uns schlachtenvorteil scharfsinn kraft!

Im blutgedüngten marschland mutige wehr!
Wenn uns die hoheit stirbt.

Dem frisch bereicherten bleibt hohl sein saal
Sein garten birgt nie mehr wenn je gefällt
Uralten baumes weihe.

Was dient · sei sie auch mehr als frommer wahn ·
Gleichheit von allen und ihr breitestes glück!
Wenn uns die anmut stirbt.

II

Im unverwüstbar schönen auf-und-ab
Der schicksal-strassen gingst du zwischen uns

---

[133] Beide Gedichte entstanden wohl um August 1924, als Berthold Stauffenberg George in Schwabing besuchte. Dichterisch sprach George ihm angeborene „hoheit" und „anmut" zu. Ein Hintergrund war die Trauer um einen frühverstorbenen bayerischen Thronerben. In Stauffenberg glaubte „das volk", darauf spielten Georges Verse an, den Prinzen wieder erstanden.

> In deiner vollen blühe ..
>
> Wo du dein herrenrecht an uns geübt
> Wir dich bestaunt und gar das volk dich nahm
> Für den erstandnen prinzen.

Nach Kammergerichtsrat Ernst Morwitz, seit 1905 einem engen Freund Georges[134], war Berthold Stauffenberg der wichtigste juristische Berater des Dichters. Davon zeugt die umfangreiche, in Stefan Georges Nachlass erhaltene[135] Korrespondenz. Das bestimmende Thema im Briefwechsel Berthold Stauffenberg – Stefan George war technisch-juristischer Natur: Ihre Korrespondenz handelte vor allem von Georges geplanter Stiftung und seinem Testament.

„Politisch" lagen der Dichter und der Völkerrechtler im Wesentlichen auf einer Linie[136]. Ihnen wie den meisten Deutschen gemeinsam war der Affekt gegen den diskriminierenden Versailler Vertrag. Benutzten die Siegermächte den Vertrag aber wirklich nur als Schutzschild, hinter dem sie ihre eigenen Interessen rücksichtslos verfolgten? Hatte es durch Stresemann nicht bereits Fortschritte gegeben, von denen in dieser Korrespondenz nie die Rede war? Versailles, der Völkerbund und der Gerichtshof waren, anders als George und Stauffenberg es offenbar sahen, *nicht* die Quellen allen deutschen Unglücks. Sie bargen auch Chancen. Beim Minderheitenschutz etwa und beim Weg nach Locarno (zum Rheinpakt) sowie nach Genf (zum Völkerbund) gelangen erste Erfolge[137]. Der Gerichtshof, von dessen angeblicher „Totenruhe" Stauffenberg George schrieb, hatte bis 1933, als Deutschland den Hof verließ, bereits 30 Urteile gefällt und 25 Gutachten erstattet. Nicht wenige dieser Voten wirken dank ihrer Qualität noch heute orientierend, ja präjudizierend.

---

134 *U. Oelmann/C. Groppe* (Hg.), Stefan George – Ernst Morwitz. Briefwechsel (1905–1933), Berlin/Boston 2020.

135 Teile von Georges Nachlass hatte Berthold Stauffenberg wegen des Bombenkrieges sicherheitshalber in Lautlingen deponiert. Im Juli 1944 beschlagnahmt, wurden sie schließlich im Keller des Leipziger Völkerschlachten-Denkmals untergebracht. Erst Jahrzehnte später gab die DDR sie dem Erben Robert Boehringer in der Schweiz heraus. Heute befinden sich auch diese Nachlassteile im Stefan George Archiv. Von 1977 an übergab Berthold Stauffenbergs Sohn Alfred auch Materialien aus dem Nachlass seines Vaters an das StGA, wo sie heute als Teilnachlass Berthold Stauffenberg überliefert und bewahrt werden. Das Material ist feinteilig erschlossen, aber noch nicht ediert.

136 Stauffenbergs Äußerungen weisen Parallelen auf zur harschen „Weimar"-Kritik von Johann Anton, vgl. *von Stockert*, Stefan George (o. Anm. 41), S. 53 ff.; *W. Graf Vitzthum*, Rechts- und Staatswissenschaften (o. Anm. 6), S. 83 ff.

137 Den nationalen Minderheiten wurden damals wichtige Rechte verbrieft. Wegen des aggressiven Nationalismus der 1930er Jahre wurden die Schutzpflichten zunehmend weniger beachtet, vgl. *R. Hofmann*, Menschenrechte und der Schutz nationaler Minderheiten, ZaöRV 2005, S. 587 ff.

VI. Ein kämpferischer Kriegsrechtsexperte

1. Prisenordnung und U-Bootkrieg

Im Völkerrechtsinstitut zum Leiter der Abteilung „Wehrrecht und Kriegsvölkerrecht" ernannt, eröffnete sich für Berthold Stauffenberg gegen Ende der 1930er Jahre ein zusätzliches, unmittelbar kriegs- und damit staatsrelevantes Gestaltungsfeld: die Erarbeitung einer deutschen *Prisenordnung* und einer entsprechenden *Prisengerichtsordnung*. Frankreich hatte seine einschlägigen „Instruktionen" bereits 1934 reformiert und publiziert. Das faschistische Italien folgte 1938. Nun sollte das Deutsche Reich nachziehen. Der Kriegsmarine waren in einem modernen völkerrechtskonformen Werk Regeln an die Hand zu geben, die die Frage beantworteten, wie fremde Schiffe und ihre Besatzungen beim Kampf um Seeverbindungen zu behandeln waren. An einige überkommene Begriffe und Regelungen ließ sich anknüpfen. So galt etwa ein von einem Kriegführenden beschlagnahmtes ausländisches Schiff als „Prise", gegebenenfalls, bei Legalität der Inbesitznahme, als „gute Prise".

Die Notwendigkeit einer aktuellen Kodifikation ergab sich aus der Kluft zwischen neuen Kriegsmitteln – etwa magnetischen und akustischen Minen, großräumigen Seesperren und maritimem Luftwaffeneinsatz – einerseits und dem überkommenen Kriegsrecht andererseits. Neue Mittel und Methoden der Kriegsführung hatten solange das geltende Recht zu befolgen, als dieses nicht reformiert war. So war eine *international konsentierte* Anpassung des Seekriegsrechts zwar geboten[138], im nahenden Krieg aber nicht erreichbar[139].

---

[138] Verbindlichkeit könne, schrieben Schmitz/Moltke am 20. Juni 1940 an ihre Vorgesetzten, auch herbeigeführt werden „durch eine gemeinsame Erklärung aller Kriegführenden und wichtigen Neutralen. ... (Sie) würde die von uns gewonnenen Rechtspositionen allgemein verbindlich machen und damit für die Zukunft sichern; sie würde allen etwaigen Vorwürfen gegen die deutsche Kriegsführung die Spitze abbrechen." Völkerrechtliche Normbildung hat sich in der Tat beständig anzupassen und zu legitimieren.

[139] Die Haager Konferenz von 1907 hatte die unbestrittenen Sätze des Seekriegsrechts zusammengefasst, vgl. *J. Hinz* (Hg.), Kriegsvölkerrecht. Textsammlung, Köln und Berlin 1957, Nrn. 1525–1537; *E. Beckert/G. Breuer*, Öffentliches Seerecht, Berlin/Boston, S. 334 ff. Den Handelskrieg begrenzte auch die nicht ratifizierte Londoner Deklaration von 1909, die ihrerseits Ausgangspunkt für das (Londoner) Protokoll über die Regeln für den U-Bootkrieg war, dem das Deutsche Reich 1936 beitrat, vgl. *H. Heckel/E. Tomson* (Hg.), Völkerrecht und Prisenrecht, Frankfurt a. M./Berlin 1965, S. 661 ff.; *M. Salewski*, Die deutsche Seekriegsleitung 1935–1945, Bd. I: 1935–1941,

Trotz zahlreicher Verstöße (auf allen Seiten) gegen das Recht ging dieses, wie sich zeigen sollte, auch im neuerlichen Weltenbrand nicht unter. Kein Staat konnte und kann sich auf Dauer vom Recht entfernen.

Wie war die Rechtslage? In welchem normativen Rahmen bewegte sich Berthold Stauffenberg 1937–39 in dem vom OKW dominierten „*Kriegsrechtsauschuss*" bei der Erarbeitung der neuen Prisenordnung? Es ging dabei vor allem um die vom Seekriegsrecht vorgeschriebene Behandlung der Mannschaft, der Passagiere und der Papiere einer Prise, also eines beschlagnahmten Schiffes. Art. 49 der maßgeblichen „Londoner Erklärung von 1909" erlaubte das Zerstören von Prisen (etwa mittels Torpedos) nur dann, wenn *zuvor* „die an Bord befindlichen Personen in Sicherheit gebracht" waren. Diese Bedingung bekräftigten dann die ebenfalls allgemein konsentierten „Londoner Regeln über U-Boot-Kriegführung von 1936": „Ein Kriegsschiff ... (darf) ein Handelsschiff nicht versenken ..., ohne vorher die Passagiere, die Bemannung und die Schiffspapiere an einen sicheren Ort gebracht zu haben." Dem entsprach dann Art. 74 Abs. 1 der deutschen, führend von Berthold Stauffenberg erarbeiteten Prisenordnung vom 28. August 1939: „Die Zerstörung ... ist nur zulässig, wenn Fahrgäste, Besatzung und Papiere des Fahrzeugs vor der Zerstörung an einen sicheren Ort gebracht sind."

Auf dieser Grundlage handelte die Kriegsmarine 1939, von Berthold Stauffenberg beraten, bei Beginn der Feindseligkeiten. Unbestritten legal gelang dies freilich nur in den ersten Septembertagen und -wochen[140]. Die Alliierten widersetzten sich nachdrücklich der deutschen Interpretation und Praxis. Ausländische und alliierte Handelsschiffe gaben per Funk Standortmeldungen bezüglich deutscher U-Boote ab und riefen je nach Lage Kriegsschiffe, bewaffnete Handelsschiffe oder Flugzeuge herbei. Dies brachte die verletzlichen deutschen U-Boote in höchste Gefahr. Prisenkommandos weiterhin an Bord einer Prise zu senden und die Besatzungen, Fahrgäste und Papiere von Schiffen, die versenkt oder in einen vom Reich beherrschten Hafen dirigiert werden sollten, zuvor zu retten, wurde fast unmöglich. Die deutsche Prisenordnung von 1939 zu befolgen, war zunehmend nahezu gleichbedeutend mit Suizid.

Frankfurt a.M. 1970, S. 23 ff. Besonders der Status *bewaffneter* Handelsschiffe und das Recht der Repressalien blieben umstritten. Bereits am 3. September 1939 erklärte England die Blockade des Deutschen Reichs, das am 17. August 1940 dann ebenso gegen England vorging, vgl. *J. Schmitt*, Die Zulässigkeit von Sperrgebieten im Seekrieg, Hamburg 1966, S. 107, 133, 137 f.; *R. Schenk*, Seekrieg und Völkerrecht, Köln/Berlin 1958, S. 69 ff., 117 ff., 129: Die englischen wie die deutschen Blockaden waren mangels Effektivität rechtswidrig, als Repressalien aber womöglich legal.

140 Vgl. *H. Schmoeckel*, Völkerrecht und Fairness im Seekrieg, in: D. H. Poeppel u. a. (Hg.), Die Soldaten der Wehrmacht, München, 3. Aufl. 1999, S. 324 ff.; *K. Neuss*, Die Entwicklung des Prisenrechts durch den Zweiten Weltkrieg, Diss. iur. Würzburg, 1966, S. 205 ff.

1. Prisenordnung und U-Bootkrieg

Die warnungslose Anwendung der vollen Waffengewalt, also der uneingeschränkte U-Bootkrieg in einem vom Deutschen Reich proklamierten Sperrgebiet um die Britischen Inseln, markierte den Endpunkt der schrittweisen *Eskalation*. Die seekriegsrechtliche Entwicklung ging im Wesentlichen innerhalb von wenigen Wochen über Stauffenbergs pünktliche und gelungene prisenrechtliche Vorarbeit hinweg[141]. Die Alliierten beharrten auf der Auslegung der *lex lata*, sahen also jedes *sink at sight* als Rechtsbruch an[142]. Eine „deutschbestimmte" Interpretation ließ sich gegen die kriegsrechtlich dominierenden angelsächsischen Seemächte nicht durchsetzen. Andererseits *reagierte* die schrittweise Verschärfung des deutschen U-Booteinsatzes im „Tonnagekrieg" auf die Verschärfung der Kriegführung der Alliierten.

Konsequenterweise ließ das Internationale Nürnberger Militärgerichtstribunal im Jahr 1947 mit dem tu quoque-Argument die Anklagen gegen die Großadmirale Raeder und Dönitz fallen, soweit diese Anklagen die Freigabe des Waffeneinsatzes gegen Schiffe und Personen an Bord als Völkerrechtsverstoß gewertet hatten. Admiral Nimitz, der US-amerikanische Flottenchef im Pazifik, hatte dem Tribunal auf Befragen mitgeteilt, die Alliierten hätten im U-Bootkrieg gegen Japan seit 1939 die gleiche Praxis befolgt wie das Deutsche Reich gegen England und bald auch gegen die USA[143].

Das Völkerrechtsinstitut und der Kriegsrechtsausschuss – letzterer seit 1937 Stauffenbergs dominantes Aufgabenfeld – waren bei Kriegsausbruch „mit sofortiger Wirkung ... dem Oberkommando der Wehrmacht zur Verfügung" gestellt worden (OKW-Verfügung vom 15. September 1939). Im Horizont des sich entwickelnden U-Bootkriegs hatte Stauffenberg im Ausschuss für Kriegsrecht (an ihm beteiligt waren Vertreter aller Waffengattungen sowie der Deutschen Gesellschaft für Wehrpolitik und Wehrwissenschaften) von Beginn an die „Fachrichtung Seekriegsrecht" geleitet, dort bald zum „federführenden Kopf" (Helmut Strebel) avancierend. Normative Eckpfeiler der deutschen Kodifikation waren die Pariser Deklaration von 1856, die Londoner Erklärung von 1909 sowie die Regeln über den U-Bootkrieg von 1936. Sie

---

141 Auch *bewaffnete* Handelsschiffe blieben an das überlieferte (Prisen-)Recht gebunden, *H. Knackstedt*, Das bewaffnete Handelsschiff im Seekrieg, in: Marine-Rundschau 1959, S. 69 ff., 76 f. Diese Rechtsaussage wurde auch in der Erwartung befolgt, dass sich der Gegner dann ebenfalls rechtskonform verhalten werde (Prinzip der Reziprozität).

142 Weder die englischen noch die deutschen Operations- und Sperrgebiete erfüllten das Kriterium der Effektivität. Letztlich sorgten sich nach *M. Salewski*, Seekriegsleitung (o. Anm. 139), S. 336 „weder die Engländer noch die Deutschen ... um die Regeln des Seekriegsrechts" – eine zugespitzte Stellungnahme, die im Schrifttum teilweise auf Kritik gestoßen ist.

143 Vgl. *K. Assmann*, Der deutsche U-Bootkrieg und die Nürnberger Rechtsprechung, in: Marine-Rundschau 1953, S. 7 ff.

alle schrieben zivilisatorische und humanitäre Mindeststandards fest. In die Ausschussdiskussionen griff Stauffenberg meistens erst gegen Ende ein, um, so berichtete später der Institutsmitarbeiter Helmut Strebel, den Austausch der Meinungen mit einer knappen, prägnanten Formulierung auf den Punkt zu bringen.

Wichtigstes Ergebnis jener Beratungen waren die deutsche Prisenordnung[144] und die ebenfalls unbestritten legale deutsche Prisengerichtsordnung. Beide Kodifikationen wurden am 3. September 1939 verkündet[145]. Über sie publizierte der „Marine-Intendanturrat d. Res. im Oberkommando der Kriegsmarine (und) Abteilungsleiter im Kaiser-Wilhelm-Institut für ausl. Öffentl. Recht u. Völkerrecht" (so Stauffenbergs Bezeichnung auf dem Deckblatt der Veröffentlichung) zusammen mit Ministerialrat Curt Eckhardt im Jahr 1942 eine (zweite) „Erläuterte Textausgabe" für die Praxis. Diese Bearbeitung war, anders als die von den beiden Kommentatoren unter großem Zeitdruck erarbeitete erste Auflage von 1939, im Völkerrechtsinstitut erfolgt, unter Mithilfe jüngerer Mitarbeiter. Sie enthielt folgenden Nachruf auf den beim Skifahren verunglückten Kollegen Ernst Schmitz: Er bleibe als „Vorbild eines kämpferischen Rechtswissenschaftlers lebendig, deren Deutschland im gegenwärtigen Ringen um eine gerechtere Neuordnung der Welt auf dem völkerrechtlichen Kriegsschauplatz mehr denn je bedarf". Undefiniert blieb, was „eine gerechtere Neuordnung der Welt" inhaltlich und prozedural bedeutete. Der Mitherausgeber Eckhardt, ein Kriegsrechtsexperte, hatte schon 1941 in der Akademie für Deutsches Recht über „Problematik und Praxis des Seekriegsrechts" referiert.

2. Recht und Politik im Bauche Leviathans

Zweimal im Jahr 1934 hatte die Münchner Juristenfakultät, wie Bruns der Kaiser-Wilhelm-Gesellschaft mitteilte, Berthold Stauffenberg an erster Stelle für einen völkerrechtlichen *Lehrstuhl* vorgeschlagen. Wäre der stille Positivist, dem jedes Verständnis für die orchestrierten völkischen Tumulte fehlte, im Lärm der „nationalen Revolution" ein guter Hochschullehrer geworden? Wie hätte der Ideologieskeptiker Studierende für die Rechtsidee begeistern können – im Horizont eines zunehmend „rassischen" Völkerrechts, einer sich abzeichnenden NS-Rechtslehre mit Vorrang des völkischen Prinzips und einem Argumentieren mittels eines „politischen" Völkerrechts? Wie lange hätte

---

[144] Vgl. *H. Strebel*, In Memoriam (o. Anm. 9), S. 15: Ihre Rechtskonformität „wurde in fachkundigen Kreisen oft gerühmt". Im Kern war sie Stauffenbergs Werk, „da er die meisten ihrer Bestimmungen als ‚Thesen' entwarf und das innere Gefüge des Ganzen bestimmte."

[145] Geringfügig überarbeitet wurde sie als „Ständiger Befehl" für die Bundesmarine erlassen.

2. Recht und Politik im Bauche Leviathans

er abweichende Meinungen aussprechen, gar publizieren dürfen? Welche Konzessionen wären unvermeidbar geworden, um „Schlimmeres zu verhindern"? Wie hat zum Beispiel Ernst von Weizsäcker auf Regimezumutungen reagiert? Für ein koordiniertes Vorgehen des Staatssekretärs etwa mit Trott, dem jungen Diplomaten und Verschwörer, fehlt jeder Beleg. Stauffenberg gab sich offensichtlich keinen Illusionen hin. Er sah, dass zunehmend auch die Universitäten gleichgeschaltet wurden. So blieb er in Berlin, im Institut.

Auf Antrag von Bruns wurde Stauffenberg, mittlerweile stellvertretender Leiter der Völkerrechtsabteilung, im Jahr 1935 zum *wissenschaftlichen Mitglied* der Kaiser-Wilhelm-Gesellschaft ernannt, eine höchst ehrenvolle Auszeichnung, die zuvor die Geisteswissenschaftliche Sektion der Gesellschaft einstimmig gebilligt hatte. Im Begleitschreiben zum Ernennungsantrag hatte Bruns hervorgehoben, Stauffenberg habe „große Teile der ersten drei Bände" der *Fontes* „selbstständig bearbeitet": „Entscheidungen des Ständigen Internationalen Gerichtshofs, Entscheidungen des Ständigen Schiedshofs, die völkerrechtlichen Entscheidungen des Reichsgerichts". Ohne dem NS-Regime öffentlich in den Weg zu treten, hielten Bruns und die übrigen Institutsmitglieder[146] am herkömmlichen Verständnis des Völkerrechts fest[147], mochten dabei auch „Konzessionen verschiedenster Art (vorkommen)" (Rudolf Bernhardt).

Auch Berthold Stauffenberg hielt sich mit öffentlicher Kritik am Regime zurück. Ab 1938 („Reichskristallnacht") dürften ihn seine „Rechtsgefühle"[148] und sein Gewissen zunehmend der Konspiration näher gebracht haben. Für den Hilfsarbeiter im Oberkommando der Kriegsmarine Werner Traber, einen Hamburger Schifffahrtsexperten, war Stauffenberg, wie er 1957 zusammenfasste,

> „ein besonnener Typ mit einem ausgesprochenen Sinn für Gerechtigkeit. ... (Er verhinderte) unendlich viel Unrecht durch die einfache Existenz seiner Person, und weil er die oberste Seekriegsleitung immer wieder durch seine ruhige Art zu einer verhältnismäßig anständigen Kriegsführung überzeugen konnte. Sicher hat er auf seinem Posten nur deshalb ausgeharrt, um Schlimmeres zu verhindern. ... Schon 1943 (glaubte er) nicht mehr an einen deutschen Sieg und hielt einen Kompromiss für tragbarer als eine Fortsetzung des Krieges, der ihm als Wahnsinn erschien"[149].

---

[146] *I. Hueck*, Die deutsche Völkerrechtswissenschaft im Nationalsozialismus, in: D. Kaufmann (Hg.), Geschichte der Kaiser-Wilhelm-Gesellschaft im Nationalsozialismus, Bd. II, Göttingen 2000, S. 490 ff. Die Konstruktion eines von der Kaiser-Wilhelm-Gesellschaft verwalteten e.V. verstärkte den Eindruck der Unabhängigkeit des Instituts.

[147] Völkerbund und Briand-Kellogg-Pakt hätten das (angeblich) „freie Kriegsführungsrecht" beendet und die Phase eines internationalistischen Rechts eingeleitet, *M. Koskenniemi*, The Gentle Civilizer of Nations, Cambridge 2006.

[148] Im Gestapo-Verhör prangerte er den von der NS-Rechtlosigkeit verursachten Verlust sogar der „Rechtsgefühle" an, Kaltenbrunner-Berichte (o. Anm. 11), S. 326.

[149] Brief *W. Traber* an *W. Baum* vom 28.5.1957: Gemäß Berthold Stauffenberg müsse „eine Bestrafung der bis dahin Verantwortlichen ... durch Deutsche erfolgen. ...

VI. Ein kämpferischer Kriegsrechtsexperte

Ähnlich äußerte sich der Freiburger Kunsthistoriker Kurt Bauch, der, 1939 als Oberleutnant d. Res. eingezogen, 1944 als Korvettenkapitän d. Res. entlassen wurde. Vor allem 1942–43 hatte Bauch mit Stauffenberg im Oberkommando der Marine eng zusammengearbeitet: Dieser sei

„rein außenpolitisch und juristisch-völkerrechtlich denkend, in seinen Neigungen nicht wissenschaftlich, sondern eher künstlerisch und literarisch bestimmt. Er hatte sich, wie auch sein Bruder Klaus, in dem ersten idealistischen Stadium des Nationalsozialismus 1933 stark für die Bewegung interessiert, war aber sehr bald zu stärkster Kritik gekommen. Er hat die Aktion seines Bruders mitgemacht, obgleich er die Möglichkeiten des Fehlschlages genau sah und vorher oft davon gesprochen hat"[150].

Die letztlich allesamt gescheiterten Anschlagversuche des Regimegegners Oberst i. G. Henning von Tresckow (1901–44) in der Heeresgruppe Mitte im Frühjahr 1943 (1941 war Tresckow zu deren Ersten Generalstabsoffizier ernannt worden) waren Berthold Stauffenberg damals wohl nicht bekannt. Als Jurist bearbeitete er seit 1943 heimlich die „korrekte" Formulierung der – später verloren gegangenen – Aufrufe und Befehle der Widerstandsgruppe Beck-Goerdeler-Tresckow-(Claus) Stauffenberg. Geplant waren diese Texte zur Veröffentlichung im Moment der Erhebung unmittelbar nach einem erfolgreichen Anschlag auf Hitlers Leben. Der ausgebombte Oberst i. G. Mertz von Quirnheim (1905–44), Claus Stauffenbergs Nachfolger als Chef des Stabes des Allgemeinen Heeresamtes unter General Olbricht (allesamt zur aktiven Konspiration gehörend), wurde von Berthold Stauffenberg, zusätzlich zu seinem Bruder Claus, in die gemeinsame Wohnung im Stadtteil Berlin-Wannsee aufgenommen.

Wie Tresckow, Olbricht und Mertz gehörten Claus und Berthold Stauffenberg 1943 zum Kern des zivil-militärischen Widerstandes. Seit Januar 1943 arbeitet Berthold Stauffenberg, dessen Dienststelle von Bomben zerstört worden war, vom waldigen Barackenlager „Koralle" aus. Allwöchentlich fuhr er zu Dienstbesprechungen nach Berlin. Seine Stadtwohnung nutzte seit Sommer 1943 vor allem sein Bruder Claus. Mit ihm verlagerte sich der militärische Flügel des Widerstands, seine Wirkung verstärkend, in den Bendlerblock, Claus' Dienstelle. Der spätere Attentäter hätte die praktische Seite seines Doppellebens – Generalstabs- und Widerstandsarbeit, beides in höchster Intensität – seit der lebensgefährlichen Verwundung auf dem tunesischen

---

Dieses wären wir uns und der Welt schuldig". Claus' Temperament alleine hätte Berthold Stauffenberg nicht mitgerissen, wäre er nicht zu den gleichen Schlüssen gekommen „auf Grund seiner eigenen Urteilskraft". Umfassend und differenziert *W. Baum*, Marine, Nationalsozialismus und Widerstand, in: VfZ 11 (1963), S. 16ff.

[150] Brief an W. Baum vom 17.12.1956. Er, *Bauch* (Brief vom 25.3.1963), habe den mitverschworenen katholischen Bayern Kranzfelder als intelligent, sympathisch und furchtlos empfunden.

Kriegsschauplatz ohne die vielgestaltige und umfassende Hilfe seines ältesten Bruders kaum bewältigen können. Auch bei Attentat und Staatsstreichversuch im Juli 1944 unterstützte dieser den Jüngeren durch menschliche Nähe und fachliche Ergänzung, durch Bestärkung im Attentats- und Staatsstreichvorheben (wohl nahezu entgegen der eigenen inneren Überzeugung) sowie durch die moralische Rechtfertigung der „Tat".

Anders als etwa Moltke trug Berthold Stauffenberg auch die Entscheidung für den bis zuletzt unter den Verschwörern umstrittenen *Tyrannenmord* mit. Die Wehrmacht sollte „eidfrei" gemacht und der Welt sollte gezeigt werden, dass die Deutschen sich von dem Gewaltregime selbst befreien wollten und befreien konnten. Am frühen Morgen des 20. Juli 1944, gegen 6 Uhr, begleitete Berthold Stauffenberg seinen Bruder im Dienstwagen zum Flugplatz, zur Ausführung der befreienden Tat. Von ihrem Erfolg hing alles ab. Ein Scheitern, mit allen Konsequenzen, nahmen die beiden Stauffenberg-Brüder in Kauf.

Als Leiter der wehr- und kriegsrechtlichen Abteilung des Instituts hatte Berthold Stauffenberg ab der zweiten Hälfte der 1930er Jahre vor allem das *ius in bello* betreut. Dieses humanitäre Rechtsgebiet unterscheidet zwischen Kombattanten (Angehörigen von Streitkräften) und Nicht-Kombattanten (Zivilpersonen, Verwundete, Kranke, Schiffbrüchige, Kriegsgefangene). Nicht-Kombattanten dürfen, nicht anders als zivile Ziele, nicht angegriffen werden: Immunität der Zivilpersonen und des zivilen Sektors, einschließlich der zivilen Infrastruktur. Das *Humanitäre Völkerrecht* verbietet auch das Zufügen unnötigen Leidens und den Einsatz besonders grausamer Kampfmittel und -methoden. Diese Normen binden in allen Arten von bewaffneten Konflikten Kämpfer wie Nichtkämpfer, Verteidiger wie Angreifer. Gemäß der Haager Landkriegsordnung gibt es „kein unbeschränktes Recht in der Wahl der Mittel zur Schädigung des Feindes". Das von Deutschland ebenfalls ratifizierte Abkommen von 1926 über die Behandlung der Kriegsgefangenen verstärkte deren Rechtsschutz.

Anders als das Landkriegsrecht und das Neutralitätsrecht – Materien, die die Haager Konferenzen 1899 und 1907 in wichtigen Teilen kodifiziert hatten: Neutrale Staaten mussten sich der Einflussnahme auf das Kriegsgeschehen enthalten und Angreifer wie Angegriffene gleichbehandeln – war das Seekriegsrecht bei Kriegsausbruch 1939 nicht umfassend normiert[151]. Umstritten war auch das einschlägige Gewohnheitsrecht, waren also die aus gefestigter Praxis entstandenen, von Rechtsüberzeugung getragenen Seekriegsregeln. Zentrale Normen, die den Kampf der Flotten und den maritimen Wirtschafts-

---

[151] Ausgangspunkt war die Pariser Seerechtsdeklaration, an der sich schon die Prisenordnung von 1909 orientiert hatte, *H. Pohl*, Deutsches Seerecht, Berlin 1915, S. 72 ff.

krieg einhegen sollten, waren umstritten oder fehlten ganz. Hier also, beim Kriegsvölkerrecht, beim Prisen- und Neutralitätsrecht, war Berthold Stauffenberg eingesetzt. Seit Oktober 1936 engagierte er sich zusätzlich in dem von Bruns geleiteten Ausschuss für Völkerrecht der Akademie für Deutsches Recht. Präsident der Akademie war Hans Frank. Rechtspolitisch blieb die Akademie ohne nachhaltige Wirkung.

3. Im Vorausschuss Kriegsrecht

Unter der Leitung des reaktivierten Admirals Walter Gladisch (1882–1954), der auch Mitglied des Kuratoriums des Völkerrechtsinstituts war, beteiligte sich Berthold Stauffenberg seit 1935/1936 an dem bereits erwähnten „Ausschuss für Kriegsrecht". Seit 1940 fungierte er zudem in einem kleineren, thematisch freilich noch umfassender angelegten *„Vorausschuss Kriegsrecht"*[152]. Dieses Gremium sollte „deutsch-interessenbedingte" Grundsätze für das Kriegsvölkerrecht erarbeiten – ein ambitionierter rechts- und verhandlungspolitischer Auftrag! Gladisch hielt in einer Aktennotiz vom 30. August 1940 fest, er lege dabei „besonderen Wert auf die Mitarbeit von Graf Stauffenberg".

Der Vielgefragte wurde in diesem Gremium freilich nicht der führende Jurist. Erschien ihm das Beratungsthema als zu hochgegriffen, als bei nüchterner Betrachtung gar nicht bewältigbar? Treibende Kraft im Vorausschuss wurde Rechtsanwalt Helmut James Moltke, in enger Zusammenarbeit mit Ernst Schmitz, dem stellvertretenden Direktor des Völkerrechtsinstituts. Beide Juristen waren dem OKW, Amt Ausland/Abwehr, also dem Geheimdienst unter Admiral Canaris, zugeordnet. Ihr Vorgesetzter war Hauptmann Bürkner.

Auch in eine Luftrechtsgruppe wurde Stauffenberg berufen. Deren Kodifikations- und Rechtsfortbildungsarbeiten konnten indes, trotz ausführlicher Beratung, nicht abgeschlossen werden[153]. Die Mitarbeiter des Vorausschusses beugten sich vor allem über das bisher weitgehend von England, der stärksten ozeanischen Macht, geprägte Seekriegsrecht[154]. Am 15. September 1939 hatte

---

[152] *D. Fleck* (Hg.), The Gladisch Committee on the Law of Naval Warfare, Bochum 1990. Am Ausschuss beteiligt waren u. a. Auswärtiges Amt, OKM und OKW. Mitglieder waren Schmitz, Moltke, B. Stauffenberg, B. Widmann (Oberregierungsrat beim Oberprisenhof). 1940 nahm Stauffenberg an folgenden Sitzungen teil: 30. September.; 8. und 10. Oktober; 14. und 21. Dezember. Die Ausschussarbeit ist dokumentiert in Bundesarchiv – Militärarchiv, Freiburg i. Br.: Acta Personalia Walter Gladisch, Pers. 6/2358; Nachlass Gladisch, RM 8/1313–17; Nachlass Widmann.

[153] *E. Mensching*, Luftkrieg und Recht, Baden – Baden 2022, S. 308 ff., 319 ff., 332: Recht sei „entweder zu Gunsten der eigenen oder zu Lasten der gegnerischen Position verwendet" worden; S. 364: das „Narrativ der ‚sauberen Wehrmacht' (lasse sich) nicht aufrechterhalten."

[154] Es ging vor allem um den Handelskrieg, also um das mittelbare Niederringen des Gegners. Dabei kam es auf die Regeln über den U-Bootkrieg und die Sperrgebiete

3. Im Vorausschuss Kriegsrecht

der Chef des Oberkommandos der Wehrmacht entschieden, eine „Beratungsstelle für Völkerrecht" einzurichten. Ihr wurden das Institut und der Kriegsrechtsausschuss „zur Verfügung gestellt ...; sie werden der Amtsgruppe Ausland Abwehr, Abteilung Ausland des Oberkommandos der Wehrmacht eingegliedert". In dieser Amtsgruppe schlug unter Generalstabsoberst Hans Oster (1887–1945) von 1938–43 das operative Herz des zivil-militärischen Widerstands. Im Mittelpunkt der vom Vorausschuss zu beantwortenden Rechtsfragen standen der Seehandelskrieg und das Neutralitätsrecht[155]. Ministerialrat Curt Eckhardt leitete in der Seekriegsleitung die Gruppe der Völkerrechtler, der Stauffenberg angehörte.

Ziel des Seehandelskrieges ist das Unterbinden der Warenzufuhr des Gegners und das Aufrecht- und Offenerhalten der eigenen Handelswege. Für das Deutsche Reich kam es, wie erwähnt, darauf an, nicht nur die englische Seeherrschaft in der „Schlacht im Atlantik" faktisch zu brechen, sondern auch die den deutschen Interessen hinderlichen seekriegsrechtlichen Prinzipien und Normen durch „deutschbestimmte" Grundsätze und Regelungen partiell abzulösen. Freilich ist im Völkerrecht, einem dezentralen Konsensrecht, das Umprägen eines ganzen Rechtsgebietes durch ein einziges Völkerrechtssubjekt und deren Verbündete ein nahezu unmögliches Unterfangen. Andererseits folgt das Völkerrecht auch Zeitströmungen und Machtverhältnissen: „auctoritas non veritas facit legum" (Hobbes).

Der „Zeitpunkt der (erwarteten) Wiederherstellung des Friedenszustands" erscheine, wie Schmitz und Moltke im Juni 1940 notierten – Berthold Stauffenberg war daran offenbar nicht beteiligt – „für eine neue Regelung des Kriegsrechts deswegen am günstigsten, weil *Deutschlands Machtstellung* (bei der Neuregelung) *am größten* sein wird"[156]. Verbindlichkeit der neuen Regeln könne auch herbeigeführt werden

„durch eine gemeinsame Erklärung aller Kriegsführenden und wichtigen Neutralen. (Diese Erklärung) würde die von uns gewonnenen Rechtspositionen allgemein ver-

---

an, vgl. *H. J. Graf von Moltke*, Die britische Order in Council vom 27. November 1939 über die Beschlagnahme deutscher Ausfuhrwaren, ZaöRV 1940, S. 110 ff.; *C. J. Colombos*, The International Law of the Sea, London 1943, Teil II; *W. Heintschel von Heinegg*, Seekriegsrecht und Neutralität im Seekrieg, Berlin 1995, S. 258 ff., 482 ff.; *N. T. Wiggershaus*, Der deutsch-englische Flottenvertrag vom 18. Juni 1935, Diss. phil. Bonn 1972, S. 343: Ein „Präventivkrieg gegen das wild aufrüstende Deutschland wurde von keinem Staat befürwortet".

[155] Zur britischen Haltung *A. Carty/R. Smith* (Hg.), Sir Gerald Fitzmaurice and the World Crisis, S. 37 (*Foreign Office memorandum*): „The question whether a legal defense can be made for the action in question is only one of the considerations to be taken into account and may ... be regarded as comparatively unimportant." Vgl. *C. Eckhardt*, Der deutsche Wirtschaftskrieg zur See, in: Grundfragen des Seekriegsrechts im Zweiten Weltkrieg, Hg. W. Gladisch/B. Widmann, Berlin 1944, S. 149 ff.

[156] Schreiben *Schmitz/Moltke* an „Herrn Chef OKW" vom 20. Juni 1940, S. 2.

bindlich machen und damit für die Zukunft sichern; sie würde allen etwaigen Vorwürfen gegen die deutsche Kriegsführung die Spitze abbrechen und die Liquidierung noch schwebender Streitfälle erleichtern."

Glaubten Moltke und Schmitz damals – die deutschen Truppen waren nach einer Serie von „Blitzkriegen" überall in Kontinentaleuropa und Nordafrika siegreich auf dem Vormarsch – an eine reale Chance für Frieden? Glaubten sie an ein Einlenken Londons und das Herbeiführen eines internationalen Konsenses über ein an den deutschen Interessen orientiertes „neues Seekriegsrecht"? Oder fundierten Moltke und Schmitz ihren weit ausgreifenden Arbeitsplan für den Vorausschuss auf so optimistische Annahmen, um die Militärs, die von der Sinnhaftigkeit dieser rechtspolitischen Strategie erst überzeugt werden mussten, zustimmungsgeneigter zu machen? Der Vorausschuss diente Moltke offensichtlich auch dazu, seine sich intensivierende Kreisauer Widerstandsarbeit, sein Doppelleben also, zu kaschieren.

Ein *„deutsch-interessenbedingtes"* Kriegsrecht sei, ergänzten Moltke und Schmitz,

„die Voraussetzung dafür, dass Verstöße gegen die aufgestellten Regeln auch als Völkerrechtsbrüche gebrandmarkt werden und für den anderen Teil die entsprechenden politischen Vorteile bringen. Daher müssen wir uns davor hüten, Regeln aufzustellen, die so ‚deutschbestimmt' sind, dass sie nicht als aus der Natur der Dinge entspringend und damit allgemein verbindlich anerkannt werden. Wir würden sonst nur Regeln aufstellen, deren Bruch durch unsere Gegner uns im Ernstfall keine politischen Vorteile bringen würde, so dass sie doch nicht eingehalten werden würden."[157]

Sollten die beiden OKW-Völkerrechtler damals, ein Jahr vor dem Angriff auf die Sowjetunion, an eine realistische Rechtsreformchance geglaubt haben,

---

[157] Im gleichen Sinne hatte das OKW am 14.8.1940 an Gladisch geschrieben: „Der Zeitpunkt der Wiederherstellung des Friedens gibt eine Gelegenheit, für die Grundsätze des Kriegsrechts, welche sich in diesem Kriege in unserem Sinne bewährt haben, unter Berücksichtigung der durch den Frieden veränderten Lage die Anerkennung aller Staaten und damit allgemeine Verbindlichkeit zu erreichen. Dieser Zeitpunkt erscheint für eine solche Fortbildung des Kriegsrechts deswegen am günstigsten, weil Deutschlands Machtstellung dann am größten sein wird, sodass es weitgehend eine seiner Interessenlage entsprechende rechtliche Normierung wird durchsetzen können. Bei der Bearbeitung wird als dauernde Richtlinie die Alternative zu dienen haben, ob das Schwergewicht des deutschen Interesses im eigenen Handelsschutz oder aber in den Angriffsmöglichkeiten auf den gegnerischen Handel zu suchen ist." Eine OKW-Aufzeichnung vom 6. September 1940, erläutert: Der Vorausschuss solle „Vorschläge für ein neues Gesamtkriegsrecht machen, die im Zusammenhang der künftigen Friedensverhandlungen der internationalen Öffentlichkeit mitgeteilt werden." Beide OKW-Papiere waren offenbar von Moltke/Schmitz entworfen worden. Sie glaubten damals – Frankreich war besiegt, den desaströsen Krieg gegen Russland begann Hitler erst ein Jahr später – wohl wirklich an eine Realisierungschance. Moltkes „Briefe an Freya" (o. Anm. 66) stützen diese Vermutung, jedenfalls für die Jahre 1940–41.

so erlagen sie einer Täuschung. Ihr Konzept entsprach nicht der Wirklichkeit. Mit dem Überfall auf die Sowjetunion am 22. Juni 1941 war die Ausschussarbeit denn auch faktisch zu Ende. Das „Dritte Reich" hatte einen Expansions-, Vernichtungs- und Entvölkerungskrieg begonnen, der schlimmste Verbrechen der SS und der Wehrmacht einschloss. Rechtstheoretische Konzepte und „akademisch" wirkende rechtspolitische Initiativen liefen spätestens jetzt, auch gegenüber den meisten Neutralen, ins Leere.

Der Vorausschuss Kriegsrecht erörterte auch die Grundsatzfrage, ob den deutschen Interessen der Schutz des eigenen (See-)Handels am ehesten entsprechen würde – wofür besonders Moltke plädierte, der leidenschaftliche Verfechter des freien Welthandels –, oder ob das Hauptgewicht darauf gelegt werden solle, den gegnerischen (See-)Handel gewaltsam zu unterbinden. Letzterer Ansatz, der offenbar von Militärs geteilt wurde, zielte letztlich auf eine rückwärtsgewandte Autarkiepolitik. Auch diese Erörterungen führten angesichts der militärischen und politischen Entwicklungen letztlich nicht weiter. Ebenso wurde das Völkerrecht der Sperrgebiete zur See und in der Luft nicht zu Ende beraten und erst recht nicht die großen Komplexe Neutralitätsrecht, Recht der Gegenmaßnahmen und Minenkriegsrecht.[158] Die zurückhaltende „Stille", mit der Berthold Stauffenberg offenbar auf Moltkes und Schmitz' hochfliegende Arbeitsziele für den Vorausschuss reagiert hatte, mag die bessere, jedenfalls die realistischere Haltung gewesen sein.

4. Weitere Schritte der Regimegegner

An ersten vertraulichen Gesprächen von Verwandten und von Mitgliedern des späteren Kreisauer Kreises hatte Berthold Stauffenberg, wie berichtet, gegen Ende des Jahres 1938 gelegentlich teilgenommen[159]. Anfangs begleitete er dabei seinen Onkel Nikolaus Graf von Üxküll-Gyllenband („Onkel Nux"), einen früheren Oberst der k. u. k. Armee, der sich frühzeitig und nachdrücklich im Widerstand gegen Hitler engagierte. Außerdem beteiligten sich

---

[158] Am 19. Februar 1941 beauftragte „Chef OKW" den Ausschussvorsitzenden, „möglichst einfache, der deutschen Interessenlage Rechnung tragende allgemeine Grundsätze des (Kriegs-)Völkerrechts zu formulieren." An den Besprechungen, etwa der am 23. Juni 1943, nahm gelegentlich auch Beate Schiemann, Mitarbeiterin im Büro Gladisch, teil.

[159] „Hin und wieder" beteiligte sich Berthold Stauffenberg an den als „rein gesellschaftlich" getarnten Gesprächen, die Yorck nach der „Reichskristallnacht" in seiner Wohnung in der Hortensienstraße initiierte, vgl. *G. Brakelmann*, Peter Yorck von Wartenburg im Kreisauer Kreis, in: ders., Die Kreisauer, 2. Aufl. Münster 2004, S. 129 ff. Yorck wie Berthold Stauffenberg seien damit „etwas früher" als Moltke und Claus Stauffenberg „in das Umfeld des schon bestehenden militärischen (und zivilen) Widerstands gekommen", ebd., S. 193.

an diesen formlosen *regimekritischen Treffen* Caesar von Hofacker (1896–1944), Peter Graf Yorck von Wartenburg (1904–44) – beides entfernte Stauffenberg-Vettern –, Ulrich Wilhelm Graf Schwerin von Schwanenfeld (1902–44) und aus der Abwehr Oberst i. G. Hans Oster (1887–1945), der in engem Kontakt mit Generaloberst Ludwig Beck stand. Mit den meisten dieser Personen nahm neben Berthold Stauffenberg auch Fritz-Dietlof Graf von der Schulenburg (1902–44) Verbindung auf. „Fritzi Schulenburg", damals Polizeivizepräsident von Berlin, war bald einer der engagiertesten und einflussreichsten Akteure der Verschwörung. Konkrete, gar tatbezogene Konspiration bedeuteten diese Besprechungen gegen Ende der 1930er Jahre keineswegs. Sie waren vielmehr primär der Versuch, sich über ein etwaiges gemeinsames Reagieren auf die sich verschärfende NS-Diktatur zu verständigen. Zwei Jahre später, 1940, entstand mit der Freundschaft zwischen Yorck und dem nun aus dem OKW dazustoßenden Moltke der Nukleus des eindrucksvollen *„Kreisauer Kreises"*, an dem sich dann aber die Brüder Stauffenberg, wie gesagt, nicht beteiligten.

Anders als Claus Stauffenberg, der sich schon angesichts der zunächst atemberaubenden deutschen Erfolge auf dem Schlachtfeld mit Kritik an den verbrecherischen Exzessen des Regimes und Hitlers strategischen Fehlern zurückhielt – „Noch siegt er zu sehr", antwortete der Generalstabsoffizier dem um seine Mitwirkung an der Verschwörung anfragenden Üxküll –, sprachen die Kreisauer früh über den Zwang zu widerständigem Planen und Handeln. Ihnen ging es dabei indes nicht um Tyrannenmord und Staatsumsturz, sondern – *gewaltfrei* – um „die Zeit danach", nach Kriegsniederlage und Zusammenbruch des „Dritten Reichs". Konkrete Staatsstreich-, gar Attentatspläne entwickelten die Kreisauer nicht. Erst später, 1943–44, beteiligten sich einzelne Kreisauer an den Aktionsplänen der Beck-Goerdeler-Gruppe, der sich die beiden Stauffenbergs, seit Herbst 1942 konkret handlungswillig, angeschlossen hatten.

Seine Rechts- und Ehrgefühle hatten Berthold Stauffenberg auch im Krieg nicht verlassen, im Gegenteil, und ebenso wenig hatte seine Loyalität dem Vaterland (nicht dem NS-Verbrecherregime) gegenüber nachgelassen. Die blutige imperialistische Politik nach außen und die verheerenden Morde hinter den Fronten und im Innern, dazu der ubiquitäre antisemitische Terror (erst recht in den angeschlossenen oder besetzten Gebieten)[160], dürften Berthold Stauffenbergs Unruhe, seine Kritik am Regime und seinen Mitwirkungswillen

---

[160] Im „Kristallnacht"-Pogrom wurden am 9.–10. November 1938 zahlreiche Juden getötet und jüdische Geschäfte und Synagogen zu Tausenden geplündert und angezündet.

4. Weitere Schritte der Regimegegner

an der Konspiration verstärkt haben[161]. Der Marineexperte Hans-Heinrich Ambrosius, der ihn im Jahr 1937 im Völkerrechtsinstitut kennenlernt hatte, erinnerte sich kurz nach Kriegsende: „Mit tiefer Erschütterung und ohnmächtiger Wut haben wir die geradezu schauerliche Gesetzmäßigkeit sich vollziehen sehen, mit der Hitler sich und unser Volk in das Verderben führte"[162]. Entscheidend ist: Berthold Stauffenberg begnügte sich nicht damit, die ubiquitären Gewaltmaßnahmen des Regimes „mit tiefer Erschütterung" wahrzunehmen und die Rechtsbrüche, die er für eine spätere gerichtliche Abrechnung frühzeitig sammelte, „mit ohnmächtiger Wut" zu registrieren. Er versuchte vielmehr, *Gleichgesinnte in der Kriegsmarine* für gemeinsames aktives Handeln zu gewinnen. Claus Stauffenbergs energisches Eingreifen in die Verschwörung schuf dann neue Chancen[163]. Ein bedeutender Widerstand ließ sich in der Kriegsmarine im Unterschied zum insoweit (auf Führungsebene) „politischeren" Heer indes nicht organisieren.

Gegen Herbst 1942 betraten Berthold und Claus Stauffenberg, in der Überzeugung, damit dem wahren (und gewiss auch dem georgeanisch-„geheimen") Deutschland zu dienen, den Weg in die tatorientierte Konspiration. Dafür unterwarfen sie sich dem auf allen Verschwörern lastenden Diktat der Verschwiegenheit, des Verbergens, des Vertuschens, des Doppellebens. Nie durfte die sich verschärfende Überwachung außer Acht gelassen werden. Alle Briefe mussten zensurfest sein, alle Gespräche waren fern von offenen Mikrophonen zu führen. Mit seiner Berufung als General Olbrichts (1888–1944) Stabschef im Allgemeinen Heeresamt rückte Claus Stauffenberg im Jahr 1943 dem Machtzentrum und damit der Anschlags- und Staatsstreichchance entscheidend näher. Im Juli 1944, als er die Stelle des Stabschefs bei Generaloberst Fromm, dem Chef des Ersatzheeres, antrat und nun öfter an Besprechungen mit dem „Führer" in dessen jeweiligem „Führerhauptquartier" teilzunehmen hatte, ergaben sich Gelegenheiten zur „Tat".

---

161 Vgl. *A. Streim*, Sowjetische Gefangene in Hitlers Vernichtungskrieg, Heidelberg 1982, S. 22 ff. (26 ff. zum Gerichtsbarkeitserlass und zum Kommissar-Befehl).

162 Brief *H.-H. Ambrosius* an *Maria Gräfin Stauffenberg* vom 17. April 1946 (im StGA). Vgl. *ders.*, Die völkerrechtlichen Grundlagen der deutschen Handelskriegsführung, in: Nautikus, Berlin 1941, S. 60 ff.

163 Vgl. Bertholds Aussage im Gestapoverhör (Kaltenbrunner-Berichte, o. Anm. 11): Im Herbst 1943 seien sie beide sich darüber im Klaren gewesen, „dass der Krieg nicht gewonnen werden kann. Wir sahen deshalb die einzige Möglichkeit ... darin, mit unseren Gegnern bald Frieden zu schließen. Uns war klar, dass das mit dem bestehenden Regime nicht möglich war. Eine Ablösung des Systems war uns aber nur über den Tod Hitlers denkbar".

VII. Völkerrecht und „Judenfrage" im Krieg

1. Kriegsschauplatz Völkerrecht

Abbildung 8: Berthold Stauffenberg in Marineuniform um 1940

Als Rechtsberater im Oberkommando der Kriegsmarine diente Berthold Stauffenberg seit September 1939 in der Abteilung Seekriegführung unter der Leitung des befreundeten Korvettenkapitäns Alfred Kranzfelder (1908–44). Stauffenbergs Rang war der eines Intendanturrates, später der eines Marineoberstabsrichters d. Res. Eingesetzt wurde er in der I. Abteilung der Seekriegsleitung, dem Herzstück aller operativen Planung der Kriegsmarine[164]. Stauffenbergs Leben, seine gesamte Existenz waren nun noch enger als bisher in die Ziele, Chancen und Probleme der Kriegsführung verstrickt. Das *mora-*

---

[164] *A. Tope*, Militär und Kriegsvölkerrecht, München 2008, S. 196: B. Stauffenbergs „Erfahrung der Ohnmacht als Rechtsberater bestärkte zunehmend seinen Widerstandsgeist."

lische Dilemma bestand für die Regimegegner darin, einerseits als Patrioten jedes Opfer für Volk und Staat zu erbringen, andererseits zur Wiederaufrichtung des Rechts letztlich die militärische Niederlage des Vaterlandes zu wünschen. Nur durch eine solche Niederlage oder durch einen Umsturz in Berlin ließ sich die schlimmste aller Katastrophen abwehren: ein Sieg Hitlers und seiner SS-Verbrecherbande.

Zusammen mit Kranzfelder[165] und Fregattenkapitän Sydney Jessen, dem Feindlage-Bearbeiter in der Nachrichtenabteilung der Seekriegsleitung[166], versuchte Stauffenberg, die Seekriegsführung im Rahmen des Recht, der Fairness und der Humanität zu halten. Frühzeitig trat er auch mit dem Leiter der Rechtsabteilung in der Operationsabteilung der Seekriegsleitung, Ministerialrat Curt Eckhardt, in vertrauensvolle Fühlung. Wie Stauffenberg vertrat dieser die Geltung des überkommenen Völkerrechts und drängte auf dessen Einhaltung. Vom Befehlstand „Koralle" aus sollte Kranzfelder am 20. Juli 1944, so lautete die Absprache mit Stauffenberg, diesem telefonisch berichten, wie Großadmiral Dönitz und der Chef der Seekriegsleitung auf die Attentats- und Umsturznachricht reagieren. Notfalls sollte Kranzfelder sie festsetzen.

Wenige Wochen nach dem 20. Juli 1944 wurde Kranzfelder zusammen mit Berthold Stauffenberg verurteilt und hingerichtet. Die wenigen anderen bekannten Mitwisser in der Marine – S. Jessen, M. Kupfer, K. Bauch, C. Eckhardt, W. Traber – blieben unentdeckt. Nach dem Krieg erinnerte der Diplomat Conrad Roediger in gleichem Sinn an Berthold Stauffenberg: „Graf Stauffenberg, ein edler Charakter und ein hervorragender Sachkenner, hat in seiner Stellung der Wahrung des humanitären Völkerrechts wirklich große Dienste geleistet"[167].

---

[165] Vgl. *J. Hillmann*, Der 20. Juli und die Marine, Bochum 2004, S. 33 ff.; *K. Achmann/H. Bühl*, 20. Juli 1944, Berlin u. a. 1994, S. 111.

[166] Sie waren auch an M. Kupfer herangetreten, den Chef der Nachrichtenübermittlung. Nach der Dezentralisierung der Seekriegsleitung erschien diesem eine zentrale Kontrolle der Verbindungen nicht mehr möglich. Vgl. Brief *S. Jessen* an *W. Baum* vom 18. Dezember 1956: „Am 19. Juli 1944 machte ich ... noch einen langen Spaziergang mit Berthold Stauffenberg in der Erwartung des kommenden Tages. Auf meine Frage, ob irgendetwas für den Fall des Scheiterns vorgesehen sei, sagte er ganz entschieden: ,Nein, denn alles ist auf dem Gelingen aufgebaut' ". Ebd. betonte *Jessen*: Wir, M. Kupfer, W. Traber und er selbst, „verdanken unser Leben der Tatsache, dass wir von Stauffenberg und Kranzfelder nicht preisgegeben wurden".

[167] Deutschland wirkte 1942 am Zustandekommen einer großen internationalen Hilfsaktion zu Gunsten der hungernden Bevölkerung des besetzten Griechenlands mit, woran „die Seekriegsleitung und besonders Graf Stauffenberg ein wesentliches Verdienst" hatte, *C. Roediger*, VjZ 1963, S. 49 ff.; *P. Hoffmann*, Claus Schenk Graf von Stauffenberg (o. Anm. 2), S. 233, 381, 589, 613. Allerdings findet sich für Stauffenbergs (naheliegende) Beteiligung an dieser humanitären Tat (sie fiel in seinen Aufgabenbereich) kein Beleg. Hervorzuheben ist die faszinierende Vorstellung, dass von

VII. Völkerrecht und „Judenfrage" im Krieg

Seekriegsaktionen und -reaktionen völkerrechtlich zu bewerten[168] war Stauffenbergs Kernaufgabe im OKM[169]. Schon wegen der bedeutenden Rolle der Neutralen und der internationalen Öffentlichkeit galt es, jeden Anschein von Illegalität der Kriegführung zu vermeiden. Euphemistisch, freilich ohne Beleg, attestierte Peter Hoffmann Stauffenberg später „großen Einfluss": „Mit der festen Unerbittlichkeit des Rechtskundigen beantwortete er die an ihn herangetragenen Fragen und trug viel dazu bei, der Verwilderung der Kriegssitten zu wehren".

Quellen über Stauffenbergs konkretes Wollen und Wirken im Oberkommando der Marine haben sich nicht erhalten. Desillusioniert, aber womöglich partiell übertrieben resümierte der Marinehistoriker Michael Salewski: Beim womöglich kriegsentscheidenden U-Bootkrieg haben Deutsche wie Engländer die Tendenz gehabt, die Regeln des Seekriegsrechts zunehmend aus den Augen zu verlieren[170]. Neben der umstrittenen Anwendung des Prisenrechts[171] – Handelsschiffe hatten sich, so die international nicht konsentierte deutsche Interpretation des geltenden Rechts, mit ihrer Bewaffnung in die gegnerische Militärmacht eingereiht und durften deshalb wie Kriegsschiffe warnungslos torpediert werden – war die Zulässigkeit von Sperr- und Operationszonen als Weiterentwicklung der „klassischen" Blockade zu bearbeiten. Diesbezüglich waren nicht Moltke oder Stauffenberg die eigentlichen Experten – der beste

---

Genf (Internationales Komitee vom Roten Kreuz: Boehringer) und von Berlin aus (OKM, Auswärtiges Amt, Völkerrechtsinstitut: Berthold Stauffenberg) offenbar vor allem *zwei Georgeaner* (Boehringer, B. Stauffenberg) diese Lebensmittelhilfe für die Hellenen organisiert haben.

168 Vgl. *J. Schröder*, Rechtswissenschaft in Diktaturen, München 2016, S. 18ff.

169 Vgl. *W. Hubatsch*, Hitlers Weisungen für die Kriegsführung 1939–45, Bonn 1983. Der U-Bootkrieg wurde schrittweise verschärft: Weisung Nr. 1b vom 31. August 1939: „Eröffnen England und Frankreich die Feindseligkeiten, … (führt die Kriegsmarine) Handelskrieg. … Zur Verstärkung der Wirkung kann mit der Erklärung von Gefahrenzonen gerechnet werden". Gemäß Weisung Nr. 4 vom 25. September 1939 war der U-Bootkrieg „gegen einwandfrei als bewaffnet erkannte englische Handelsschiffe ohne vorherige Warnung freigegeben"; Weisung Nr. 5 vom 30. September 1939: „Gegen Handelsschiffe, die nach Anhalten von ihrer Sendeeinrichtung Gebrauch machen, ist mit Waffengewalt vorzugehen"; Weisung Nr. 7 vom 18. Oktober 1939 erlaubte „Angriffe auf feindliche Passagierdampfer, die sich im Geleit befinden oder abgeblendet fahren".

170 Vgl. *W. Salewski*, Seekriegsleitung (o. Anm. 139), S. 336. Ebd., S. 207: „Die ‚Schlacht im Atlantik' wurde von deutscher Seite im Wesentlichen nach den Regeln des Völkerrechts, freilich nicht nach denen des U-Bootprotokolls von 1936 geführt." Ebd., S. 190: Nach der Besetzung Norwegens „traten auch die letzten … völkerrechtlich-moralischen Zweifel in den Hintergrund." Zuspitzend beklagt auch *C. J. Colombos*, A Treatise on the Law of Prize, 3. Aufl. London 1949, S. 277ff. einen „recurrent and accumulated breach of all the established principles of international law", gemeint ebenda: „Germany's violations of the rules of warfare".

171 Die Fälle entschied letztlich der Oberprisenhof als oberstes Prisengericht – in Verbindung mit der Seekriegsleitung und dem Auswärtigem Amt.

Sachkenner war vielmehr Ernst Schmitz. Schon seit den späten 1930er Jahren hatte er über diesen Themenkreis publiziert.

Zunehmend rückte die *Repressalie* in den Vordergrund der juristischen Dispute. Auf sie als Rechtfertigung für ihre jeweiligen Aktionen und Reaktionen versuchten London und Berlin im Laufe des Krieges immer häufiger zurückzugreifen. Dabei ging es auch um die Rechte und Pflichten der Neutralen, waren diese doch von den Kriegshandlungen, einschließlich etwaiger Repressalien, möglichst zu verschonen[172]. Fachlich gelegentlich unterstützt von jüngeren Institutskollegen[173] gab Stauffenberg in der Seekriegsleitung zahlreiche Stellungnahmen ab[174]. Das Prisenrecht wurde etwa im besetzten Griechenland auch auf Landprisen (Art. 4 Prisenordnung) erstreckt, also auf Güter, die nicht auf See, sondern an Land prisenrechtlich beschlagnahmt wurden. Inwieweit Sperr-, Kriegs- oder Operationszonen als Gegenmaßnahmen, also als solche, die ein völkerrechtswidriges Verhalten des Adressaten beenden sollten[175], rechtmäßig waren, hing von den jeweiligen Umständen ab. Im Laufe des Krieges nahmen die deutschen Rechtsverstöße zu[176]. Überall, auch im Institut und erst recht im Marineoberkommando, saßen zudem Spitzel und Denunzianten.

---

[172] Vgl. *G. Kretschmer*, Die deutsche Prisenrechtsprechung im Zweiten Weltkrieg, Diss. iur. Bonn 1967, S. 139: „Erweist sich das Prisenrecht ... als eine die Neutralen treffende Waffe ..., handelt es sich um eine Wesensverkehrung des Prisenrechts, die nicht zu billigen ist."

[173] Seine Beteiligung am Umsturzvorhaben deutete B. Stauffenberg im Institut erst unmittelbar vor dem Attentat einem jüngeren Kollegen, Hermann Mosler, an. Sie verabredeten, „dass das Institut der neuen Reichsregierung zur Verfügung stehen werde. Mit der Überprüfung der Verträge des Deutschen Reiches im Hinblick auf die zukünftige Entwicklung war bereits begonnen, als die Nachricht vom Scheitern des Putsches eintraf. Die Abrede blieb unentdeckt", *H. Mosler*, Das Max-Planck-Institut für ausländisches öffentliches Recht und Völkerrecht, in: Heidelberger Jahrbücher XX (1976, S. 53 ff., 69.

[174] *V. Bruns*, Der britische Wirtschaftskrieg und das geltende Seekriegsrecht, Berlin 1940; *G. van Roon* (Hg.), Helmuth James Graf von Moltke, Berlin 1986, S. 173 ff., 213 ff.

[175] Solche Maßnahmen konnten entweder nur unfreundlich („Retorsionen") oder rechtswidrig, durch den vorherigen Rechtsbruch der Gegenseite jedoch gerechtfertigt sein („Repressalie"). Im heutigen Völkerrecht dürfen Gegenmaßnahmen weder mit militärischer Gewalt verbunden sein noch menschenrechtliche Verpflichtungen oder das Gebot der Verhältnismäßigkeit verletzen. Umstritten ist die Frage, ob bei besonders schweren Rechtsverstößen auch Drittstaaten Gegenmaßnahmen ergreifen dürfen.

[176] Nach *W. Salewski* (o. Anm. 139) blieben bei der Blockade Englands „die verbindlichen Grundsätze des Seerechts auf der Strecke." Nun waren „die Voraussetzungen für einen von völkerrechtlichen Hemmungen befreiten Seekrieg ... gegeben." „Die bisherige Praxis, gemäß Prisenordnung Handelsschiffe anzuhalten, nach Konterbande zu durchsuchen und ... nach Rettung der Mannschaft ... zu versenken, war (mit Freigabe des U-Bootkrieges) endgültig vorbei" (*R. Blasius* bzgl. Erster Weltkrieg).

Im Vordergrund von Stauffenbergs Arbeit stand weiterhin der U-Bootkrieg. Die Gegenmaßnahmen und die Sperrgebiete kamen als zentrale Rechtsfragen hinzu. Sie waren generell ebenfalls schwer zu beantworten. Schon 1938 hatte Ernst Schmitz[177] in einer materialreichen Studie daran erinnert, dass die Proklamation von gesperrten Meeresgebieten als – umstrittene – Repressalie im Ersten Weltkrieg auf beiden Seiten in Gebrauch war. Michael Salewski berichtete nach dem Zweiten Weltkrieg, die Seekriegsleitung habe immerhin Hitlers Überlegung von Anfang 1942 abgelehnt, „den Zufuhrkrieg durch Fallenlassen jeder Rücksicht auf die Besatzungen der feindlichen Dampfer zu verschärfen". Die Seekriegsleitung wollte offenbar in wohlverstandenem Eigeninteresse verhindern, „dass sich die Maßnahme gegen eigene Besatzungen umkehrt"[178]. Das war ein erfolgreich warnender Hinweis auf die (potentielle Rück-)Wirkung des Rechtsinstituts der *Reziprozität*, der Mechanik also der inhaltlichen Gegenseitigkeitserwartung: Die eine Kriegspartei respektiert die völkerrechtliche Norm unter der Voraussetzung, dass sich auch ihre Gegenpartei identische Zurückhaltung auferlegt.

In seiner Position im Oberkommando der Kriegsmarine gewann Berthold Stauffenberg frühe Einblicke in die sich seit Ende 1941 rasch verdüsternde militärische und politische Gesamtlage. Wahrscheinlich hat er deshalb seine Vorgesetzten erst recht auf die Pflicht hingewiesen, schon im nationalen Eigeninteresse nicht der (angeblichen) Kriegsräson zu folgen, sondern strikt den Geboten des Rechts zu gehorchen. Hinsichtlich der Gesamtlage des Krieges verließ er sich auf die Einschätzung seines Bruders im Generalstab.

Ein Beispiel, freilich nicht aus Stauffenbergs engerem Aufgabenbereich (was wusste er etwa vom Hungertod im Osten Europas, was von den Geiselerschießungen in den besetzten Ländern?), war die Behandlung der sowjetischen Kriegsgefangenen. Dazu gehörte der Plan, diese durch Brandmerkmale zu kennzeichnen. Die NS-Führung versuchte diese Unmenschlichkeit mit dem Argument zu rechtfertigen, das Zarenreich sei der Haager Landkriegsordnung seinerzeit nicht beigetreten, die sowjetischen Gefangenen stünden deshalb nicht unter dem Schutz des Humanitären Völkerrechts. Um dem entgegengesetzten Standpunkt aufzuhelfen, betonten die OKW-Juristen um Moltke, dass es, vom NS-Regime bisher geleugnet, durchaus deutsche Kriegsgefangene in der Sowjetunion gäbe. Insofern würde sich das Deutsche Reich durch Brand-

---

[177] Schmitz starb am 26.2.1942 bei einem Skiunfall. „Er ging den Weg seiner Überzeugung, den er als ein deutscher Mann der Wissenschaft für den richtigen hielt" (*Bruns* in der Trauerrede). Die Zahl der Prisengerichtsverfahren nahm im Laufe des Krieges ab. Als „Repressalie" wurden mehr Schiffe versenkt als festgehalten, vgl. *Bekker/Breuer* (o. Anm. 139), S. 350.

[178] *W. Salewski*, Seekriegsleitung (o. Anm. 139), Bd. II, 1975, S. 132 f.; *B. Simma*, Das Reziprozitätselement im Zustandekommen völkerrechtlicher Verträge, Berlin 1972, S. 89 ff.

kennzeichnung der sowjetischen Gefangenen letztlich selbst schädigen: Der Gegner dürfe dann seinerseits das Völkerrecht – Prinzip der Gegenmaßnahme – verletzen, zum Nachteil der deutschen Gefangenen. Was auch immer Hitlers Entscheidung letztlich bestimmte – die bereits angelaufene Brandmarkierung wurde aufgegeben[179].

Gezielt trat Berthold Stauffenberg mit Personen in Kontakt, die im vertraulichen Gespräch fundamentale Kritik am „Führer" übten und die, wie zunehmend besonders Claus Stauffenberg, die lähmende, dysfunktionale Spitzengliederung der Wehrmacht und Hitlers extrem verlustreiche Art der Kriegführung – faktisch ein „Verrat an den deutschen Soldaten" (Peter Hoffmann) – kritisierten. Auch insoweit blieb der Völkerrechtler seines Bruders verschwiegenster und engster Verbündeter, sein stets ansprechbarer, belastbarer, wohlinformierter und selbstloser Berater und Helfer. Konsequent war der Älteste zugleich derjenige, den sein jüngster Bruder als ersten konkret ins Vertrauen zog: in Lautlingen im Sommer 1943. Bertholds Urteil in Bezug auf Menschen, Moral und Recht sei dem Jüngeren, heißt es, schier unentbehrlich gewesen. Auch durch Berthold kam im Frühjahr 1944 die für Claus Stauffenberg wichtige Verbindung, die bald zu Freundschaft wurde, zum jungen Diplomaten Adam von Trott zu Solz (1909–44)[180] zustande.

Als der Schulterschluss zwischen dem ebenfalls auf schnelles Handeln drängenden Sozialdemokraten Julius Leber (1891–1945), der auch gute Kontakte zur Beck-Goerdeler-Tresckow-Gruppe hatte, und dem ebenso feurighandlungswilligen Claus Stauffenberg gelang, traf dieser sich (am 18. Juli 1943) ein einziges Mal auch mit Moltke, ohne dass daraus eine engere Verbindung entstand. Molke zog den Generalstabsoffizier dem Juristen vor (Brief an Freya Moltke vom 31. Dezember 1943)[181]: „Ein guter Mann, besser als mein Stauffi, männlicher und mit mehr Charakter." In Moltkes „Briefen an Freya" finden sich weitere ähnlich kühl distanzierte Urteile über Mitverschwörer, zumal über solche, die sich nicht bei den Kreisauern eingereiht oder schließlich dann doch von dort aus den „Weg" ins Lager Beck-Goerdeler gewählt hatten. Berthold Stauffenberg wird, ohne dass die beiden jahrelang in vielen Gremien und Aufgabenfeldern kooperierenden Juristen Freunde geworden wären, in 18 Moltke-Briefen „an Freya" erwähnt – eng und weitgehend offenbar problemfrei war der fachliche Kontakt. Die beherzte Kooperation beider Stauffenbergs mit Julius Leber und anderen früheren Parlamentariern zeigt, dass sie ein de-

---

[179] Eine Parallele war die Fesselung gefangener britischer Offiziere als „Repressalie" gegen die Knebelung entführter Wehrmachtsangehöriger. Mit Rotkreuz-Hilfe gelang es, diese Praxis zu beenden: Reziprozität wirkte als Hebel zur Humanisierung des Kriegsvölkerrechts.
[180] *C. von Trott zu Solz*, Helmuth James von Trott zu Solz, Berlin 1994.
[181] *H. J. von Moltke*, Briefe an Freya (o. Anm. 66), S. 580.

mokratisch-parlamentarisches Gefüge als eines der denkbaren neu-alten Regierungsmodelle für Nachkriegsdeutschland nicht *a limine* verwarfen[182].

2. Eine neue Quelle: Beate Schiemann

Ein der Forschung bisher nicht bekannter Privatbrief verdeutlicht Berthold Stauffenbergs Ausstrahlung in der Seekriegsleitung und in den Kriegsrechtsausschüssen. Im Büro von Admiral Gladisch, dem Reichskommissar bei dem Oberprisenhof und Vorsitzenden der beiden bereits erwähnten Kriegsrechtsausschüsse, arbeitete die junge Verfasserin des Dokumentes: Beate Schiemann, geb. von Simson[183]. Sie hatte formal die Stellung einer „Schreibdame", wie es damals herablassend hieß, leistete faktisch aber zunehmend die Arbeit einer Sachbearbeiterin. Unter Gladisch, dem Kameraden und Freund ihres Vaters aus dem Ersten Weltkrieg, war sie für die Büroarbeit dem Referenten Berthold Widmann zugeordnet, der bald nach Kriegsende durch Suizid aus dem Leben schied.

Adressat der nahezu allwöchentlichen Privatbriefe Beate Schiemanns war ihr Ehemann, Kriegsrechtsrat Helmuth Schiemann, der Vater ihres gemeinsamen Sohnes Konrad. Schiemann war ein dienstverpflichteter, seit Spätherbst 1941 in Griechenland, später in Süditalien stationierter und dort kurz vor Kriegsende gefallener Rechtsanwalt. Wie seine Frau und wie Berthold Stauffenberg in Berlin war er – erst im fernen Piräus, dann in Saloniki, schließlich in Athen, dann in Süditalien – primär mit prisenrechtlichen Fragen befasst[184].

Ein warmherziger Brief von Beate Schiemann an ihren Mann vom 12. Oktober 1941 *vergleicht Berthold Stauffenberg mit den anderen Experten*, die sie bei der gemeinsamen Arbeit im Umkreis von Gladisch kennengelernt hat:

---

[182] Dazu *H. Mommsen*, Verfassungs- und Verwaltungsreformpläne der Widerstandsgruppen des 20. Juli 1944, in: J. Schmädeke/P. Steinbach (Hg.), Der Widerstand gegen den Nationalsozialismus, München/Zürich 1985, S. 570 ff.; *ders.*, Neuordnungspläne der Widerstandsbewegung des 20. Juli 1944, in: Politische Opposition im Nationalsozialismus, 2. Aufl. Bonn 1994, S. 19 ff.

[183] Beate Schiemann, geb. von Simson (16. Juni 1912 – 10. Januar 1946), war die Tochter von Korvettenkapitän a. D. Hermann Ed. von Simson, einem befreundeten Kameraden des späteren Admiral Gladisch. Dieser nahm die junge Mutter in sein Büro im Oberprisengericht auf, sie zunehmend fast wie eine Sachbearbeiterin einsetzend. 1933 hatten sie und der Rechtsanwalt und spätere Marineoberstabsrichter Helmuth Schiemann (1. Juli 1907 – 3. Mai 1945) geheiratet. Der gemeinsame Sohn Konrad (geboren 1939), den nach Kriegsende sein nach England ausgewichener Onkel Werner von Simson dort aufgenommen hatte, wurde ein bedeutender britisch-europäischer Jurist. Vgl. *ders.*, A Dual Perspective (o. Anm. 16), S. 155 ff.

[184] Sein Vater, Major a. D. Thor Schiemann, war NSDAP-Mitglied. Die Ehe seines Sohnes mit Beate von Simson, einer jüdischen Deutschen, hatte er zu verhindern gesucht.

2. Eine neue Quelle: Beate Schiemann 115

„Fast der bedeutendste der Männer ist m. E. doch Stauffenberg, das ist ein ungewöhnlich kluger Kerl und er hat die Eigenschaft, niemals auch in den kompliziertesten Überlegungen nicht an Überblick zu verlieren. Es ist oft erstaunlich, mit welcher Überlegenheit er an die Dinge rangeht. Dabei ist er offensichtlich ohne jeden Ehrgeiz und wohl auch nicht mit mehr Fleiß beseelt als durchschnittlich ist. Er übertrifft glaube ich Schmitz z. B. bei weitem, der doch oft etwas engherziges hat und sehr eitel ist. Dafür scheint mir allerdings letzterer der bessere Lehrer zu sein. Moltke ist wieder so ganz anders mit seinem wirtschaftlichen Einschlag, den er nie außer Acht lässt und auf diese Weise eine gute Ergänzung der andern."[185].

Beate Schiemann erwähnte einige Wochen später, am 5. November 1941, auch den zur Wehrmacht eingezogenen Referenten am Völkerrechtsinstitut Ulrich Scheuner (1903–81), der zunächst ebenfalls im Rahmen der Prisengerichtsbarkeit eingesetzt war: „Scheuner ist übrigens ein netter Kerl, wenn er auch allerdings etwas aufgeregt ist. Aber er versteht sein Fach und ist sehr rührig." In weiteren Briefen kritisierte sie die verbreitete „Protektionswirtschaft". Mehrfach erwähnte sie den „Ausschuss", den auch für sie 1940–41 besonders arbeitsreichen Vorausschuss Kriegsrecht. Deutlich wird, dass Bruns vergeblich versucht hat (Brief Beates vom 11. Oktober 1942), Helmuth Schiemann ans Institut und damit nach Berlin zu holen, zu Frau und Kind.

Beate Schiemanns Briefe schildern auch den Alltag einer berufstätigen jungen Frau und Mutter in der Metropole unter kaum noch zu bewältigenden Bedingungen: Heizmaterial- und Lebensmittelknappheit, nahezu permanente alliierte Luftangriffe, besonders bei Nacht, immer mehr Kriegsopfer im Familien- und Freundeskreis – es sei ein fast unerträgliches „Hundeleben" in einer wachsenden Ruinenlandschaft (Brief vom 17. August 1941). Souverän, klug und anscheinend ehrgeizlos, wie von Beate Schiemann geschildert, blieb Berthold Stauffenberg auf seinem Posten im Bauche Leviathans, seine regimekritischen Kontakte vertiefend, die ab Herbst 1942 geschmiedeten konkreten Widerstandspläne fortschreibend und ausweitend.

Da die Generale sich versagten, erklärte Claus Stauffenberg gegen Ende 1942 nach enttäuschenden Versuchen, wichtige Heerführer (wie Feldmarschall von Manstein) und Generale zu gemeinsamem Eingreifen gegen Hitler zu bewegen, müssten nun „die Obersten handeln" – geradezu stellvertretend für die, die für das Eingreifen eigentlich „zuständig" wären. Nach der Vorstellung des Generalstäblers wanderte die „Aktivlegitimation" zur Erhebung in der als hierarchisch aufgefassten staatlich-gesellschaftlichen Ordnung angesichts der Passivität der Feldmarschälle und Generale (nach antiker Terminologie: der „Ephoren") somit ein Stück weit nach „unten", in die Hände der Stabs- und Reserveoffiziere – eine bereits von Luther und Calvin, von Bodin,

---

[185] Beate Schiemanns Briefe streiften auch in den Ausschüssen erörterte Fachfragen, 1941 etwa die Frage, ob es effektiv und legal sei, (auch) in Griechenland Landprisen zu nehmen.

Hobbes und Kant aus Furcht vor Bürgerkrieg und Anarchie abgelehnte Ausweitung des Rechts zum Widerstand.

Welch schwerste innere Konflikte mussten die beiden Brüder Stauffenberg durchkämpfen, ehe sie sich entschlossen, vorbehaltlos daran mitzuwirken, die personelle Spitze des Staates, dem sie aufopfernd dienten, in blutiger Erhebung zu beseitigen, mitten in einem Krieg auf Leben und Tod! Der „Schritt von geistiger Gegnerschaft zu aktiver Mitwirkung an der Erhebung" erfolgte bei Berthold Stauffenberg aus „tief verwurzeltem Rechtsempfinden"[186]: aus fachlichem Wissen und Können, aus Loyalität zu Volk und Vaterland sowie aus sittlicher Empörung. Ein Ausweichen auf andere, unverfängliche Arbeitsfelder im Institut (etwa auf das Kolonialrecht oder die Rechtsgeschichte) sowie, später im Oberkommando der Marine, ein „Wegducken" und „Laufenlassen" in einer Art „innerer Emigration" waren für den Patrioten keine Option. „Opfer" und moralische „Mühe" galten zudem gemeinhin als Forderungen Stefan Georges, den Brüdern Stauffenberg auch insofern wohlvertraut und wichtig.

Immer umfassender über die Kriegsverbrechen und Massenmorde, zumal an den europäischen Juden und den sowjetischen Kriegsgefangenen, informiert, betrieben die beiden Stauffenbergs seit Herbst 1942 planvoll den Sturz des Terrorregimes – koste es auch ihr Leben. Die „rettende Tat" (Carl Goerdeler), der Tyrannenmord, war nicht nur in ihrer Vorstellung die Voraussetzung für alles weitere: Sie war die Initialzündung für den gross angelegten Staatsstreich. Konkrete Konzepte für ein republikanisches Nachkriegs-Deutschland entwickelten die beiden Brüder nicht. An den benötigten Staatsaufbau- und Gesellschaftsplänen arbeiteten die Kreisauer mit Weitblick, Geschick und Beharrlichkeit.

Der auf staatsbürgerlicher Gleichheit und allgemeiner, gleicher Wahl aufbauenden Ersten Republik, ja der liberalen und sozialen Demokratie überhaupt, so wie in Weimar erlebt, waren die beiden Brüder Stauffenberg mit Skepsis begegnet. Zugleich wussten sie, dass es im Staate immer „nur mit Ach und Krach geht" (Rudolf Smend). Sie wollten vor allem den Rechtsstaat (wohl einen wie im alten Preußen) wieder aufrichten und sichern. Ließe sich dies aber auf Dauer ohne Demokratie und ohne Garantie der Grundrechte erreichen? Und wäre eine Republik ohne Demokratie und Volksvertretung unter den Bedingungen eines großen industrialisierten Flächenstaates lebensfähig?

Von Herbst 1943 an konzentrierte sich Claus Stauffenberg, unterstützt von seinem Bruder Berthold, auf die Suche nach einem Attentäter. Von Seneca und Cicero und von der griechischen Geschichte und Philosophie her war ihnen der Topos „Tyrannenmord" vertraut. Ziel (auch) der beiden Stauffenbergs war die Beendigung des Kriegs und des millionenfachen Tötens, Zerstörens,

---

[186] *J. Hillmann* (o. Anm. 165), S. 31.

Versklavens. Als Verbindung zu seinem rastlos tätigen jüngsten Bruder, der zum zentralen Akteur des zivil-militärischen Widerstands geworden war (Henning von Tresckow, der bisherige militärische Kopf der aussichtsreichsten Vorhaben gegen Hitler, war an die Front zurückbeordert worden), fungierte Berthold Stauffenberg als derjenige, der die (wenigen) Verbündeten in der Marine zusammenhielt. In seiner Person sicherte er die Verbindung zu den Widerständlern im Heer.

3. Der George-Kreis vor der „Judenfrage"

Bei Stefan George und in seinem Umfeld hatte die jüdische Herkunft von Anhängern lange Zeit keine Rolle gespielt. Mit dem zunehmenden gesellschaftlichen Antisemitismus nach dem Ersten Weltkrieg war das Thema dann aber auch in Teilen des George-Kreises präsent. Spätestens seit 1932 stritten die Freunde des Dichters heftig über die antisemitische Ideologie der Nazis, die immer mehr politische Macht erwarben. So lag es nahe, dass die „Judenfrage", wie man damals pauschalierend sagte, ein immer umstritteneres Thema auch unter George-Anhängern wurde.

„Das Gekrisch nach dem Übermenschen", hatte der Dichter frühzeitig gewarnt, „fördert nur die Heraufkunft des Untermenschen". Rassenpolitik, ein Thema etwa des Georgeaners und NS-Karrieristen Kurt Hildebrandt, bedeute, meinte George, „eine bösartige Steigerung des 19. Jahrhunderts. Eine neue, gute Rasse" schaffe „nur der Geist, nicht eine Zuchtanstalt"[187]. George hasste die vulgäre Ausdrucksweise der Nationalsozialisten und äußerte sich wiederholt abschätzig über sie. Er wollte nicht, dass seine Anhänger der NSDAP oder einzelnen Parteiorganisationen beiträten[188]. Immunisierten also Stefan Georges Persönlichkeit, sein Werk und seine geistige Welt gegen das Gift des Rassismus? Oder gehörten nicht auch gesellschaftliche Gegner der Juden, ja ausgesprochene Antisemiten und Blutfanatiker zu Georges Umfeld[189]?

---

[187] *E. Salin*, Um Stefan George, Düsseldorf 1954, S. 271, 248. Zur vielgestaltigen Situation des George-Kreises materialreich und pointiert *G. Mattenklott*, „Verkannte brüder?" (o. Anm. 74); *Karlauf*, Stefan George (o. Anm. 26), S. 604 ff.; *Raulff*, Kreis ohne Meister (o. Anm. 26), S. 64 ff., 75 ff., 280 ff. Nachfolgende Skizze verdankt viel auch der Analyse von *St. Breuer*, in: (Handbuch) Stefan George und sein Kreis, Hg. A. Aurnhammer u. a., Bd. 2, Berlin/Boston 2012, S. 771 ff., 786 ff., 809 ff.
[188] *C. Schlayer*, Minusio, Hg. M. Bozza/U. Oelmann, Göttingen 2010, F. Mehnerts zeitweilige Beitrittsidee betreffend.
[189] „Gewisse Analogien" bestanden zwischen der George- und der Hitler-Bewegung, *E. von Kahler*, Stefan George, Pfullingen 1964 (Neuaufl. Berlin 1970), S. 24 f. Einige aus Georges Umfeld hätten diese Analogien aber „zu Identitäten herabgewürdigt". Vgl. demgegenüber *R. Kolk* (o. Anm. 26), S. 63: Bald nach seinem Ableben war George für die Nazis „durch zahlreiche jüdische Freunde unwiderruflich diskreditiert".

Drei Wege führten, bei grober Zeichnung, in der „Judenfrage" vom Dichter her. Ein *erster* Pfad führte, wie erwähnt, nach anfänglicher Sympathie für die „nationale Revolution" und für ihre propagierten, freilich nie realisierten Ziele schließlich in die Konspiration. Beispiele sind Berthold und Claus Stauffenberg sowie, mit kleineren Einschränkungen, Rudolf Fahrner.

Ein *zweite*r, von Geogeanern jüdischer Abstammung, so sie nicht das Glück hatten, Bürger der Schweiz zu sein wie Wilhelm Stein oder Edith Landmann und ihre Söhne, in der Gefahr gewählter äußerst beschwerlicher Weg mündete in Flucht, Emigration, Exil. Diesen Pfad wählten unter anderem Ernst Gundolf, Erich von Kahler, Ernst Kantorowicz, Walter Kempner, Ernst Morwitz, Arthur Salz, Kurt Singer und Karl Wolfskehl. Ihre Not wurde in der rassistischen NS-Diktatur spätestens seit 1938 unerträglich groß.

Ein *dritter* Pfad – Verehrung für den Dichter und Sinn für seine Weltsicht schützten offensichtlich nicht durchweg vor Sympathie für das Gift der NS-Ideologie und der barbarischen Praxis ihrer Anhänger – endete für manche Georgeaner in den Armen der NSDAP. Intensität und Konsequenz dieser Faszination durch Hitler und seine Helfershelfer unterschieden sich je nach Person, Umstand und Schicksal. Verzichtet man für diesen ganz groben Überblick auf Differenzierung, gehörten zu dieser Gruppe etwa Ernst Bertram, Albrecht von Blumenthal, Walter Elze, Kurt Hildebrandt, Ludwig Thormaehlen oder Woldemar von Üxküll-Gyllenband[190].

Eindrucksvoll hatte sich, weit früher als Berthold und Claus Stauffenberg, der jüdisch-stämmige Mediävist Ernst Kantorowicz vom „Dritten Reich" distanziert. Unter dem Titel „*Das geheime Deutschland*" (ein uneindeutiger Schlüsselbegriff unter den Freunden Georges in Anspielung auf dessen Gedicht „Geheimes Deutschland" aus dem Gedichtband „Das neue Reich") hatte der national denkende Kantorowicz am 14. November 1933, bei der Wiederaufnahme seiner Frankfurter Lehrtätigkeit, das Bild eines anderen, eines zumal auf George bezüglichen europäisch-kulturellen Gesamtbildes deutscher Kulturgeschichte entworfen. Mit diesem der Ausdeutung bedürftigen Bild trat er glänzend formulierend dem plebejisch-rohen, völkisch-rassistischen Wahn der Nazis öffentlich entgegen. 1938 musste er aus dem für Juden unerträglich gewordenen Deutschland fliehen.

Parallelen zu diesem ambivalenten Themenkomplex weist auch das bereits erwähnte epische Gedicht auf, das Alexander Stauffenberg zum zehnten Todestag des „königlichen toten" verfasst hatte. Seine Verse hatten Anfang Juli

---

[190] Auch W. Anton (1903–55) glaubte an eine Erneuerung Deutschlands im Geiste Georges. In einer internen, von Ellinor von Puttkamer, der späteren Botschafterin, scharf kritisierten (noch unveröffentlichten) „Denkschrift" (im StGA bewahrt) warb er andererseits schon 1932 für ein taktisches Zusammengehen mit den „Hakenkreuzlern".

3. Der George-Kreis vor der „Judenfrage"

1944 in Berlin Zustimmung der Brüder gefunden. Und doch enthält „*Der Tod des Meisters*" in Bezug auf die „Judenfrage" und die entsprechenden Zwiste im George-Kreis Ambivalenzen, die schwer zu leugnen und in einem nur kursorischen Überblick noch schwerer zu deuten sind. Einerseits heißt es im Gedichtabschnitt „Begaengnis", dem Bekenntnis Alexander Stauffenbergs zu dem toten George und seinem Freundeskreis:

> Und scheidend wussten wir: in unserem leben
> Ein jeder atemzug und schmerzlich beben
> Bleibt dienst an diesem grab mit geist und blut.

Andererseits dichtete Stauffenberg im Abschnitt „Abschluss", offenbar auf die Juden, ihre vermeintliche „Verstrickung" und „ihres blutes fluch" anspielend:

> Mit den versprengten was auch missetat
> Verbrach an ihnen – wo sie sich verstrickt
> In ihres blutes fluch der tausendjahre
> Sie von frucht und trank der scholle schied
> Des Tantalos ihr los – sei nicht gerechtet.

Alexander Stauffenberg wünschte, so lassen sich die Verse wohl interpretieren, ein Ende des jahrtausendalten Streites mit den „Versprengten". Es solle mit ihnen, den Juden, nicht „gerechtet" werden, etwa bezüglich des alten Gebots, dass sie Grund und Boden nicht erwerben durften, also schuldlos von „frucht und trank der scholle", von Ackerbau und Weinbau, geschieden waren. Angesichts des Zivilisationsbruchs Holocaust – die geradezu fabrikmäßige Ermordung der europäischen Juden war ja im Jahr 1943–44, als Alexander Stauffenberg dies dichtete, noch andauernde, wenn auch kaschierte Gegenwart – ist zu fragen, ob dieses „sei nicht gerechtet" eine auch nur ansatzweise ausreichende beziehungsweise gar versöhnende Antwort auf die „Judenfrage" und die ungeheuren deutschen Verbrechen an den Juden sein konnte.

George selbst hatte in „Ihr Äusserste von windumsauster klippe" (so der Eingangsvers des unbetitelten Gedichts aus dem Ersten Buch des „Stern des Bundes") die *Verwandtschaft, ja Blutsbrüderschaft* von Germanen und Juden anrufend gedichtet (SW VIII):

> Blond oder schwarz demselben schooss entsprungne
> Verkannte brüder suchend euch und hassend
> Ihr immer schweifend und drum nie erfüllt!

An Form und Gefüge des Staates und der Regierungsstruktur – im Unterschied zum inneren Wert des Einzelnen, zu seiner künstlerischen und geistigen Substanz – war dem Dichter nie gelegen, wenn nur „die Besten" (an Schönheit, Charakter, Können) wirken konnten. So meritokratisch sahen das wohl auch die Brüder Stauffenberg und ebenso, freilich unter weitgehendem Verzicht auf den Aspekt der Schönheit, die meisten widerständigen Konservativen und Bürgerlichen[191]. Viele hatten, beeindruckt vom zunächst als erfolgreich zupackend wahrgenommenen faschistischen Italien, der Weimarer Republik vorgeworfen, nichts zustande zu bringen. Die Erste deutsche Republik war freilich von Anfang an mit schwersten außen- und innenpolitischen Herausforderungen belastet. Kaum ein George-Anhänger wollte zurück zur „blassen und altbackenen" (Marie-Luise von Kaschnitz) parlamentarischen Demokratie Weimars. Keiner aus dem Umfeld des Dichters plädierte gar für die Wiederherstellung der Monarchie. Manche aus dem George-Umfeld begrüßten anfangs „Führerprinzip", „Volksgemeinschaft" und „Reichs-Ideologie". Von der „Volksgemeinschaft" erwarteten sich auch die Brüder Stauffenberg eine Überwindung der Zerrissenheit des Volkes und des Vaterlands. Viele George-Anhänger ließen sich zudem von Hitlers außenpolitischen Anfangserfolgen blenden.

Einige Georgeaner, für die es als Ideal fast nur die Griechen der Antike gab, tendierten zu ständestaatlichen Modellen. Hatte aber nicht schon Aristoteles gefordert, dem *besten* Flötenspieler sei die beste Flöte zu geben? Aber wie, wenn nicht durch freie und demokratische Wahlen, sollten „die richtigen Leute an die Spitze" gestellt werden, wie Goerdeler „hilflos" (Hans Mommsen) forderte? Viele regierungs- und gesellschaftspolitische Ansätze im Widerstand, auch im Kreisauer Kreis, verfehlten die „Bedingungen politischer Herrschaftsbestellung in modernen Gesellschaften" (Eckart Conze).

4. Statthalter im Reich des Dichters

Der Gleichklang zwischen dem Dichter und Berthold Stauffenberg, einschließlich ihrer gemeinsamen Faszination durch Anmut, Schönheit und Geist, griff als solcher dem NS-Terror nicht wirksam in die Speichen. Aus Georges herausfordernder Dichtung ließ sich bei aller „politischen" Radikalität keine bestimmte Staats- und Gesellschaftsauffassung ableiten. Das galt auch für Georges späte, semantisch offenen, heilsgeschichtlichen und reichsmetaphorischen Gedichte. George verfasste Verse, keine Verfassungsartikel. Georges „politische" Gedichte mögen eine gewisse Nähe zu Hölderlins Wutrede auf die Deutschen aufweisen – auch sie waren indes keine konkrete Weisung, kein Gebot, sondern ein Weckruf, aufgehoben in der Form seiner „Hyperion"-Dichtung. Niemals werde der „Meister" sein letztes Geheimnis „unumschrieben zum Ausdruck bringen" (Ernst Morwitz). George mochte kritisieren und provozieren, er mochte als Ankläger oder als Richter, Warner oder Prophet auftreten – Weisungen gab er nicht, auch nicht im bekannten frühen Gedicht

---

[191] *E. Klausa,* Das wiedererwachte Gewissen (o. Anm. 13), S. 43 ff.

„Der Täter" (SW V), von dem hier nur ein besonders sprechender Ausschnitt zitiert sei:

Wer niemals am bruder den fleck für den dolchstoss bemass
Wie leicht ist sein leben und wie dünn das gedachte
Dem der von des schierlings betäubenden körnern nicht ass!
O wüsstet ihr wie ich euch alle ein wenig verachte!

Dichtung, per definitionem vieldeutig, ist erst recht *in „politischer"* Hinsicht *ambivalent*. Ein direkter, nicht wegzudenkender Einfluss Georges auch auf die Wendung der beiden Stauffenbergs zum aktiven Widerstand ist insofern nicht nachweisbar. Mittelbar aber dürfte Georges Dichtung *in politicis* Wirkung entfaltet haben. Ein Beispiel ist das hochtonig-formstrenge Gedicht „Der Krieg" (1917). Versöhnend konnte der Dichter „nicht schwärmen/Von heimischer jugend und von welscher tücke" – George feierte oder verdammte also die damaligen Kriegsgegner keineswegs. Weit entfernt vom Verschönern des Barbarischen[192], sah er fair auf *beiden* Seiten des Krieges nur „untergänge ohne würde" (SW IX).

Diverse Verse des „Neuen Reichs", überwiegend vor dem Erscheinungsjahr 1928 verfasst, versichern, wohl auch unter dem Eindruck der vielen Weltkriegsopfer im George-Kreis und des unfairen Auftrumpfens der Sieger, „Einem jungen Führer im ersten Weltkrieg" (SW IX):

Alles wozu du gediehst   rühmliches ringen hindurch
Bleibt dir untilgbar bewahrt   stärkt dich für künftig getös ..

Seit Berthold und Claus Stauffenberg die teuflische Natur des „Führers" und die moralische Minderwertigkeit seiner Helfer erkannt hatten, bildeten die Ziele, Werte und Fragen, die in George-Gedichten aufschienen und die in ihrem Umfeld immer wieder angerufen und gelegentlich gewiss auch überinterpretiert wurden, eine Kraftquelle für die beiden Stauffenbergs, eine „geistige Grundlage für ihr entschlossenes Handeln im Widerstand"[193]. In den Augen der Stauffenberg-Brüder verstärkten des Dichters Verse die moralische „Rechtfertigung" ihrer geplanten „Tat". In Claus Victor Bocks „Wortkonkordanz zur Dichtung Stefan Georges" erscheint allein das Wortfeld „Tat", „tätig", „Täter" 48-mal in Georges schmalem Werk. Gleichwohl: Bei Georges Gedichten handelt es sich um Poesie, nicht um Politik.

Mit Georges kompromissloser Dichtung und seiner Gedankenwelt von Jugend an vertraut, lagen Unentschlossenheit und Tatenarmut Claus und Bert-

---

[192] Vgl. *F. E. Dobberahn*, Deutsche Theologie im Dienste der Kriegspropaganda, Göttingen 2021.
[193] *Th. Schnabel*, Das „Neue Reich", in: Momente 2006, S. 8 ff.; *W. Graf Vitzthum*, Kein Stauffenberg ohne Stefan George, in: FS für J. Isensee, Hg. O. Depenheuer u. a., Heidelberg 2007, S. 1109 ff.

hold Stauffenberg ferner als vielen anderen in der Konspiration[194]. Das heißt nicht, wie jüngst auch die Stauffenberg-Enkelin Sophie von Bechtolsheim betonte, dass Claus Stauffenberg schon früh nichts anderes im Sinn gehabt hätte als ein Attentäter, ein politischer Mörder zu werden[195]. George-Verse weckten nicht den Entschluss zum versuchten Tyrannenmord. Offenbar *bestärkten* sie aber die beiden Stauffenbergs in ihrem *Tatentschluss*. Zugleich sahen sich diese Verschwörer in ihrer persönlichen Überzeugung gestärkt, im Sinne Georges zu handeln, wenn sie für Volk und Vaterland eintraten und für ein Neuanschließen Deutschlands an die großen abendländischen Traditionen in Staat, Gesellschaft, Recht und Kultur. Auch insofern konsequent, wahrscheinlich mit dem Ausruf „Es lebe das heilige Deutschland!" auf den Lippen, starb Claus Stauffenberg zusammen mit seinen engsten Verbündeten am mitternächtlichen Ende des 20. Juli 1944 im Feuer der Exekution[196].

Zu Hause hatte Berthold Stauffenberg, wie er einmal sagte, kein einziges juristisches Buch: Die Rechtswissenschaften waren ihm geachteter Beruf, nicht Berufung (Alexander Makarov). Dichtung und Kunst, Dienst und Verantwortung, Freundschaft und Gemeinschaft blieben Schlüsselelemente im Leben dieses Statthalters des Dichters. Intensiv kümmerte er sich um Orientierung und Rat suchende jüngere George-Anhänger. Hier einige teilweise bereits zitierte Beispiele, auch sie bewahrt im Stefan George Archiv:

„Was diese (gesamtpolitische) lage im geistigen bedeuten vermag ich nicht zu sagen. Manchmal bedrückt mich das gefühl durch die starke inanspruchnahme mit den tagesdingen zu sehr von dem abgezogen zu werden was das zuletzt entscheidende ist."

An diesem 22. November 1941 notierte Berthold Stauffenberg gegenüber F. Mehnert weiter: Angesichts der widrigen äußeren Umstände bleibe nur

„die möglichkeit einigermassen sinnvoller existenz in diesen läuften …: es bleibt nur die möglichkeit der wirkung auf die nächsten und der mittelbaren gegenwirkung – das brennen erhalten eines feuers sei es auch allein bis wieder der boden für seine ausbreitung bereitet ist".

---

[194] Vgl. *P. Hoffmann*, Widerstand (o. Anm. 2), S. 254: Bei Erfolg des Staatsstreichs hätten die Brüder Stauffenberg „vielleicht den Ton angegeben. Besonders Claus Graf von Stauffenberg hatte durchaus eigene politische Auffassungen, die er auch durchzusetzen gedachte."

[195] *S. von Bechtolsheim*, Stauffenberg. Mein Großvater war kein Attentäter, Freiburg u. a. 2019, S. 7 f.: Er gehöre „nicht in die Reihe all derer, deren Ziel einzig die Gewalt, einzig die Aufmerksamkeit durch einen Mord war."

[196] Über den Inhalt des Rufs besteht Dissens. – Claus Stauffenberg und seine Mitstreiter, die ebenfalls Fromms nie zusammengetretenem „Standgericht" zum Opfer fielen, wurden in den frühen Morgenstunden des 21. Juli 1944 auf dem Alten St.-Matthäus-Kirchhof an der Großgörschenstraße beigesetzt (dort befindet sich heute ein Ehrengrab für Claus Stauffenberg). Die Nationalsozialisten exhumierten die Leichen umgehend, verbrannten sie und verstreuten die Asche um Berlin.

4. Statthalter im Reich des Dichters

„Das zuletzt Entscheidende", „ein Feuer erhalten", „wieder den Boden bereiten" für die „Ausbreitung" des „Feuers" – Berthold Stauffenberg ging es offensichtlich um vertraute geistige Haltungen und Hoffnungen, um das vom Dichter gelebte freie und „*schöne leben*" (SW VIII), in Kontrast zur hässlichen Sklavenexistenz im „Dritten Reich". Am 15. September 1942 schrieb Berthold Stauffenberg an Frank Mehnert: „Meist ist man doch durch die arbeit des tages so ausgepumpt dass man abends nicht mehr die erforderliche spannkraft aufbringt – so dass man sich selbst zum briefeschreiben zwingen muss." Am 4. Januar 1943, die Entscheidung für die Teilnahme am aktiven Widerstand war zwischenzeitlich gefallen, öffnete Berthold Stauffenberg sein Visier dann etwas weiter, erstmals seinen starken Änderungswillen andeutend: „Häufig kommt der wunsch nicht mehr hier zu sitzen wo man zwar das meiste rasch erfährt und die lage überblicken kann aber nichts an ihr zu ändern vermag."

Der Völkerrechtler sah es offensichtlich als seine Aufgabe an, etwas „zu ändern", letztlich im Sinne der notfalls gewaltsamen Wiederherstellung der individuellen Freiheit und der „Majestät des Rechts" (Carl Goerdeler). Im gleichen Sinn hatte schon seine briefliche Unterstützung vom 4. August 1940 für Karl Josef Partsch zwischen „wir" und „denen" unterschieden: „Wir müssen das unsrige tun damit die künftigen möglichkeiten nicht verschüttet werden. Als erstes ist entscheidend dass wir den glauben behalten"[197].

Die George-Bewegung war, darauf konnten ihre Anhänger vertrauen, der Hitler-Bewegung „diametral entgegengesetzt" (Erich von Kahler). Kein Wunder, dass sich der Dichter schon früh, am 19. Mai 1933, geweigert hatte, der zunehmend gleichgeschalteten Preußischen Akademie der Künste als Präsident der Sektion Dichtkunst zu dienen. Seine Antwort auf das ministerielle Werben um ihn begann mit der von Ernst Morwitz übermittelten kompromisslosen Ablehnung „irgendwelchen postens auch ehrenhalber" in „der sogenannten akademie". Dann fuhr George fort:

„Dass diese akademie jetzt unter nationalem zeichen steht ist nur zu begrüssen und kann vielleicht später zu günstigen ergebnissen führen – ich habe seit fast einem halben jahrhundert deutsche dichtung und deutschen geist verwaltet ohne akademie ja hätte es eine gegeben wahrscheinlich gegen sie. ... Anders verhält es sich mit dem positiven ...: die ahnherrnschaft der neuen nationalen bewegung leugne ich durchaus nicht ab und schieb auch meine geistige mitwirkung nicht beiseite. Was ich dafür tun konnte habe ich getan. Die jugend die sich heut um mich schart ist mit mir gleicher meinung. das märchen vom abseitsstehn hat mich das ganze leben be-

---

[197] Ähnlich Johann Anton, der dem befreundeten Max Kommerell (1902–44) erklärte, angesichts des Aufstiegs der NSDAP sehe er keine Möglichkeit für ein Tätigwerden „in unserem (georgeanischen) Sinn". Seinem Bruder Walter erläuterte er im Juli 1930: „*In politicis* halte ich jedes Desinteressement für erlaubt und bin auch selbst nur mit Überlegungen auf sehr lange Sicht beschäftigt" (im StGA bewahrt).

gleitet – es gilt nur fürs unbewaffnete auge. Die gesetze des geistigen und des politischen sind gewiss sehr verschieden – wo sie sich treffen und wo geist herabsteigt zum allgemeingut das ist ein äusserst verwickelter vorgang."

Auf diese uneindeutige Weise hielt der Dichter, die „nationale Karte" ausspielend, den nationalsozialistischen Minister Rust auf Distanz[198]. Georges Dichtung und geistige Welt „verschütteten" keine „künftigen Möglichkeiten", sie wahrten vielmehr Chancen und entwickelten sie weiter. Im immer totaler werdenden Krieg gab dies den George-Anhängern einen Schlüssel in die Hand zur George-Weltsicht und zur eigenen Aufgabe. Die Georgeaner – Künstler, Ärzte, Richter, Gelehrte, Offiziere, Lehrer – waren eine locker geknüpfte Gemeinschaft vertrauter Zugehörigkeit, verbunden zu freier, schöpferischer Gestaltung.

Seit der Jahrhundertwende wurde der Kreis mehr und mehr zu einem über die Dichtung hinausgreifenden und durch sie vernetzten Bund, der, ein eigener „Staat", „dem anderen", dem „realen", dem öffentlichen Staat – dem Kaiserreich wie der Weimarer Republik – mit Kritik und Ungeduld entgegentrat. Zugehörigkeit zu diesem durch Freundschaften vertieften Bund war Rückhalt und Ansporn zugleich[199]. Die enge Verbindung zu Georges Weltsicht half beim Treffen existentieller Entscheidungen ebenso wie beim seelisch stark belastenden Durchhalten in den dunklen Jahren. Man konnte auf die wenigen verbliebenen Freunde zählen, fast so, wie Claus und Berthold Stauffenberg sich von Jugend an aufeinander verließen. Und man konnte, wie gesagt, aus der Dichtung von George, etwa aus den geschichtsmythischen Zukunftsvisionen im „Neuen Reich" (SW IX, 1928), Inspiration und Bestätigung schöpfen.

---

[198] *Karlauf*, George (o. Anm. 28), S. 620 ff.; *I. Jens*, Dichter zwischen rechts und links. 2. Aufl. Leipzig 1994, S. 50, 259.

[199] In der Nacht zum 5. Juli 1944 erörterten Berthold und Claus Stauffenberg die letzte Fassung des Gedichts „Der Tod des Meisters" (Überlingen 1948). Sie arbeiteten damals auch an der Übersetzung von Gesängen der „Odyssee" (zusammen mit ihrem Bruder Alexander sowie mit Mehnert, Fahrner und Partsch) sowie an Plutarchs „Agis und Kleomenes". Diesen Band publizierte 1944 der Münchner Delfinverlag, unter Autorschaft von Victor Frank (d. i. Frank Mehnert). Versuche Berthold Stauffenbergs, auch die Mitautorschaft von Partsch zu dokumentieren, scheiterten am behördlichen Veto.

VIII. Im Zentrum der Verschwörung

1. Moltke und Berthold Stauffenberg

Wie seit 1936 im „Kriegsrechtsauschuss" arbeitete Berthold Stauffenberg 1940–41 auch im „Vorausschuss Kriegsrecht" mit dem weltläufigen Rechtsanwalt Moltke aus dem schlesischen Kreisau zusammen. Bei Kriegsausbruch ins Oberkommando der Wehrmacht (OKW) befohlen, arbeitete Moltke, seit Mitte September 1939 als „Kriegsverwaltungsrat", im Amt Ausland/Abwehr, einem frühen Zentrum der Verschwörung. Im Oktober 1939 wurde Moltke auch in der „Beratungsstelle für Völkerrecht" im OKW eingesetzt, ab 1940 zudem – zusammen mit Hauptmann d. Res. Professor Ernst Schmitz – im „Vorausschuss Kriegsrecht".

Im OKW hatte Moltke, nicht anders als Stauffenberg im Oberkommando der (Kriegs-)Marine (OKM), Stellungsnahmen zu Plänen, Aktionen und Reaktionen der deutschen Kriegführung auszuarbeiten[200]. Am 25. April 1940 zum Beispiel reisten Stauffenberg und Moltke gemeinsamen zum Prisengericht in Hamburg, zur Verhandlung eines Falles, der wie viele andere sie beide dienstlich beschäftigte. Anders als Berthold Stauffenberg hatte Moltke, wie etwa auch der Theologe Dietrich Bonhoeffer, in Hitler *von Anfang an* den „Antichristen", *den* dämonischen Verführer und *wahren Verbrecher erkannt*. Moltke kämpfte schon frühzeitig an vielen Fronten, etwa indem er besonders für eine rechtskonforme Behandlung der Kriegsgefangenen eintrat. Später versuchte er zudem, die seit 1942–43 steigende Flut der *Geiselerschießungen einzudämmen*, zumal im besetzten Frankreich, in Griechenland und auf dem Balkan, später dann auch im abtrünnigen Italien.

Durch Einhegen der Kriegsführung wollten die beiden Völkerrechtler Unrecht verhindern. Durch strikte Rechtlichkeit sollte auch Deutschlands Verhandlungsposition gestärkt werden, zumal hinsichtlich des wichtigen Lagers der Neutralen. Haben sich Stauffenberg und Moltke auch über ihren jeweiligen Widerstandskampf ausgetauscht? Das dürfte schon hinsichtlich der unterschiedlichen Ziel- und Zeithorizonte zweifelhaft sein: Moltke arbeitete seit 1940 für ein demokratisches, soziales und christliches, zu Europa hin offenes

---

[200] *H. J. Graf von Moltke*, Völkerrecht im Dienste der Menschen. Dokumente, Hg. Ger van Roon, Berlin 1986, S. 173 ff., 213 ff. Vgl. auch das Resümee von *G. Kretschmer*, Prisenrechtsprechung (o. Anm. 174), S. 152: Die deutsche Prisenrechtsprechung „kann den Vergleich mit der Judikatur anderer Staaten bestehen."

Nachkriegsdeutschland. Berthold Stauffenberg wollte seit Herbst 1942 zwar ebenfalls die Befreiung seines Vaterlandes und die *Wiederaufrichtung des Rechtsstaates*, anders als Moltke konzentrierte er sich mit seinem Bruder Claus aber auf das Auslösen, noch im Krieg, von Attentat und Staatsstreich.

Moltke wusste wahrscheinlich von Berthold Stauffenbergs besonderer Nähe zur George-Welt. Unbekannt ist, ob er daraus Schlüsse zog, etwa bezüglich einer stärker gemeinsamen, zwischen ihn beiden abgesprochenen Rechtsberatung. Mit George, jedenfalls dem des „Stern des Bundes" (SW VIII) und des „Neuen Reichs" (SW IX) hatte Moltke nichts im Sinn – er kam geistig aus einer ganz anderen, einer kosmopolitischen, angloamerikanischen Tradition. Die fachlichen und kollegialen Gemeinsamkeiten – auch Moltke arbeitete viel im Institut (Abteilungsleiter: Berthold Stauffenberg) und nutzte, wie dieser, die dortigen personellen und fachlichen Ressourcen – reichten offenbar nicht aus, um zwischen den beiden Verschwörern Freundschaftsbande entstehen zu lassen.

Ohne Weisungsbefugnis waren die Juristen in ihren Oberkommandos trotz der dringend benötigten Expertise letztlich *in institutionell schwacher Position* – darauf beschränkt, ihren Vorgesetzten fachliche Argumente zu liefern[201] und diese Stellungnahmen dann gegenüber etwaigen Rückfragen oder Gegenstimmen zu verteidigen. In der menschenvernichtenden Diktatur war dieses Ringen um die Beachtung des Humanitären Völkerrechts, wie Moltke seiner Frau schon frühzeitig schrieb, eine „unsägliche Anstrengung"[202]. Unterstützung fanden Moltke und Stauffenberg, wie sich der ehemalige Diplomat Conrad Roediger nach Kriegsende erinnerte, durch die von ihm, Roediger, offenbar besonders geschätzten jüngeren Mitarbeiter des Instituts, „vereint in Zielstrebigkeit und gegenseitigem Vertrauen; (…) geleitet von einem guten, unbeirrbaren Rechtsempfinden, untermauert von einem Gefühl für Menschlichkeit"[203].

---

[201] Das galt auch für das Prisenrecht. Die entsprechenden Beratungen und Entscheidungen spielten im Nürnberger Kriegsverbrechertribunal eine Rolle, freilich ohne zu einem Schuldspruch gegen die Marineleitung zu führen.

[202] Brief an Freya vom 17. November 1939. Über seine Durchsetzungsmöglichkeiten war *Moltke* bald desillusioniert: „Ich würde überhaupt im Augenblick am liebsten nichts tun, weil ich nichts sehe, was ich mit Nutzen tun kann" (21. Mai 1940). „Ich kann nichts nützliches tun und muss mich mit kleinstem Mist beschäftigen" (11. November 1940). Stauffenbergs Wirkung als Berater der Seekriegsleitung dürfte die von Moltke im OKW kaum übertroffen haben. Vgl. freilich den Zeitzeugen *C. Roediger*, Versuche zur Erhaltung des Humanitären Völkerrechts nach 1933, in: A. Flitner (Hg.), Deutsches Geistesleben und Nationalsozialismus, Tübingen 1965, S. 178 ff., 182: „Doch gab es auch hin und wieder Möglichkeiten, seinen Standpunkt nach oben durchzusetzen. Man musste nur zielstrebig, zäh und klug handeln sowie darauf bedacht sein, diejenigen Argumente in den Vordergrund zu stellen, die der Mentalität der Parteileute einleuchten würden."

[203] *C. Roediger*, Versuche (o. Anm. 202), S. 182. Im Auswärtigen Amt u. a. für Rot-Kreuz-Fragen zuständig, arbeitete Roediger auch insoweit eng mit Berthold Stauffenberg zusammen.

1. Moltke und Berthold Stauffenberg

Hinzu kam, wie sich besonders im „Vorausschuss Kriegsrecht" 1940–41 zeigte, auf Seiten von Moltke und Schmitz ein gewisser (womöglich nur vorgespiegelter) Optimismus: Ein Verständigungsfrieden sei, meinten die beiden OKW-Juristen im Sommer 1940 nach den großen Erfolgen der deutschen Waffen, „jetzt" erreichbar. Moltkes „Briefe an Freya" (30. Juni und 17. Juli 1940, also nach dem Sieg über Frankreich) deuten in die gleiche Richtung. Churchills England ließ sich freilich auf keinerlei Gespräche ein. Moltke verfolgte mit seinen „Sonderplänen", wie sein Biograph Ger van Roon vermutete, letztlich wohl andere Ziele: Mit der Arbeit an der Weiterentwicklung des Kriegsvölkerrechts, die von außen her schwer zu durchschauen war, tarnte er seinen von Kreisau ausgehenden Widerstand. War sich Berthold Stauffenberg dieses Zusammenhangs bewusst?

Die Kriegsmarine sollte nach Kriegsende, rieten Moltke und Schmitz im Herbst 1940, für den Handelsschutz, letztlich also für den Schutz der Freiheit der Meere und des freien Welthandels eingesetzt werden, nicht, wie seit September 1939 primär praktiziert, für den Handelskrieg. *Moltke war, wie auch diese Empfehlung zeigt, ein weitsichtiger Weltbürger* (und ebenso unbezweifelbar ein deutscher Patriot). So blickte er auf seekriegsrechtliche Probleme primär aus dem Gesichtspunkt der Meeresfreiheit und des Güteraustausches, nicht aus einer rückwärtsgewandten autarkiepolitischen Perspektive, wie sie damals von Militärs favorisiert wurde. Für Moltke war die Entscheidung zwischen „Autarkie oder Welthandel" – so spitzte er die Alternative im August 1941 zu – von Anfang an klar.

Im Unterschied zu vielen anderen Widerstandskämpfern konnten die beiden Völkerrechtler bis 1944 im Zentrum Berlins präsent bleiben, wegen der Luftangriffe teilweise freilich in dezentralisierten Ausweichstandorten (das Berliner Schloss brannte einschließlich der beiden internationalrechtlichen Institute später, im Februar 1945, ab): zuerst im Stadtteil Prenzlau, dann in Barackenlagern im Umfeld von Berlin. Zu dienstlichen Zwecken durften die beiden Juristen, teilweise zusammen mit ihren Vorgesetzten, ins Ausland reisen, nach Holland, Belgien, Schweden, Frankreich sowie in die Schweiz und in die Türkei. Von dieser Möglichkeit machte Moltke zu konspirativen Zwecken ausgiebiger Gebrauch als Stauffenberg. Auf dessen Reisen in die neutrale Schweiz, etwa nach Genf zum Internationalen Komitee vom Roten Kreuz, konnte er dagegen, was ihm wichtig war, mehrmals auch Robert Boehringer treffen, um George-Angelegenheiten zu besprechen.

Versuche Berthold Stauffenbergs und seines ihm befreundeten Vorgesetzten Alfred Kranzfelders, bei einem ihrer Stockholm-Besuche den vorzüglich vernetzten Bankdirektor Marcus Wallenberg konspirativ zu treffen (er verfügte wie vor allem sein Bruder Jacob über einen persönlichen Kontakt zu Premierminister Winston Churchill), scheiterten.

128   VIII. Im Zentrum der Verschwörung

Insgesamt dürften die Auslandsreisen den Widerstandswillen der beiden Juristen gestärkt haben: Ihr Wissen über *die verheerende internationale Resonanz* auf die deutschen Rassen- und Kriegsverbrechen wurde vertieft – und nach Rückkehr in die Heimat mit den Mitverschworenen geteilt. Kranzfelder, Moltke und Berthold Stauffenberg waren keine gelernten Verschwörer, geschweige denn gefühllose Machiavellisten[204]. Auf Grund ihrer dienstlichen Positionen und ihren ausgedehnten persönlichen Verbindungen erfassten sie aber offenbar frühzeitiger als andere potentielle Verschwörer das ungeheure Ausmaß der Verbrechen der SS, der Gestapo, von Teilen der Wehrmacht und des NS-Regimes insgesamt.

Informationen über Gräueltaten von Sondereinsatzgruppen und Polizei, vor allem dann über die Vernichtung von Hunderttausenden im europäischen Osten als Teil einer systematischen Entvölkerungspolitik drangen früh zu den beiden Rechtsexperten[205]. Moltke erhielt in der Abwehr und Stauffenberg über seinen Bruder Claus zusätzliche Kenntnis von der vieltausendfachen Ermordung von Juden, Zivilpersonen und Kriegsgefangenen hinter der Front und in den Vernichtungslagern. Das war ein unendlich bedrängendes Wissen, das die innere Unruhe verstärkte und zu äußerster Entschlossenheit führte, jedenfalls bei diesen Juristen, die Recht und Humanität auch im Krieg hochhielten.

Wegen der ausgedehnten Quellenverluste ist Stauffenbergs Spur im OKM (in den einschlägigen im Bundesarchiv-Militärarchiv und im Münchner Institut für Zeitgeschichte aufbewahrten Akten) weit weniger deutlich erkennbar als die von Moltke im OKW. Zu verdanken ist dies vor allem Moltkes tagebuchartigen Briefen an seine Frau. Sie konnten gerettet und publiziert werden. Moltkes prominenter Familienname und die örtliche Abgeschiedenheit der Kreisauer Poststelle boten diesen gelegentlich recht unvorsichtigen Mitteilungen Schutz – bis zu Moltkes Verhaftung im Januar 1944.

Berthold Stauffenbergs Mitwirkung an den verloren gegangenen Widerstands-Grundbefehlen vom August-September 1943 ist gesichert[206]. Mehrfach

---

[204] Moltke hatte gegenüber Attentat und Staatsstreich auch „praktische" Bedenken: „wir können das nicht, wir ... machen das dilettantisch", *Ger van Roon*, Neuordnung im Widerstand, S. 290. Neben Stauffenberg, Moltke und Trott waren auch Rüdiger Schleicher (1895–1945), Ministerialrat im Reichsluftfahrtministerium, und Klaus Bonhoeffer (1901–45), Chef-Syndikus der Lufthansa, widerständige Völkerrechtler. R. Schleicher und K. Bonhoeffer, im Oktober 1944 verhaftet, wurden am 23.4.1945 von der SS ermordet.

[205] *P. Hoffmann*, Widerstand (o. Anm. 2), S. 309f. spricht von „täglichen Erschießungen (in Polen) von Hunderten von Juden, Ärzten, Professoren, Schriftstellern, Architekten, Ingenieuren, Bibliothekaren, Lehrern, Kommunisten, angeblichen Partisanen und Geiseln". Im Frühsommer 1941 folgte der Kommissar-Befehl, kurz nach dem genauso barbarischen „Erlass über die Ausübung der Kriegsgerichtsbarkeit".

[206] Seit August 1942 sondierte Claus Stauffenberg unter dienstlichem Vorwand die Haltung einiger Feldmarschälle und Generale zu einem etwaigen Attentat und Staats-

1. Moltke und Berthold Stauffenberg

überarbeitete er sie, wie auch sein Bruder Claus, bis hinein in den Juli 1944, um sie der sich ändernden Lage anzupassen. Claus Stauffenberg ging im Spätsommer 1943 nach der partiellen Genesung von seinen schweren Kriegsverletzungen[207] General Olbricht und Oberst i. G. Henning von Tresckow zur Hand beim Bearbeiten der für ein Gelingen des Staatsstreichs entscheidenden *„Walküre"-Befehle*. Ursprünglich für den Ausnahmezustand bei inneren Unruhen, etwa bei Aufständen von Zwangsarbeitern und Kriegsgefangenen, konzipiert, sollten die weit fortgeschrittenen Operationsplanungen nun zugunsten des Anti-Hitler-Umsturzes eingesetzt werden. Die entsprechenden politischen Aufrufe beeinflussten beide Brüder Stauffenberg auch inhaltlich.

Ende November 1943 wurde auch die bisher in Berlin stationierte Seekriegsleitung dezentralisiert, um dem intensivierten Bombenkrieg auszuweichen. Mit Kranzfelder arbeitete Stauffenberg nun vom Waldlager „Koralle" bei Bernau aus – der Generalstab war längst nach Zossen verlegt worden. „Koralle" bestand aus so leicht gebauten Holzbaracken, dass man im Nebenzimmer jedes Gespräch mithören konnte. Deshalb wichen die Verschwörer für Besprechungen auf Spaziergänge oder Ausritte aus.

Die Konspiration wuchs an Umfang und Entschlossenheit parallel zu den monströsen Regimeverbrechen und den seit 1942 nicht mehr abreißenden militärischen Rückschlägen. Die Rettung der Deutschen und des Rechtsstaates, die Gewährleistung der persönlichen Freiheit sowie die Beendigung der Ermordung der Juden – in diesen Zielen stimmten die Verschwörer überein, die Militärs, die Kreisauer und der Beck-Goerdeler-Kreis, dem die beiden tatwilligen Stauffenbergs konzeptionell am nächsten standen.

An den drei großen Kreisauer Diskussions- und Beschluss-Tagungen nahm Berthold Stauffenberg, wie gesagt, nicht teil[208]. Auf eigenen Wunsch gehörte er dieser eher christlich-sozial und europäisch-international orientierten Widerstandsgruppe nicht an. Programmatisch von Moltke und Yorck geleitet und personell klug erweitert, vertieften sich die Kreisauer in Voraussetzungen und

---

streich – ohne Erfolg: „Die Kerle haben ja die Hosen voll oder Stroh im Kopf, sie wollen nicht"; vgl. *Chr. Müller*, Stauffenberg, Düsseldorf 2003, S. 279 ff.

[207] Claus Stauffenberg zog zu seinem ältesten Bruder in dessen Berliner Wohnung. Zunächst besorgte Nikolaus Graf von Üxküll-Gyllenband (1877–1944) den Neffen den Haushalt, vgl. *P. Hoffman*, Claus Schenk Graf von Stauffenberg (o. Anm. 2), S. 330 ff., 333, 574, 604, später eine entfernte junge Verwandte. Berthold Stauffenbergs Frau Maria zog mit ihren Kindern nach Lautlingen, Claus' Frau Nina blieb mit ihren Kindern in Bamberg.

[208] Die erste Tagung war Pfingsten 1942, die zweite Oktober 1942, die dritte Juni 1943.

Grundlagen einer künftigen Nachkriegs-Demokratie in Deutschland[209]. Viele Kreisauer, zumal Moltke, lehnten ein Attentat auf Hitler ab.

Berthold Stauffenberg erschien diese Art von Widerstand wohl zu „theoretisch", zu tatenarm. Die Kreisauer machten sich im Krieg, aus ihrer Sicht zu Recht, wenig Gedanken über die notwendigen *Voraussetzungen* einer geistigen und politischen Neuordnung Deutschlands. Demgegenüber dichtete der Mitverschworene Dietrich Bonhoeffer: „allein in der Tat ist die Freiheit". Wie ab Herbst 1942 sein Bruder Claus drängte auch Berthold Stauffenberg zum Attentat als der Initialzündung für den Umsturz. Ein erfolgreicher Staatsstreich hätte auch zur erhofften „Entsühnung" der Deutschen beigetragen. In die erst später, nach dem Umsturz, zu beantwortenden staats-, gesellschafts-, wirtschafts-, sozial- und europapolitischen Fragen vertieften sich die beiden Brüder nicht. Ihre Antworten hätten wohl nur partiell mit denen der Kreisauer übereingestimmt.

In der ersten Augustwoche 1943 traf sich Claus Stauffenberg erstmals mit Yorck. Mit dem tatentschlossenen „Fritzi" Schulenburg und dem vielgereisten Diplomaten Trott zu Solz freundete er sich an (nicht mit Moltke, den er bald darauf ebenfalls kennenlernte). Durch seinen Bruder Berthold war Claus Stauffenberg über die Personen und Positionen der Kreisauer und der Beck-Goerdeler-Gruppe laufend unterrichtet. Als Einzeltäter wie Johann Georg Elser (1903–45) kann man sich die beiden Stauffenbergs nicht vorstellen. Kein Antisemit, gewiss, aber von manchen Vorurteilen seiner Zeit und seiner Gesellschaftsschicht nicht frei, warf Berthold Stauffenberg nun als Widerstandskämpfer (wie zuvor schon als Völkerrechtler und George-Freund) weit mehr als einen blassen Schatten. Sein *konspiratives* „*Netzwerken*", seine entschlossene Kooperation mit dem gleichgesinnten Bruder und mit Mitverschworenen aus der Kriegsmarine belegen einmal mehr seine „eigenständige Rolle im Widerstand"[210].

Quellen zu konkreten Widerstandsaktionen des Juristen, gar zu Elementen einer eigenen politischen Agenda sind nicht überliefert. Gewiss, Berthold Stauffenberg war der parlamentarischen Demokratie gegenüber, so wie er sie

---

[209] „Wenn Moltke wie ein liberaler Weltbürger wirkte, so fühlte Yorck sich stärker als deutscher Patriot", *W. E. Winterhager*, Der Kreisauer Kreis, 1985, S. 20 f. Sprechend auch Yorcks Abschiedsbrief: „Es waren lediglich meine vaterländischen Gefühle, die Sorge um mein Deutschland, wie es in den letzten 2 Jahrtausenden gewachsen ist, … die mein Handeln bestimmten." Insgesamt haben Berthold Stauffenberg und Moltke unendlich viel Leid verhindert, *P. Hoffmann*, Widerstand (o. Anm. 2), S. 154 f.; *G. Brakelmann*, Helmuth James von Moltke 1907–1945, München 2007; *Ger van Roon*, Staatsvorstellungen des Kreisauer Kreises, in: Der Widerstand gegen den Nationalsozialismus, Hg. J. Schmädeke/P. Steinbach, München/Zürich 1998.

[210] *J. Hillmann* (o. Anm. 165), S. 31; auch er datiert den Beginn des aktiven Widerstands der beiden Stauffenbergs auf das Jahr 1942.

in den letzten Jahren der Weimarer Republik erlebt hatte, skeptisch, im Unterschied zum Rechtsstaat, dessen Wiederaufrichtung er energisch forderte. Unausgesprochen lautete seine Priorität: *eher Rechtsstaat als Demokratie.* Für einen Staat der Weisen und Kundigen à la Platon, gar für eine Regierung der Gerichte und Technokraten, plädierte er nicht, erst recht nicht für eine Rückkehr zur Monarchie oder zum vormodernen Ständestaat.

2. Moral und Recht des Tyrannenmords

War Berthold Stauffenbergs Mittäterschaft beim Versuch der Ermordung des Staatschefs und Obersten Befehlshabers – mitten im Krieg, im Ringen des eigenen Volkes um Leben und Tod sowie in Kenntnis massenhafter Staatsverbrechen – nach damaligem Recht gerechtfertigt? Oder brach derjenige das Recht, der das NS-Regime und das staatliche Unrecht mit Gewalt zu beenden und durch eine neue Ordnung zu ersetzen suchte? Handelten die tathaften Verschwörer Claus und Berthold Stauffenberg also *legal* oder handelten sie *contra legem*? Dieser neu-alten Rechtsfrage, häufig kombiniert mit theologischen[211], moralischen und staatsphilosophischen Aspekten, wurde im Kreis der Personen, die sich zum existentiellen Wagnis des aktiven, letztlich gewaltsamen Widerstands gegen den Tyrannen durchgerungen hatten, große Bedeutung beigemessen. Die Verschwörer wussten auch um das gefährlich anarchische Potential eines allgemeinen Widerstandsrechts. Sensibilität für die der Konspiration zugrundeliegende Grundfragen bewiesen auch die Widerständler, die sich weniger auf das biblische Tötungsverbot beriefen als auf das nicht weniger einschlägige Gebot, Gott mehr zu gehorchen als den Menschen.

Den Verschwörern war bewusst, dass das deutsche Recht, aus positivistischer Perspektive betrachtet, ein Widerstandsrecht als positives Gewohnheitsrecht oder gar als kodifiziertes Verfassungsrecht nicht kannte. Erst das Grundgesetz (GG) von 1949 normiert seit dem Jahr 1968 in Art. 20 Abs. 4 ein (konditioniertes, stark eingeschränktes) Recht zum Widerstand gegen staatliche oder gesellschaftliche Gewalten. Mit dieser Novellierung sollte ein überpositives Widerstandsrecht positivrechtlich normiert werden. So richtet sich dieses grundgesetzliche Widerstandsrecht gegen jeden, der es unternimmt, die

---

[211] *A. Kaufmann/L. E. Backmann* (Hg.), Widerstandsrecht, Darmstadt 1972. Aus protestantischer Sicht *W. Künneth*, Das Widerstandsrecht als theologisch-ethisches Problem, München 1954, S. 18, 99; *G. Schulz*, Über Entscheidungen und Formen des politischen Widerstands in Deutschland, in: Faktoren der politischen Entscheidung. FG für Ernst Fraenkel, Hg. G. A. Ritter/G. Ziebura, Berlin 1963, S. 73 ff.: Die Kirchen waren „in manchem uneins. Jeder war im letzten auf sich allein angewiesen". Die Diskussionen bezogen sich auch auf drei spannungsreiche biblische Gebote: Gehorsamkeit gegenüber der gewalthabenden Obrigkeit; Gott mehr gehorchen als den Menschen; dem Kaiser geben was des Kaisers ist, Gott geben was Gottes ist.

freiheitliche demokratische Grundordnung der Bundesrepublik Deutschland (vgl. Art. 20 Abs. 1–3, Art. 79 Abs. 3 GG) zu beseitigen – wenn andere Abhilfe nicht möglich ist.

Drei nun zu skizzierende Gesprächsbeispiele vom Frühwinter 1943/44 zeigen die Relevanz dieser rechtlich-moralischen Grundfragen und einige Tendenzen ihrer Beantwortung durch die tatentschlossenen Verschwörer. Bei den Unterredungen wurde auch die Grenze der Verpflichtung durch den Fahneneid im Licht der übergreifenden Frage „*Rechtfertigung des Tyrannenmordes*" erörtert. Berthold Stauffenberg war hinsichtlich des Tyrannenmords, des Fahneneides, der Ehre und des Gewissen gleicher Auffassung wie sein Bruder Claus, der die hier skizzierten Gespräche führte.

Erstes Beispiel: Ende November 1943 erklärte der Katholik Claus Stauffenberg gegenüber dem evangelischen Hauptmann Axel Freiherr von dem Bussche-Streithorst (1919–93), der sich zum Selbstmordanschlag auf den Diktator bereiterklärt hatte, Katholiken hätten es bezüglich der Rechtfertigung des Tyrannenmordes leichter, die protestantische Lehre sei insoweit restriktiver, doch auch Luther habe sich über das Recht zum Widerstand geäußert (der Reformator hatte in der Tat ein ständisches Widerstandsrecht der Fürsten zur Wahrung der Reichsverfassung bejaht). Bussche entgegnete, auch die lutherische Religion erlaube, verrückte Tyrannen zu erschießen[212]. Dabei berief er sich auf das individuelle Notwehr- beziehungsweise Nothilferecht für die evident verbrecherisch angegriffenen Nächsten, zumal die Juden. Bussche war am 5. Oktober 1942 in Dubno/Wolhynien zufällig Zeuge der Ermordung von mehreren tausend Juden durch ein Einsatzkommando des Chefs der Sicherheitspolizei und des SD geworden. Jenen (Nothilfe-)Ansatz vertrat auch der bedeutende evangelische Theologe Dietrich Bonhoeffer (1906–45). In jüngster Zeit wurde der Notwehr-/Nothilfe-Ansatz – als menschenrechtliche Minderheitenposition – wissenschaftlich wieder aufgegriffen, besonders vom Heidelberger Völker- und Staatsrechtler Karl Doehring[213].

---

[212] Es gebe alte Auslegungen, nach denen der Gefolgsmann sogar *verpflichtet* sei, sich aufzulehnen, wenn sein Herr den Eid gebrochen habe. Nach seiner, Bussches Meinung habe der „Führer" seinen Eid tausendmal gebrochen. Der Eid sei in seinem innersten Wesen verkannt, wenn er als ein Gängelband betrachtet werde, das den Vereidigten auf Gedeih und Verderb an die Machenschaften seines Herrn binde.

[213] *K. Doehring*, Die undifferenzierte Berufung auf Menschenrechte, in: Essays in honour of Th. Buergenthal, Hg. C. Trindale/A. Augusto, San José 1996, S. 356ff. (360f.): „Wird ein Mensch unmenschlich gefoltert, muss ihm ... ein Notwehrrecht gegen den Folterer zustehen. ... Der Grund dafür, dass das Völkerrecht ein solches Notwehrrecht durchaus anerkennt, liegt darin, dass es die *general principles of law* (Art. 38, 1c IGH-Statut) zum positiven Völkerrecht erklärt, und zu diesem zählt wohl unbestritten das in allen entwickelten Rechtsordnungen anerkannte Recht zur Notwehr gegenüber rechtswidrigem Angriff, wenn keine andere Abhilfe möglich ist. (Es muss dann) auch zulässig sein, dem in seinen Menschenrechten sich verteidigenden Men-

Stauffenberg erwähnte noch den Soldateneid. Bussche entgegnete, dieser beruhe auf gegenseitiger Treue, sei von Hitler gebrochen worden und daher ungültig. Hinzuzufügen ist: Luther hatte zunächst den passiven, nur geistlich aktiven Widerstand empfohlen. Unter dem Eindruck der Reichskrise und der Versuche, die Reformation gewaltsam zu unterdrücken, hatte der Reformator ein ständisches Widerstandsrecht empfohlen. Thomas von Aquin, auf den sich Claus Stauffenberg wiederholt berief, hatte demgegenüber differenziert: aktive Widerstandspflicht gegen den Usurpator der Macht, lediglich passiver Widerstand gegen die tyrannische, naturrechtswidrige Ausübung der Macht.

Das *zweite* Beispiel: Auf die vom befreundeten Generalstabsoffizier Peter Sauerbruch gestellte Frage nach der Bestands- und Bindekraft des Fahneneides antwortete Claus Stauffenberg unter Hinweis auf die Gegenseitigkeit von Treue und Gehorsam, Hitler habe seinerseits den Eid gebrochen, indem er Treubruch an der Wehrmacht und am deutschen Volk begangen habe.[214]

In der Unterredung mit Major Ludwig Freiherr von Leonrod (1906–44), die ebenfalls Mitte Dezember 1943 stattfand – *drittes* Beispiel –, erklärte Stauffenberg, der „unhaltbar" gewordene „Führer" müsse „beseitigt" werden. Auf Leonrods Einwand, er habe einen bindenden Eid geleistet, entgegnete Stauffenberg, ein Eid sei zwar grundsätzlich heilig, in der vorliegenden „Notlage" aber nicht mehr gültig. Als „gläubiger Katholik" sei er, Leonrod, aufgrund der katastrophalen politischen und militärischen Lage, die ihm Stauffenberg zuvor vor Augen geführt hatte, „schon gewissensmäßig verpflichtet, entgegen diesem Eid zu handeln".

Entsprach Claus Stauffenbergs Position der damaligen Rechtslage? Nach herrschender Lehre und Praxis gab es, wie erwähnt, weder ein positives Recht noch gar eine positivrechtliche Pflicht zum Widerstand gegen geltendes Recht, seine Institutionen und Funktionsträger, unabhängig vom Inhalt der Norm und

---

schen Hilfe zu leisten ... So gesehen kann die Verletzung von zwingenden, den Menschen schützenden Normen, zur helfenden, humanitären Intervention führen". Das stark missbrauchsgefährdete Institut der „humanitären Intervention" ist weiterhin hoch umstritten, vgl. etwa *M. Swatek-Evenstein*, Geschichte der „Humanitären Intervention", Baden-Baden 2008, S. 201 ff.

214 Eine andere Argumentation lautet: Ein erzwungener Eid oder ein verbrecherischer Befehl binden nicht; eine verbrecherische Führung, die ihr Volk verrät, kann nicht verraten werden. Vgl. auch *G. Radbruch*, Rechtsphilosophie, Hg. E. Wolf/ H.-P. Schneider, 8. Aufl. Stuttgart 1975, S. 328 (Erstveröffentlichung September 1945): „Wenn Gesetze den Willen zur Gerechtigkeit bewusst verleugnen, ... schuldet das Volk ihnen keinen Gehorsam." 1946 vertiefte Radbruch diesen Ansatz ebd. S. 339 ff., freilich mit der unzutreffenden These (ebd., S. 344 ff.), der Positivismus habe „den deutschen Juristenstand wehrlos gemacht gegen Gesetze willkürlichen und verbrecherischen Inhalts."

der Qualität der Obrigkeit[215]. Die Verschwörer verstießen demnach gegen gültige Gesetze[216]. Es spielte keine Rolle, ob dieses Recht – wie das Gros der Bestimmungen des deutschen Strafgesetzbuches – aus Vor-NS-Zeiten stammte, oder ob die Verbote und Gebote vom verbrecherischen Regime selbst auferlegt waren[217]. Insofern handelten die beiden Stauffenbergs und ihre Mitverschworenen, wie auch Arthur Kaufmann vertieft herausgearbeitet hat, zwar *in hohem Grad sittlich, aber rechtswidrig*[218]. Die ethisch-moralische Rechtfertigung der Tat veränderte nicht deren Wesen als Rechtsbruch: Attentat und Umsturzversuch erfolgten *contra legem*[219]. Zwischen positiver Rechtsordnung und moralisch eventuell gebotener Verletzung dieser Rechtsordnung ist zu trennen. Es entwertet das sittliche Gewicht der Tat, wenn man versucht, die Entscheidung auch für rechtmäßig zu erklären.

Wie steht es mit weiteren Versuchen der Rechtfertigung des Eidbruchs und des versuchten Tyrannenmordes? Welche zusätzlichen Argumentationspfade wurden damals – und mit welchem Ergebnis – beschritten? Die *erste*, allgemeinere Argumentation, die zum Versuch der Rechtfertigung der geplanten Gewaltanwendung gewählt wurde, leitete die Berechtigung zum Tyrannenmord aus einer dem verbrieften Recht *vorausliegenden* normativen Ordnung ab, einer Ordnung, die höher stehe als die positivrechtliche Gehorsamspflicht und Eidesbindung. Diese besondere Berechtigung könnte entweder Teil des seinerzeitigen Völkerrechts gewesen sein oder vom vorstaatlichen Naturrecht abgeleitet worden sein.

Das *Völkerrecht* war *staatenorientiert*. Es war ein primär koordinatives Zwischen-Staaten-Recht. Die Vorstellung von gegen den eigenen Staat ge-

---

215 Nach Kriegsende wurde auch die Frage erörtert (und überwiegend verneint), ob ein Befehl zu völkerrechtswidrigem Handeln seitens des Befehlsempfängers als Rechtfertigungs- oder Entschuldigungsgrund angeführt werden kann.

216 Recht beruhte seit Ende 1933 auch auf dem „durch die ‚Vorsehung' bestimmten Führertum" bzw. auf dem mit Rechtsetzungsabsicht geäußerten Führerwillen, *B. Rüthers*, Entartetes Recht, München 1988, S. 28. Große Bestände des älteren Rechts galten weiter. Berthold Stauffenberg wünschte (und sammelte dafür Unterlagen), die Deutschen sollten ihre Kriegsverbrecher selbst aburteilen.

217 Am 2.8.1934 ließ Hitler die Reichswehr auf seine Person vereidigen. Als Eidgeber fühlten sich viele Soldaten auch dann noch gebunden, als längst deutlich war, dass der Eidnehmer die ihm geschworene Treue missbraucht, das Gefolgschaftsband also zerrissen hatte.

218 *M. Stolleis*, Recht im Unrecht, Frankfurt a. M. 1994, S. 241.

219 Hilfreich weiterhin *K. Wolzendorff*, Staatsrecht und Naturrecht in der Lehre vom Widerstandsrecht des Volkes gegen rechtswidrige Ausübung der Staatsgewalt, Aalen 1961. Behandelt wird das Widerstandsrecht der Stände und der Monarchomachen, zudem das angebliche „Ende der Widerstandslehre" im Deutschen Kaiserreich: Ein solches Recht sei nun, da der liberale Rechtsstaat erreicht und befestigt sei, positivrechtlich nicht mehr begründbar.

2. Moral und Recht des Tyrannenmords

richteten, individuell einklagbaren Menschenrechten hatte sich, wie erwähnt, noch nicht durchgesetzt. Der Schutz der Menschenrechte war damals allein der staatlichen Ebene zugeordnet. Widerstand gegen den eigenen Staat, gegen seine Organe und Funktionsträger war insofern kein anerkanntes, operables Mittel individueller Rechtsdurchsetzung[220]. Abzuwarten bleibt, ob das Völkerrecht künftig demjenigen, der Nothilfe gegen die Verletzung von elementaren Menschenrechten Dritter geltend macht, einen normativ kraftvolleren Rückhalt gewährleisten wird als dies am 20. Juli 1944 der Fall war. Die derzeitige Staatenpraxis gibt insoweit keinen Anlass zu Optimismus.

„Höheres", Eidbruch und Attentat gegebenenfalls überpositiv rechtfertigendes Recht findet sich auch nicht im *Naturrecht*. Diese besonders voraussetzungsreiche Rechtsordnung[221] – sie ist zugleich eine Grundlage unserer wichtigsten moralischen Werte – kann *keine Allgemeinverbindlichkeit* beanspruchen. Zu heterogen sind die Rechtskulturen der Völker, zu unterschiedlich die Gewissensentscheidungen der Einzelnen. Für den einen (etwa für Axel Bussche, wie skizziert) ist Tyrannenmord gerechtfertigte Notwehr oder Nothilfe, für den anderen (etwa den VGH-Präsidenten Freisler, Hitlers Schergen) bleibt er Mord, das schwerste Kapitalverbrechen. Als besonders verwerflich gilt in einigen Kulturen ein Tyrannenmord durch die „Schildwache", während andere Kulturen einen den Tyrannen mordenden Leibwächter als Helden feiern. Mit dem Rekurs auf naturrechtliche Prinzipien (Freiheit, Gleichheit, Gerechtigkeit) lässt sich, überspitzt formuliert, „alles" und das Gegenteil „legitimieren"[222]. Insofern versagt nach dem Völkerrechts- auch das Naturrechtsargument bei der Frage nach einer allgemein konsentierten Rechtfertigung von Eidbruch und versuchtem Tyrannenmord.

---

[220] *T. A. Elpel*, Das Widerstandsrecht, Baden-Baden 2017, S. 235 ff. setzt mit der Allgemeinen Erklärung der Menschenrechte (1948) ein. Ähnlich *Chr. Tomuschat*, Das Recht des Widerstandes nach staatlichem und Völkerrecht, in: G. Casper u. a., Über die Pflicht zum Ungehorsam gegenüber dem Staat, Göttingen 2007, S. 60 ff., 80: Bezugnahme auf „Schutzverantwortung". Gemäß der umstrittenen *Responsibility to Protect* dürfe die internationale Gemeinschaft sich in einen Staat einmischen, der seine Bevölkerung nicht vor elementaren Menschenrechtsverletzungen zu schützen vermag.

[221] Von Aristoteles, Cicero und Thomas von Aquin bis zu den Aufklärern und der Fiktion des Gesellschaftsvertrages, dessen Bruch Widerstand legitimiere, entwickelte sich das Naturrecht zu einem Kernkonzept alteuropäischen Rechtsdenkens. Die frühe Neuzeit kannte dann allenfalls, unter strengen Voraussetzungen, ein kollektives Widerstandsrecht. Dieses war im Wesentlichen den Ständen, als „Mittel"- oder „Zwischengewalten", vorbehalten, in den Städten teilweise dem Patriziat (in antikisierender Sprechweise: den Ephoren), vgl. *Wolzendorff*, Staatsrecht und Naturrecht (o. Anm. 219), S. 24 ff.

[222] Beispiele bei *E. Wolf*, Das Problem der Naturrechtslehre, 3. Aufl. Heidelberg 1964, S. 193 ff. („Der Naturrechts*begriff* ist *mehr*deutig").

Der *zweite*, speziellere Versuch, die Gewaltanwendung der Männer und Frauen des Zwanzigsten Juli zu rechtfertigen, bezieht sich spezifisch auf die *damalige Rechtslage*. In der Nachkriegszeit versuchte besonders Fritz Bauer, den Hochverrats-Paragraphen des Strafgesetzbuches bezüglich des Kampfes gegen die Tyrannei argumentativ außer Kraft zu setzen. Nach dieser Konstruktion wäre der an sich hochverräterische Widerstand rechtens gewesen[223].

Friedrich Neumanns frühe, ähnlich kühne These aus dem Jahr 1942 zielte im Ergebnis in die gleiche Richtung[224]: Wegen der von Neumann angenommenen Illegalität des „Ermächtigungsgesetzes" von 1933, das in der Tat nur unter gravierenden Rechtsfehlern zustande gekommen war (es war nicht mit der verfassungsmäßig nötigen Mehrheit beschlossen worden, man hatte zudem die kommunistischen Abgeordneten gewaltsam an der Teilnahme gehindert), sei das „Dritte Reich" nicht legal in Gang gesetzt worden. Als ein solcher habe er kein gültiges Recht setzen und anwenden können. Insofern habe kein Akt des „Dritten Reichs", einschließlich der Verurteilung und Hinrichtung der Widerstandskämpfer, die Qualität eines Rechtsaktes besessen.

Beide Rechtfertigungsversuche überzeugen nicht. Friedrich Neumann verkannte die *Rechtsqualität des Nazi-Rechts*. Das Deutsche Reich war bis 1933 völkerrechtlich anerkannt: ein souveräner Staat. Nichts änderte sich daran durch die Machterlangung der Nationalsozialisten, nichts durch das Ermächtigungsgesetz (es erlaubte Durchbrechungen der Verfassung in fast unbeschränktem Ausmaß) und nichts durch die Abstimmungsfehler im Reichstag wie durch die Staatsverbrechen. Keineswegs war oder wurde das „Dritte Reich" dadurch ein nichtiger Staat. Bis Kriegsende schloss Berlin Verträge und erließ und vollzog Gesetze, Verordnungen, Verwaltungsakte. Auch die Gerichte „funktionierten" im „Dritten Reich", mochten sie die Menschen noch so ungleich und verbrecherisch behandeln. Vollzogen wurde auch der formfreie, an keine höherrangige Rechtsquelle gebundene „Führerwille", der freilich, um allgemeine Geltung beanspruchen zu können, jeweils hätte offiziell bekanntgemacht werden müssen.

---

[223] *F. Bauer*, Widerstandsrecht und Widerstandspflicht des Staatsbürgers, in: Kaufmann/Backmann (Hg.), Widerstandsrecht (o. Anm. 211), S. 482 ff.; *ders.*, Einleitung, Nachwort, in: Widerstand gegen die Staatsgewalt, Frankfurt a. M./Hamburg 1965, S. 7 ff., 300 f.; *ders.*, Eine Grenze hat Tyrannenmacht, in: Geist und Tat 7 (1951), S. 194 ff., 199: Das „Dritte Reich" sei ein Unrechtstaat gewesen. Ein solcher sei „nicht hochverratsfähig. (Er) berechtigt jedermann, dem bedrohten Juden ... Nothilfe zu gewähren. Insofern sind alle Widerstandshandlungen durch den § 53 StGB gedeckt"; *C. Fröhlich*, „Wider die Tabuisierung des Ungehorsams". Fritz Bauers Widerstandsbegriff und die Aufarbeitung der NS-Verbrechen, Frankfurt a. M. 2005.

[224] *F. Neumann*, Behemoth, neu hg. von A. Söllner/M. Wildt, Hamburg 2018, S. 541 ff.

2. Moral und Recht des Tyrannenmords

Nur ein Staatsstreich oder eine militärische Niederlage konnten eine Rückkehr zur Republik und zum freiheitlichen demokratischen Rechtsstaat ermöglichen. Demnach waren die Akte des „Dritten Reichs" trotz völkisch-rassistischer Willkür, trotz NS-Ideologie und trotz verbrecherischer Grausamkeit geltendes Recht. Das Strafgesetzbuch galt, einschließlich der Hoch- und Landesverratsparagraphen und der Tötungstatbestände, mochte das Gesetz auch im Sinne einer barbarischen Weltanschauung ausgelegt und entsprechend unmenschlich angewendet werden. Als gültiges, als anerkanntes Recht *war auch das Strafrecht*, entgegen der Auffassung von Fritz Bauer, *zu respektieren*. Trotz aller Verbrechen war das „Dritte Reich" auch im formalen Sinn ein Staat.

Auf das damals geltende internationale und nationale Recht lässt sich eine Rechtfertigung des Eidbruchs und des versuchten Tyrannenmordes und Staatsstreiches somit nicht stützen, ebenso wenig auf das – wie auch immer abgeleitete, definierte und aktivierte – überpositive Recht. Die Taten der Verschwörer waren Hochverrat. Handlungen Einzelner, wie etwa die von Oberst i. G. Hans Oster (im Jahr 1940 hatte er heimlich den niederländischen Militärattaché über den bevorstehenden Angriff deutscher Truppen auf die neutralen Niederlande informiert, ihn also vorgewarnt), waren darüber hinaus auch Landesverrat.

Ist es um der Würde und der Zielsetzung der Verschwörer willen aber nicht ohnehin konsequenter und ehrenvoller, ihnen zu bestätigen, dass sie um Recht und Gerechtigkeit willen bewusst das damalige Recht gebrochen haben, ihnen aber zugleich zu attestieren, dass sie in moralischer Hinsicht höchsten Respekt verdienen? Die Verschwörer selbst hielten sich mehrheitlich für „schuldig". Sie waren bereit zu Schuldübernahme und Selbstopfer. Die Männer und Frauen des Zwanzigsten Juli sahen sich selbst nicht „im Recht", nicht *„doppelt legitimiert"* durch Moral und *Recht*.

Wie schwer war es gerade für die Verschwörer, geschult in Rechts- und Gesetzespositivismus, geltendes, wenn auch von der Legislative, der Exekutive und der Judikative pervertiertes Recht aus Gründen der Moral und des Gewissens zu brechen! Die moralische Position der Verschwörer wird dadurch weiter gestärkt, dass sie, motiviert durch ihre Erfahrungen mit dem Terrorstaat, das Recht, das sie in seiner „vollständigen Majestät" wieder aufrichten wollten, um dieses auf rechtsstaatlichem Weg nicht erreichbaren Zieles willen sehenden Auges brachen – alle ordentlichen Rechtsmittel liefen im nationalsozialistischen Unrechtsstaat bekanntlich ins Leere[225].

---

[225] Die Verschwörer wussten, „dass diese notwendige Tat die Täter schuldig macht." Die Schuld auf sich zu nehmen, selbst schuldig zu werden „in der ‚Freiheit eigenster verantwortlicher Tat' (D. Bonhoeffer)" – „das ist ihre Situation", *G. Brakelmann*, Moltke (o. Anm. 209), S. 259.

Die Suche nach einer juristischen Rechtfertigung oder Entschuldigung der Tat verschattet geradezu den *sittlichen Kern des Zwanzigsten Juli*: dieser äußersten Entscheidung in einer existentiellen Grenzsituation, einer Entscheidung, deren erinnerungswürdige Akteure und Opfer ebenso gegenwärtig bleiben wie ihr Geist und Charakter.

Angemerkt sei, dass die Verschwörer im Jahr 1952/53 im Braunschweiger Remer-Prozess[226], dessen Entscheidung sich mit der späteren einschlägigen Rechtsprechung des Bundesverfassungsgerichts berührte, „rehabilitiert" wurden. Die Widerstandskämpfer hätten „aus heißer Vaterlandsliebe und selbstlosem ... Verantwortungsbewusstsein gegenüber ihrem Volk" gehandelt, gerichtet gegen eine „Ordnung, in der die Staatsorgane aus Nichtachtung von Gesetz und Recht die Verfassung, das Volk und den Staat im Ganzen verderben"[227]. In einem evidenten Unrechtsregime könne Widerstand „zur Wiederherstellung der Rechtsordnung" als äußerstes, letztes Mittel zulässig sein.

3. Gelebte Brüderschaft

Claus Stauffenbergs enge Verbindung zu seinem Bruder Berthold – die beiden ergänzten sich zeitlebens vollkommen – spielte hinsichtlich ihrer Wirkungsmöglichkeit im Widerstand eine Schlüsselrolle. Die Berliner Wohnung des Älteren wurde, wie gesagt, für den Jüngeren Zufluchtsort und Treffpunkt. Als Rückzugs- und Beratungsbasis der Verschwörer wurde die Tristanstraße ein fast so wichtiges Zentrum wie des Generalstabsoffiziers letzte Dienststelle im Bendlerblock, dem Oberkommando des Heeres. Peter Hoffmann sprach bezüglich dieser gelebten Brüderschaft eindrücklich, freilich ohne Beleg, von dem „in mancher Hinsicht führenden Bruder Berthold"[228]. Bezüglich der Vorbereitung und des Ins-Werk-Setzens der „Tat" lässt sich von *brüderlicher Arbeitsteilung* sprechen: Die beiden Stauffenbergs waren eng verbundene Kombattanten, nahezu auf Augenhöhe.

---

[226] In der Strafsache gegen O. E. Remer wegen übler Nachrede war auch die Legitimität des Umsturzversuchs zu klären. Dazu *H. Kraus* (Hg.), Die im Braunschweiger Remer-Prozess erstellten moraltheologischen und historischen Gutachten nebst Urteil, Hamburg 1953. Die eingesetzten Mittel der Verschwörer hätten, argumentierte die Verteidigung, verhältnismäßig sein müssen. Zudem hätten die Verschwörer über eine Konzeption legitimer politischer Neuordnung verfügen müssen.

[227] Vgl. BVerfGE 5, 36 ff. Die Länder Hessen und Bremen hatten 1946–47 dem Bürger sogar eine Pflicht zum Widerstand auferlegt, *C. Heyland*, Das Widerstandsrecht des Volkes gegen verfassungswidrige Ausübung der Staatsgewalt im neuen deutschen Verfassungsrecht, Tübingen 1950.

[228] *P. Hoffmann*, Claus Schenk Graf von Stauffenberg (o. Anm. 2), S. 371; *E. Zeller*, Geist der Freiheit (o. Anm. 2), S. 225 ff.

3. Gelebte Brüderschaft

Ähnlich charakterisierte sie Rudolf Fahrner[229]:

„Der Plan einer Erhebung gegen Hitler hat sicher zwischen den Brüdern Berthold und Claus schon lange latent gespielt und ist dann, nachdem die äußere Möglichkeit durch die neuen Stellungen von Claus Stauffenberg auftrat, von beiden gemeinsam ins Werk gesetzt worden. Ich halte es für unmöglich, einen der beiden Brüder als Inaugurator oder Beeinflusser des anderen anzusprechen. Claus hätte bei der Art dieses brüderlichen Bündnisses, das von früher Jugend auf ein einzigartiges war, nicht ohne Berthold gehandelt, und Berthold wäre ohne des Claus' Begabung und Feuer zum Handeln nicht in die Sphäre des Handelns eingetreten."

Das Gegenwärtig-Sein des vertrauten Älteren, sein Placet, seine Menschenkenntnis sowie sein Fachwissen, gepaart mit Ernsthaftigkeit, Handlungswillen und tiefer Verschwiegenheit, bestärkten den im Frühjahr 1943 im Fronteinsatz schwer verwundeten, nun vorbehaltlos tatentschlossenen Jüngeren[230]. Ohne Berthold Stauffenbergs Hilfe beim Zusammenführen von Idee und „Tat" und ohne die Quelle Stefan George, aus der sie beide, auch ein Jahrzehnt nach dessen Tod, Kraft, Zuversicht und (von ihnen unterstellte) Zustimmung zu ihrem Vorhaben schöpften, hätte Claus Stauffenberg den großen Wurf schwerlich gewagt, geschweige denn ihn so detailliert und konsequent planen, vorbereiten und nahezu fehlerfrei ausführen können.

Der Jüngere bewunderte weiterhin den überlegenen Geist des Älteren, während dieser dem Kriegsversehrten in jeder Hinsicht Präsenz, brüderliche Unterstützung und feste Gewissheit bot. Die beiden waren einander menschlich und geistig unentbehrlich. „Ich betrachte als Gnade", erklärte Claus als Heranwachsender einmal, „(nicht nur) dem größten Mann meiner Zeit (gemeint: Stefan George) verbunden zu sein, (sondern auch) den besten Freund in meinem Bruder (Berthold) gefunden zu haben". In brüderlicher Liebe hatte der 16-Jährige „Für Berthold" Gedichte verfasst, der seinerseits auf ihn, Claus, dichtete – ein Versuch wechselseitigen Erkennens, Schirmens und Vergewisserns im Medium der Poesie. Anknüpfend an das prägende Erlebnis der gemeinsamen ersten Begegnung mit George hatte der Ältere auf den Jüngeren hoffnungsvoll-fragende, latent sorgenvolle, hier auszugsweise zitierte Verse (bewahrt im StGA) verfasst:

Erkenn ich dich? Geh ich mit dir die bahn
Die uns der stern zu neuem fug verhängt
Als wir gemeinsam seine blicke sahn
Ward dieser sternenlauf dem paar geschenkt?

---

[229] Brief R. Fahrner an W. Baum vom 5.7.1962.

[230] *P. Hoffmann*, Claus Schenk Graf von Stauffenberg (o. Anm. 2), S. 383 ff., 440 ff. Sein Gewissen „forderte jeden denkbaren Einsatz zur Rettung von … wahrscheinlich Hunderttausenden von Menschenleben, und zur inneren Reinigung und Rettung der Ehre". Die beiden Brüder gehörten „zu den wenigen klarblickenden und konsequenten Verschwörern gegen Hitler. Waren sie zum Umsturz bereit, so waren sie es ebenso zu seiner Voraussetzung": der Ermordung des Diktators.

Zu Beginn des „Dritten Reichs" hatten die beiden vaterländisch gesonnenen Brüder ihre Aufbruchshoffnung auf den „neuen Staat", die „nationale Erneuerung"[231] und deren Ziele gesetzt. Offenbar hatte ihnen anfangs besonders die Formel „Gemeinnutz vor Eigennutz" eingeleuchtet, glaubt man den trotz scheinbarer Exaktheit keineswegs zweifelsfreien, meist ohnehin nur resümierenden, also nicht im technischen Sinn protokollierenden Vernehmungszeugnissen der Gestapo nach dem 20. Juli 1944. Auch der NS-Agrarpolitik[232] waren sie zunächst – als sozialpolitische Idee und rechtspolitisches Ziel – mit Sympathie begegnet. Die Männer und Frauen des Zwanzigsten Juli, resümierte ein Kaltenbrunner-Bericht (gewiss auch Berthold Stauffenbergs Auffassung treffend), hätten auch „die Rassengrundsätze des Nationalsozialismus an sich bejaht, hätten sie aber für überspitzt und übersteigert gehalten".

Bezüglich der „Rassen"-Frage zitierte der Gestapo-Bericht schwere Vorwürfe der Verschwörer: „Der Rassegedanke ist in diesem Krieg aufs schwerste verraten worden, indem gerade das rassisch beste deutsche Blut unwiederbringlich hingeopfert wird, während gleichzeitig Deutschland durch Millionen fremder Arbeiter bevölkert ist, die sicher nicht als rassisch hochwertig zu bezeichnen sind"[233]. Schneidend ergänzte Berthold im Verhör: „Die Grundideen des Nationalsozialismus sind aber in der Durchführung durch das Regime fast alle in ihr Gegenteil verkehrt worden"[234].

Uninformiert, gar leichtfertig schlossen sich Claus und Berthold Stauffenberg gegen Herbst 1942 keineswegs dem zentralen, tatorientierten Beck-Goerdeler-Tresckow-Flügel der deutschen Widerstandsbewegung an. Die anfangs „nur" diskriminierende „Judenpolitik", also die Ausgrenzung der jüdischen Deutschen aus der Mehrheitsgesellschaft, war von den beiden Brüdern eine Zeitlang offenbar hingenommen worden (die amtlichen Entlassungsvorgaben bezüglich jüdischer Deutscher ließen sich im Institut wie im Heer teilweise mit Erfolg umgehen). Ebenso hatten Berthold und Claus Stauffenberg laut Vernehmungsresümee dem „Gedanken der Führung" zunächst zustimmend gegenübergestanden.

---

231 *P. Hoffmann*, Claus Schenk Graf von Stauffenberg (o. Anm. 2), S. 133 ff. Auf die mörderischen Pogrome von 1938 („Reichskristallnacht") soll Claus Stauffenberg empört reagiert haben.

232 Antisemitisches Denken und Rassendünkel (nicht: Hass-Rassismus) waren vereinzelt offenbar auch im Beck-Goerdeler-Kreis anzutreffen, nicht dagegen bei den Kreisauern. Beide Kreise lehnten die NS-Methoden der Vertreibung und Vernichtung der Juden strikt ab.

233 Kaltenbrunner-Berichte (o. Anm. 11), S. 450. Die Gestapo resümierte ebd.: „Wenn daher in einigen Äußerungen auch theoretisch der Rassegedanke des Nationalsozialismus bejaht wird, so würde doch die Verschwörerclique im Ergebnis eine Judenpolitik durchgeführt haben, die die Juden zumindest wirtschaftlich in ihre frühere Rechtsstellung in Deutschland wiedereingesetzt und ihnen eine freie Betätigung gestattet hätte."

234 Ebd., S. 448.

3. Gelebte Brüderschaft

Womöglich saßen auch manche Vorurteile tief, zumal die gegen „die Juden"[235]. Sie waren weit verbreitet, auch im südwestdeutschen Adel, auch in Kirchen-, Offiziers-, Wirtschafts- und Wissenschaftskreisen. Zweifellos lehnten Berthold und Claus Stauffenberg die exterminatorische „Judenbehandlung" ab. Die beiden Brüder besaßen jüdische Freunde, ja in Alexander Stauffenbergs allseits bewunderter Ehefrau Melitta eine Schwägerin jüdischer Abstammung. Im Krieg wurde dann, neben Hitlers Verrat am deutschen Volk und den von ihm befohlenen Kriegsverbrechen, die Beendigung des unfassbaren Verbrechens an den Juden ein zentrales Widerstandsmotiv.

Wendungen und Neuorientierungen, wie sie bei den beiden Brüdern Stauffenberg zwischen 1933/34 einerseits und 1942/43 andererseits erfolgten, waren nicht ungewöhnlich. Noch im Jahr 1941 wollte etwa Carl Friedrich Goerdeler, der präsumtive Kanzler der Verschwörer, die Deutschen jüdischer Herkunft ausbürgern lassen und zugleich, als Ausweg aus Verfolgung und Vertreibung, einen eigenen Judenstaat schaffen, freilich in ferner, lebensfeindlicher Umgebung: auf Madagaskar. 1944 empfand derselbe Goerdeler dann gegenüber dem Mord an den Juden nur noch Entsetzen und Empörung: „Über die Ungeheuerlichkeit der planmäßig und bestialisch vollzogenen Ausrottung der Juden ist kein Wort zu verlieren"[236].

Im Unterschied zu Berthold, seinem unentbehrlichen Ratgeber und Helfer, hatte sich der Generalstabsoffizier Claus Stauffenberg zunächst nicht an konspirativen Kontakten und vertraulichen Besprechungen beteiligt[237]. Erst in der zweiten Kriegshälfte schloss er sich vorbehaltlos der vor allem in Offizierskreisen schon längere Zeit bestehenden, nun von Beck, dem präsumtiven Staatschef der Verschwörer, und von Goerdeler, Oster, Witzleben und Tresckow geführten zivil-militärischen Widerstandsgruppe an. Den Irrweg, auf den Hitler so viele von der Weimarer Republik Enttäuschte hatte führen können, hatten die Brüder Stauffenberg offensichtlich schon früher als solchen erkannt, freilich ohne zunächst für sich einen konkreten Widerstands- und Handlungsansatz zu sehen. Bei seiner Annäherung an den skizzierten Widerstands-Kreis ging es Berthold Stauffenberg wohl vor allem um Hitlers und seiner Helfershelfer brutale Brüche des Rechts sowie um den extremen Blutzoll des deutschen Volkes im Bombenkrieg und an allen zurückweichenden Fronten.

---

[235] Alexander Stauffenberg (ebd., S. 450) drückte sich im Verhör ambivalent aus (er konnte ja hoffen, anders als seine Brüder mit dem Leben davonzukommen): „er sei der Meinung, dass die Judenfrage in weniger kraßer Form hätte durchgeführt werden sollen, weil dadurch weniger Unruhe in die Bevölkerung hineingetragen worden wäre."

[236] *P. Hoffmann*, Carl Goerdeler gegen die Verfolgung der Juden, Köln 2013, S. 173, 193 ff.

[237] *P. Hoffmann*, Claus Schenk Graf von Stauffenberg (o. Anm. 2), S. 450; *ders.*, Widerstand (o. Anm. 2), S. 376.

Claus Stauffenberg kritisierte primär Hitlers immer erfolglosere, äußerst verlustreiche Kriegsführung insgesamt als „Verrat an den Soldaten". Hinzu kam die von dem Generalstabsoffizier als extrem dysfunktional kritisierte Wehrmacht-Spitzengliederung. Insoweit sie die vom NS-Regime angestrebte Vorherrschaft Deutschlands über das europäische Festland bekämpfte, war die „nationale Widerstandsbewegung zugleich eine europäische" (Günter Brakelmann).

Immer entsetzlichere Informationen über die normlosen Morde an Juden und anderen Minderheiten in Osteuropa und in allen besetzten Gebieten erreichten die Stauffenbergs seit Kriegsbeginn. Offenbar erfassten die beiden Tatwilligen zunehmend auch die Dimension des Holocaustverbrechens. Sie erkannten die Dringlichkeit eines letzten Versuchs zur Befreiung Deutschlands von Hitler und seiner Mörderclique. Die Tötung des Tyrannen würde, so hofften sie, Millionen Menschen das Leben retten. Niemand konnte den beiden Stauffenbergs freilich die seelische Last der geplanten Extremtat abnehmen, verstieß diese doch gegen das fünfte Gebot des Dekalogs: „Du sollst nicht töten"[238]. Zudem wurden Attentat und Staatsstreich von den Heer- und SS-Führern, mit Ausnahme von Witzleben, abgelehnt, so dass die Gefahr bestand, dass die „Tat" einen Bürgerkrieg lostreten würde.

Bewusst brach der Jurist Berthold Stauffenberg, mitten im Weltkriegsgeschehen, das Recht, um staatliches Unrecht zu beenden, das Vaterland und die Deutschen zu befreien und das Deutsche Reich zurück in die Weltgemeinschaft zu führen. Dazu ging er dem seit Herbst 1942 stürmisch vorwärtsdrängenden jüngeren Bruder auch juristisch-technisch zur Hand, besonders beim Redigieren – im Oktober 1943 wie Anfang Juli 1944 mit Hilfe von Rudolf Fahrner[239] – der für den Umsturz vorbereiteten Aufrufe, Befehle, Standrechtsverordnungen und Weisungen. Versammlungen sollten nach gelungenem Staatsstreich fürs erste verboten werden. Die Tätigkeit von Amtsträgern der NSDAP sollte untersagt, die Beschlagnahme von Akten angeordnet und Widerstand gegen Maßnahmen der neuen Befehlshaber unter Strafe gestellt werden. Mit fachlicher und sprachlicher Präzision wirkte Berthold Stauffen-

---

[238] Im Kern verbietet das Tötungsverbot das Morden, nicht auch das Töten im Krieg oder aus Notwehr und auch nicht den Suizid. Christen müssen wegen des fünften Gebots also nicht dem Kriegsdienst fernbleiben (im Unterschied zu Mennoniten und Zeugen Jehovas). Für sich selbst sollen Gläubige zwar hochmoralische Maßstäbe anlegen, forderte Martin Luther, aber wenn Mitmenschen angegriffen werden, dürften auch Gläubige nicht tatenlos zusehen.

[239] Claus Stauffenberg hatte Fahrner 1944 erneut nach Berlin gerufen, wo er vom 28. Juni bis 5. Juli an den Aufrufen mitarbeitete. *Fahrner* konstatierte eine „Zurückhaltung" der beiden Stauffenbergs im Gespräch, „die sie mir als besonders prädestiniert zum Handeln erscheinen ließ" (Brief Fahrner an W. Baum vom 25. Juli 1962, bewahrt im StGA).

berg besonders an den Dokumenten mit, die, Anfang Juli 1944 auch von seinem Bruder Claus überarbeitet, die Deutschen zu Freiheit und Rechtlichkeit aufrufen sollten. Bereits vorhandene Befehle arbeitete der Jurist um, gestützt auf seine Erfahrungen in militärischen Stäben und Ausschüssen. Die Befehle sollten Sofortmaßnahmen der Adressierten auslösen.

Aus Sicherheitsgründen wurden die Papiere in nur zwei Exemplaren aufbewahrt – in den Panzerschränken der beiden Brüder. Um einen Bürgerkrieg zu vermeiden, wurde für die erste Zeit nach dem Umsturz die Errichtung eines autoritären Regimes nicht ausgeschlossen. Vor diesem dramatischen Hintergrund überprüften und billigten die Brüder, zeitweise zusammen mit Rudolf Fahrner, dem die nun aufgerufenen poetischen und menschlichen Bilder aus dem George-Umfeld vertraut waren, in den ersten Juli-Tagen des Jahres 1944 die vor allem von Alexander Stauffenberg angefertigte Übersetzung des VII. Gesangs der „Odyssee".

4. Der „Schwur" als Bekenntnis und Vision

Im Zentrum der letzten Vorbereitungen auf das unmittelbar bevorstehende Attentat arbeiteten Claus und Berthold Stauffenberg an einem geheimen „Schwur" (oder „Eid") – überliefert als ein maschinenschriftlicher Durchschlag, dem Stefan-George-Archiv um 1975 übergeben und von ihm bewahrt. Das Dokument enthält ein Bekenntnis dessen, wovon die beiden Brüder, bezogen auf Volk, Gemeinschaft, Kultur und Natur sowie Individuum und Christentum, überzeugt waren und wofür sie unter Einsatz ihres Lebens eintraten. Zugleich bewahrte der geheime „Schwur" eine Vision dessen, was die beiden Stauffenbergs für ihr Vaterland und die Deutschen in Europa erstrebten. Unausgesprochen bezogen sie sich dabei auch hier auf *Elemente der George-Welt*, auf den Geist dieses Dichters und dieser Dichtung, auf Georges Wortwahl und seine Formkunst. Bis in die letzten Tage vor Attentat und Umsturzversuch waren die Brüder dieser Weltsicht eng verbunden und außerdem dem „heiligen", dem „geheimen", dem europäischen Deutschland. Sie waren überzeugt, im Interesse ihres Vaterlands und ihres Volkes zu handeln. So musste Claus Stauffenberg für das Zwanzigste-Juli-Attentat im fernen Ostpreußen Sprengstoff verwenden, weil er in Berlin für die Führung des auch geistig gut vorbereiteten Staatsstreichs unabkömmlich war, das Attentat also überleben und schnellstmöglich in die Metropole zurückkehren musste.

Der „Schwur", ein kompromisslos radikales, konzentriertes Bekenntnis, war in der entrückt hohen Sprache eines Eides oder eines Vermächtnisses gehalten. Angedeutet wurde der Wunsch nach einer *geistig-kulturellen Füh-*

rungsrolle Deutschlands in Kontinentaleuropa[240]. Manche Formulierung erinnerte an Georges Gedicht „Burg Falkenstein", veröffentlicht im Jahr 1928 (Das neue Reich, SW IX), an des Dichters Vision von Deutschland und Europa. Von der nördlichen Grenze des „sundes", der Meerenge zwischen Seeland und Schonen, über das „felsengebirg" der Alpen ging des Dichters Blick zu den „zedern" des Libanon und zum Golf von Neapel. Einbezogen waren mit der „gestalten zug" die Italien- und Kreuzfahrer vergangener Jahrhunderte, sowie mit „unser kaiser gepräng", die Kaiser des Mittelalters mit ihrer übernationalen Perspektive, zumal der Stauffer Friedrich II. Die Schlussverse dieses dem deutsch-jüdischen Richter und Freund Ernst Morwitz gewidmeten Gedichtes lauten:

Ab von dem schillerndem sund
    über der täler gewell
Dunstiger städte betrieb
    zuckt er durchs alternde herz.
Über das felsengebirg
    bis zu der zedern gewölb
Bis an den strahlenden golf
    ohne vielstimmig gewirr
Hallend von reinem metall
    dringt der gewaltige hauch ..
Mit der gestalten zug
    flutet zum Norden zurück
Mär von blut und von lust
    mär von glut und von glanz:
Unserer kaiser gepräng
    unserer kämpfer gedröhn.

Im „Schwur" klang auch der Glaube an vermeintlich „naturgegebene", demnach nicht zu erkämpfende (oder zu verlierende) „Ränge" *der Einzelnen in der Gesellschaft* an. Die Rangunterschiede werden als organisch, als wesensmäßig und als positiv empfunden. Insofern seien sie zu respektieren. Ebenso vertrauten die Schwörenden auf die geliebten heimatlich-ländlichen Gefilde – im Unterschied zu den „dunstigen" und hektischen Großstädten. Diese Überzeugung schloss ein Bekenntnis ein zu den familiären, von den Nationalsozialisten „nur schwer zu kontrollierenden Loyalitäten" (Frank

---

[240] Ähnlich kulturell-hegemoniale Vorstellungen vertrat Yorck im Gestapo-Verhör: „Ich bin der Überzeugung, dass eine europäische Einigung unter deutscher Führung im Zuge der Zeit liegt, aber sich nur verwirklichen läßt auf dem gemeinsamen Boden der abendländischen Vergangenheit, die im Wesentlichen geprägt ist durch Hellenismus, Christentum und die Schöpfungen deutschen Geistes", Kaltenbrunner-Berichte (o. Anm. 11), S. 110. Vgl. auch Georges an Hölderlin erinnernde Gedicht „Dem Andenken des Grafen Bernhard Uxkull": „... dass einst / Des Erdteils herz die welt erretten soll ...". Zu traditionellen deutschen Vorrangvorstellungen auch *P. Hoffmann*, Claus Schenk Graf von Stauffenberg (o. Anm. 2), S. 71 ff., 128 („Weltsendung"), 497 ff.

4. Der „Schwur" als Bekenntnis und Vision

Schirrmacher). Außerdem bekräftigte der Schwur die gebotene Ehrfurcht vor den „natürlichen" und den „göttlichen Mächten".

Moltke und Yorck operierten in den sorgfältig redigierten Kreisauer Texten mit ähnlich paternalistischen, naturnahen und eher demokratiefernen Termini, etwa mit dem vagen Begriff wiederherzustellender „natürlicher Ordnungen". Man ist an Platon erinnert. Für ihn bedeutete Gerechtigkeit den Willen und die Fähigkeit, sich jedem Phänomen gegenüber so zu verhalten, wie es dessen Wesen fordert. Die tastende Suche der Stauffenberg-Brüder nach einer auf Persönlichkeit und Haltung, auf Ehre und Verantwortung aufbauenden „Neuen (staatlich-gesellschaftlichen) Ordnung" (den Begriff „neue Ordnung" verwendete im Jahr 1949 dann die Präambel des Grundgesetzes) war bei allen rückwärtsgewandten Aspekten, etwa der Verachtung der angeblichen „Gleichheitslüge", weder dem deutschen Geniekult noch der Verehrung einer charismatischen Persönlichkeit verpflichtet. Wesen, Voraussetzung und Konsequenz der angestrebten „überpolitischen" Einheitsbildung wurden im „Schwur" nicht vertieft, ebenso wenig das Herstellen und Stärken legitimer staatlicher Homogenität, einschließlich der Idee „konfliktfreien", amtscharismatischen Regierens.

Wer gehörte für die Schwörenden zur „Volksgemeinschaft", wer würde ausgegrenzt werden? Ein Vergewaltigen nichtidentischer Bevölkerungsteile (Juden, Sinti und Roma) durch Assimilierungs- und Exilierungszwang wurde verworfen, es findet sich auch nicht im „Schwur". Wer aber traute der parlamentarischen Demokratie nach der enttäuschenden Weimarer Ära noch die Legitimation durch Leistung zu? Wer sehnte sich nicht nach einem „starken" (Rechts-)Staat?

Die beiden Stauffenberg-Brüder dachten, anders als die von den „kleinen Gemeinschaften" her aufbauenden Kreisauer, primär von der staatlichen Gubernative her – was Spannungen mit dem parlamentarisch-demokratischen Prinzip (nicht mit dem der Republik) induzierte. Die Vorstellung, dass Interessengegensätze und Parteienunterschiede das Natürlichste der Welt sind, das Wissen also darum, dass das Gemeinwohl und die staatlich-gesellschaftliche Integration nicht als etwas Vorgegebenes, Abgepacktes vom Himmel fallen, sondern dass sie sich in der Gesellschaft, im Dialog, im Streit erst herausbilden müssen, kurz: die Erfahrungen mit der modernen Massendemokratie waren im Deutschland der 1940er Jahre, zumal unter Militärs, kaum verbreitet, geschweige denn mehrheitsfähig. Das etatistische, antipluralistische, tendenziell autoritäre Denken war eine weit verbreitete Eigentümlichkeit der damaligen Entwicklung auf dem europäischen Festland.

Kein Wunder, dass Spuren dieses Denkens auch im „Schwur" anzutreffen sind. Er plädiert nicht für ein ausgesprochen modernes demokratisches und soziales Gemeinwesen. Ebenso wenig bezieht er sich ausdrücklich auf die Erkenntnisse der Aufklärung und die Errungenschaften der Französischen Revolution (bevor diese ihrerseits in Terror umschlug). Auch die Selbst- und Mitbestimmung der Bürger war kein ausdrückliches Thema des Schwurs. Schon wegen der Fallgeschwindigkeit der Ereignisse und der Dringlichkeit des Attentats und Staatsstreiches suchten Claus und Berthold Stauffenberg, anders als die Kreisauer, auch nicht nach alternativen demokratie-politischen Konzepten[241]. Wären sie für diese verfassungspolitische Suche kompetent gewesen?

Treffend hatte Berthold Stauffenberg sich schon früh – damals aus der Sicht des von den Siegermächten diskriminierten Deutschen Reichs – gegen „die Anwendung verschiedener Ansätze je nach betroffenem Staat" gewandt. Für die zukunftsweisende Institution „Ständiger Internationaler Gerichtshof" hatte er sich erwärmen können. Der „Schwur" bekannte sich nun weder zu „völkischen" noch zu imperialen Zielen oder zu autoritären, gar militärdiktatorischen Konzepten. Noch bemerkenswerter ist der von demokratischem Geist getragene Wunsch nach „Führende(n), die", wie es im „Schwur" heißt, „aus allen Schichten des Volkes (wachsen)". Dies öffnete Wege zur Sicherung der republikanischen Staatsform und zu mehr Chancengleichheit, mehr Partizipation und mehr fairer Leistungsorientierung.

Hier die Kernaussagen des „Schwurs":

„Wir wollen eine Neue Ordnung, die alle Deutschen zu Trägern des Staates macht und ihnen Recht und Gerechtigkeit verbürgt, verachten aber die Gleichheitslüge und beugen uns vor den naturgegebenen Rängen. Wir wollen ein Volk, das in der Erde der Heimat verwurzelt den natürlichen Mächten nahebleibt, das im Wirken in den gegebenen Lebenskreisen sein Glück und sein Genüge findet und in freiem Stolze die niederen Triebe des Neides und der Missgunst überwindet. Wir wollen Führende, die aus allen Schichten des Volkes wachsend, verbunden den göttlichen Mächten, durch großen Sinn, Zucht und Opfer den anderen vorangehen"[242].

5. Der Zwanzigste Juli

Am 20. Juli 1944 hielten sich Yorck, Schulenburg und Berthold Stauffenberg (dieser in der blauen Uniform des Marineoffiziers)[243] gemeinsam bereit.

---

[241] Vgl. aber *E. Zeller*, Geist (o. Anm. 2), S.

[242] Auffällig ist die Parallelität zwischen Kreisauer Vorstellungen („natürliche Ordnung") und Aussagen im Schwur („naturgegebene Ränge", „natürliche Mächte"). Kritik an Moltkes Konzept der „natürlichen Ordnung" bei *F. Graf von Schwerin*, Helmut James Graf von Moltke, Paderborn u. a. 1999, S. 153 („zu idealistisch und weltfremd"). Der „Schwur" wollte „alle Deutschen zu Trägern des Staates (machen)"; er wünschte „Führende ... aus allen Schichten des Volkes" – das ist republikanischer und wäre potentiell demokratischer als das Konzept der „kleinen Gemeinschaften", zielte dieses doch nach Moltkes Vorstellung auf das Herausbilden „einer aus allen sozialen Schichten zusammengesetzten offenen geistigen Aristokratie frei von Parteibindungen", ebd., S. 139.

[243] Anders als Moltke, der nie Uniform trug, legte Berthold Stauffenberg seinen „blauen Rock" im Dienst gelegentlich an.

Deutschlands Zukunft, ihr eigenes Leben und das ihrer Familien und Verbündeten hatten sie Claus Stauffenberg und der Entscheidung des Schicksals anvertraut. Nun warteten sie im Bendlerblock angespannt auf Claus' Rückkehr nach erfolgtem Attentat im fernen Ostpreußen. Claus Stauffenberg hatte trotz vieler Rückschläge einschließlich seiner schweren Kriegsverletzung nie aufgegeben. Mangels personeller oder technischer Alternativen hatte er schließlich auch *die Durchführung des Attentats selbst* übernommen – im Führerhauptquartier „Wolfsschanze", 500 km Luftlinie vom Bendlerblock entfernt. Dabei war Claus Stauffenberg unentbehrlich für die Ausführung des Staatsstreichs in Berlin, Paris, Prag und Wien. Seit Ende Juni 1944 Chef des Stabes bei Generaloberst Fromm, dem Befehlshaber über das Ersatzheer, erhielt er Zugang zu Hitlers Lagebesprechungen. Vor allem besaß er, nach dem gefassten Attentats- und Umsturzentschluss, die erforderliche *Willens- und Nervenkraft*, um diesen einmal gefassten Entschluss bis zur letzten, existentiellen Konsequenz auszuführen[244].

Gegen Mittag des Schicksalstages eilten die versammelten Mitverschworenen ins Vorzimmer von General Friedrich Olbricht, wo dann auch Generaloberst Beck zu ihnen stieß. Am späten Abend, nach dem Scheitern des Staatsstreichversuchs in Berlin (in Wien und vor allem in Paris war er demgegenüber zunächst geglückt), wurden die Verschwörer im Bendlerblock verhaftet. Fromm verkündete wegen angeblichen Hoch- und Landesverrats ein „standgerichtliches Urteil" (obwohl kein Standgericht zusammengetreten war) über General Olbricht, die Obersten Claus Stauffenberg und Mertz von Quirnheim sowie Oberleutnant Werner von Haeften, Stauffenbergs Adjutanten. Ein Sonderkommando exekutierte die vier Widerständler gegen Mitternacht im Innenhof des Bendlerblocks. Der Suizidversuch von Generaloberst Beck misslang zweimal. Auf Befehl von Fromm wurde der schwer Verletzte daraufhin von einem Unteroffizier erschossen. Weitere Exekutionen verhinderte SS-Führer Himmler. Er wollte erst wissen, wer hinter dem Attentat und dem versuchten Umsturz steckte. Großadmiral Dönitz befahl um 21:40 Uhr die Verhaftung des Marineangehörigen Berthold Stauffenberg – sie war längst erfolgt.

Mit Berthold als Erstem hatte Claus Stauffenberg im Sommer 1943 in Lautlingen, wie erwähnt, den von Olbricht und Tresckow vorbereiteten „*Walküre*"-*Plan* der gewaltsamen Erhebung und die sich daraus ergebenden Möglichkeiten und Aufgaben besprochen. Der stille Jurist bestärkte den feurigen Generalstabsoffizier in seinem Tatendrang. Dass der kaum Genesene dann das technisch schwierige Attentat und die nicht weniger komplexen Vorbereitungen für Attentat und Umsturz weitestgehend planmäßig bewältigte, lag auch

---

[244] Dem Mitverschwörer Peter Sauerbruch sagte er 1943: „Ich könnte den Frauen und Kindern der Gefallenen nicht in die Augen sehen, wenn ich nicht alles täte, dieses sinnlose Menschenopfer zu verhindern", *P. Hoffmann*, Widerstand (o. Anm. 2), S. 378.

an der intensiven Unterstützung durch seinen ältesten Bruder. Alexander, der dritte Bruder, war in das Widerstandsgeschehen nicht eingeweiht. Berthold und Claus Stauffenberg hielten den Freimütigen offenbar für nicht verschwörungsgeeignet.

Im Institut hatten Berthold Stauffenberg und Moltke eine Gruppe aus jüngeren Mitarbeitern zusammengezogen (Günther Jaenicke, Hermann Mosler, Helmut Strebel, Wilhelm Wengler), um mit ihnen regelmäßig „die wesentlichen größeren und etwas mehr Zeit raubenden Sachen" zu besprechen[245]. Ihnen allen war bewusst: Das Staatsschiff drohte zu sinken. In die Attentats- und Staatsstreichpläne selbst waren die Mitarbeiter nicht eingeweiht. Eine Ausnahme bildete Hermann Mosler. Ihm machte Berthold Stauffenberg einige Tage vor dem Anschlag eine Andeutung. Anschließend erteilte er ihm einen mit dem geplanten Staatsstreich zusammenhängenden rechtspolitischen Auftrag.

Am 16. Juli 1944 hatte in der Wohnung der Brüder Stauffenberg das letzte größere Treffen der Widerstandskämpfer stattgefunden. An ihm hatte Trott, Claus Stauffenbergs wichtiger außenpolitischer Berater, teilgenommen. Die Gruppe, einschließlich Yorck, Olbricht, Mertz, Schulenburg, Hansen (als Nachfolger des wie Moltke bereits verhafteten Canaris) und Werner von Haeften, votierte für die „zentrale Lösung": für Attentat und Staatsstreich, „koste es was es wolle" (so Trescköws von Fabian von Schlabrendorff übermitteltes Durchhaltewort). Für das Attentat hatte sich *nolens volens* schließlich Claus Stauffenberg bereit erklärt. Alle anderen potentiellen Attentäter (etwa die Generale Stieff und Fellgiebel, die viel öfter und kontinuierlicher als Stauffenberg Zugang zu Hitler hatten) hatten sich verweigert, oder ihre todesmutige Tatbereitschaft kam, wie etwa in den Fällen Bussche, Gersdorff und Kleist, verursacht durch unglückliche Zufälle, nicht zum Einsatz. Am Abend des 19. Juli 1944 waren dann Trott und Haeften die letzten Verbündeten, mit denen sich der zum bedingungslosen Handeln Entschlossene besprach. Dann zog er sich mit seinem Bruder Berthold zurück, der spät vom Dienst in „Koralle" eingetroffen war[246].

In ethischer, rechtlicher und politischer Hinsicht hatten die Verschwörer weit schwerere Entscheidungen zu treffen, als sie Menschen im Allgemeinen auferlegt sind[247]. In „Selbstermächtigung der Freien" (Dietrich Bonhoeffer)

---

[245] *Moltke*, Briefe an Freya (o. Anm. 67), S. 278 f.

[246] Alexander Stauffenbergs poetische Vergegenwärtigung des Vorabends wurde postum veröffentlicht, in: ders., Denkmal, Düsseldorf/München 1964, S. 21 ff.

[247] *W. Huber*, Bonhoeffer. Auf dem Weg zur Freiheit, München 2019, S. 94 ff., 170 ff., 202 ff., schildert das Ringen darum, der doppelten Aufgabe „Mensch und Christ in der Diktatur" gerecht zu werden. Viele konfessionell gebundene Verschwörer sahen im Christentum die tragende seelische Kraft der Zukunft, Kaltenbrunner-Berichte (o. Anm.11), S. 167 f.

und „unter Berufung auf ältere Traditionen"[248] wollten sie „dem Würger in die Zügel" fallen (Rudolf Hagelstange). Beendet werden sollte das Töten, der Terror – durch das Ermorden des Mörders, unter Einsatz des eigenen Lebens und des Lebens der Nächsten. „Das Furchtbarste", hatte Berthold Stauffenberg seiner Frau am 14. Juli 1944 anvertraut, „ist zu wissen, dass es nicht gelingen kann, und dass man es dennoch für unser Land und unsere Kinder tun muss"[249]. Nach allem, was über die Einschätzung der Erfolgschancen der Erhebung bekannt ist[250], wurde ein Scheitern, ja selbst ein schimpflicher Tod in Kauf genommen, wenn auch nicht gebilligt[251] – als künftige Märtyrer sahen sich die beiden Stauffenbergs nicht.

Durchweg wussten die *Ehefrauen* zumindest in groben Zügen von der Konspiration ihrer Männer, und sie trugen auch die eigene Gefährdung und die der Ihren heldenhaft mit. Offenbar hat niemand aus dem Kreis der Verschwörer die Attentats- und Umsturzpläne verraten, selbst unter Folter nicht. Gewissen und Gesinnung zwangen die Widerständler, jede Chance zur Rettung von Volk, Staat und Recht zu ergreifen, ohne Rücksicht auf sie selbst, ihre Familien und Mitstreiter. Berthold Stauffenberg musste nach dem Scheitern von Attentat und Staatsstreich eine dreiwöchige Einzelhaft im berüchtigten „Hausgefängnis des Reichssicherheitshauptamtes" in der Berliner Prinz-Albrecht-Straße ertragen, gequält von ständigen Verhören[252]. Trotz aller Recherchen konnte nicht geklärt werden, ob er gefoltert wurde. Auch die Befragungen, Gegenüberstellungen und Schikanen lassen sich, was Berthold Stauffenberg betrifft, im Einzelnen nicht rekonstruieren.

Am 10. August 1944, im zweiten Schauprozess des blutbesudelten „Volksgerichtshofs", wurde Berthold Stauffenberg, des Hoch- und Landesverrats

---

[248] *D. Bracher*, Die deutsche Diktatur, Köln/Berlin 1969, S. 484.
[249] Die Überlieferung geht auf Berthold Stauffenbergs Witwe zurück. Für sie und weitere Familienmitglieder begann nach dem Attentat eine Odyssee durch Lager: „Sippenhaft", eine besonders perfide Form der Rache des Regimes. Claus Stauffenberg hatte die Erfolgschancen des Umsturzes offenbar auf 50:50 eingeschätzt.
[250] Claus Stauffenberg erklärte im Frühsommer 1944: „Es ist Zeit, dass jetzt etwas getan wird. Derjenige allerdings, der etwas zu tun wagt, muss sich bewusst sein, dass er wohl als Verräter in die deutsche Geschichte eingehen wird. Unterlässt er jedoch die Tat, dann wäre er ein Verräter an seinem Gewissen", *Kramarz*, Claus Graf Stauffenberg (o. Anm. 26), S. 201.
[251] Pflichtgemäße Aufnahme des Kampfes im Bewusstsein wahrscheinlicher Aussichtslosigkeit war ein zentrales Motiv germanischer Überlieferungen und an sie anknüpfender historischer Erzählungen: kein Ausweichen vor der Verantwortung, die das Schicksal aufbürdet. Das Selbstopfer gehörte auch zum Denken Stefan Georges, *P. Hoffmann*, Schiller-Jahrbuch (o. Anm. 2), S. 540.
[252] Dabei „hat man durchaus nicht mit Foltern aller Art gespart", *P. Hoffmann*, Claus Schenk Graf von Stauffenberg (o. Anm. 2), S. 618.

angeklagt, zum Tode verurteilt[253]. Wenige Stunden später, noch am gleichen Tag, folgte in der Haftanstalt Berlin-Plötzensee die Hinrichtung: Tod durch Erhängen (dafür wurde den Hinterbliebenen – Gipfel der zynischen Perversion – oft eine Gebühren- und Kostenrechnung zugestellt). In seinem Abschiedsbrief hatte Berthold Stauffenberg mit Anklängen an Familientradition und -ehre sowie an Formulierungen aus der George-Welt seinen Kindern zugerufen: „Denkt immer in Stolz an euren Vater, der das Beste für sein Land und Volk gewollt hat. Seid rein und stark, groß und wahr ..., immer dessen eingedenk, dass ihr adelig zu leben habt, in Treue zu eurem geborenen Sein."

Drei Monate nach Berthold Stauffenbergs Hinrichtung bilanzierte die Gestapo: Die

„ganze innere Fremdheit (der Verschwörer) gegenüber den Ideen des Nationalsozialismus (komme) in der Stellung zur Judenfrage zum Ausdruck. (Die Verschwörer stünden) stur auf dem Standpunkt des liberalen Denkens, das den Juden grundsätzlich die gleiche Stellung zuerkennen will wie jedem Deutschen".

Berthold Stauffenbergs Äußerungen zur „Judenfrage", einsetzend mit seinem Aufsatz vom Frühjahr 1934 zum hässlichen Widerrufs- und Ausbürgerungsgesetz, endend mit seinen Aussagen Ende Juli/Anfang August 1944 vor der Gestapo, erfolgten in den Denkvorstellungen, Ansichten und Vorurteilen seiner Zeit, seiner Profession, seines Milieus und wohl auch Stefan Georges. Dass Berthold Stauffenbergs „ethnische Sensibilität" anfangs offenbar nicht voll entwickelt war, war ebenfalls zeittypisch. Vom Holocaust hatte er (wie sein Bruder Claus) wohl erst im Jahr 1942 ein deutlicheres Bild gewonnen. Anders als die weitaus meisten „Standesgenossen" und George-Anhänger stellten sich Berthold und Claus Stauffenberg der existentiellen Auseinandersetzung mit Hitler und den nationalsozialistischen Verbrechen. Der Schlüsselsatz der vorbereiteten Erklärung einer Regierung Beck-Goerdeler war auch der ihre: „Die Judenverfolgung ... ist sofort eingestellt."

Das Kriegsglück hatte seit der vernichtenden Stalingrad-Niederlage (Januar 1943) gewechselt, der Krieg war verloren. Der 6. Juli 1944 war *D-Day*, einen Monat später, so die Prognose der deutschen Heerführer, würde die Normandie-Front nicht mehr zu halten sein. Die Rote Armee hatte die Heeresgruppe Nord eingekesselt und die Heeresgruppe Mitte zerschlagen. Deren völliger Zusammenbruch war noch weit verlustreicher als die Katastrophen von Stalingrad und Tunis.

Am schwül-heißen 20. Juli 1944 begleitete Berthold Stauffenberg seinen Bruder zum Flugplatz Rangsdorf. In Claus Stauffenbergs Aktentasche befan-

---

[253] Laut Gestapo-Bericht (*E. Zeller*, Geist (Anm. 2), S. 377) sei Berthold Stauffenberg „einer der ganz wenigen gewesen, die ‚völlig unbelehrbar und fanatisch' blieben. Seine kurze Aussage war das klarste und wuchtigste Dokument der Anklage gegen Hitler, das vielleicht jemals geschrieben und diesem vorgelegt wurde".

den sich die Unterlagen für seinen Vortrag im „Führerhauptquartier" sowie zwei Sprengsätze. Nach dem wegen Bodennebels verspäteten Abflug der Maschine fuhr Berthold Stauffenberg zum Hauptquartier der Seekriegsleitung, nur um am Vormittag unter einem mit Kranzfelder abgesprochenen Vorwand zu den Verschwörern im Bendlerblock zu stoßen.

Kurz vor der drohenden totalen Katastrophe strebten die beiden Brüder Stauffenberg mit ihren Verbündeten danach, den verbrecherisch begonnen und geführten Krieg und das systematische Töten der „Andersrassigen" zu beenden – und ebenso den Anschlag des NS-Regimes auf das kulturelle Erbe und die biologische Substanz des deutschen Volkes. Vorkehrungen für ein Scheitern der Erhebung gab es nicht. Der Zwanzigste Juli war der letzte Attentatsversuch auf Hitler. Jeglicher Widerstand war danach unmöglich geworden, er war buchstäblich ausgerottet.

Berthold und Claus Stauffenberg fuhren am frühen 20. Juli 1944 durch ein Ruinenmeer, vorbei an schwelenden Bränden, herabhängenden Versorgungsleitungen, vernichteten Autos, Straßenbahnwagen und unrettbar verlorenen Kulturgütern. Die Zerstörung Berlins und Deutschlands insgesamt hatte immer größere Ausmaße angenommen – der Krieg, zumal das zermürbende, nun fast permanente, freilich nicht kriegsentscheidende „area bombing" der Alliierten hatten entsetzliche Fakten geschaffen.

Der erfüllte Moment, der Kairos, die Beseitigung des dämonischen Tyrannen und seiner verbrecherischen Handlanger, blieb den Verschwörern versagt. Die „Tat" scheiterte. Das herausgeforderte Schicksal verhängte furchtbare Opfer. Als Zeugen für ein anderes, ein rechtliches und freiheitliches Deutschland gingen Claus und Berthold Stauffenberg und ihre Mitverschworenen in den Tod. Ihre hoffnungsvollen Leben brachen jäh ab. Handlungsleitend war ihre Kenntnis der Staats- und Kriegsverbrechen sowie der daraus folgende Gewissenszwang zur „Tat". Zusammen mit ihren Mitverschworenen zeigten sie der Welt: Dem deutschen Widerstand gegen Hitler ist es todernst.

IX. Epilog

Den „Triumph des Bösen" konnten die Verschwörer nicht aufhalten. Der von Hitler völkerrechtswidrig entfesselte und vor allem im Osten verbrecherisch geführte Angriffs- und Vernichtungskrieg kostete nach dem 20. Juli 1944 *weiterhin Ströme von Blut*. In den zehn Monaten bis zum Kriegsende starben mehr Deutsche als in den fünf Kriegsjahren zuvor. Immer mehr Städte und Kulturgüter zerfielen unter der alliierten Bombenkriegführung zu Schutt und Asche. Die barbarische Judenvernichtung war auch für Claus und Berthold Stauffenberg ein zentrales Motiv für ihre Beteiligung am Widerstand. Von mehreren Widerständlern hieß es in der Verhörbilanz der Gestapo nach dem Attentats- und Staatsstreichversuch, sie hätten vor allem die Methoden der Durchführung der Judenverfolgung abgelehnt: „Zum Teil werden dabei humanitäre Motive herausgestellt, etwa der Art, dass das Vorgehen nicht menschlich genug gewesen sei und deutschem Wesen nicht entsprochen habe"[254].

In katastrophaler Zeit bewährte sich Berthold Stauffenberg als deutscher Wissenschaftler, als Nacherbe Stefan Georges und als auch *in politicis* unentbehrlicher Helfer seines Bruders Claus. Zeitlebens bestand zwischen ihnen eine wechselseitig stärkende Verbindung. Nie versiegte auch ihre Nähe zur geistigen Welt Stefan Georges.

Das Scheitern des Attentats- und Umsturzversuchs und sein früher Tod machen Berthold Stauffenbergs Lebensleistung nicht zunichte. Es war ein Leben aus dem Willen zur Freiheit und zur Rechtsidee – ein entschlossener, konsequenter, todesmutiger Widerstand gegen die nationalsozialistische Gewaltherrschaft. *Der Rebell als der wahrhaft Getreue* – bis zum Zwanzigsten Juli kaum ein deutscher Topos.

Der *Lebensweg* von Berthold Stauffenberg führte von der von königlichem Glanz beschienenen Kindheit in Württemberg zum schäbigen Hinrichtungsschuppen in der zerbombten und geschundenen Reichshauptstadt. Es war der Weg eines Inhabers hoher geistiger Gaben, einer dem übernationalen Ethos der Wissenschaft dienender Persönlichkeit, beeinflusst auch von Stefan Georges Ethos der Freundschaft und der Tat. Es war der Weg eines stillen, patriotischen und unbeirrten Völkerrechtlers und Widerstandskämpfers – geprägt von

---

[254] Kaltenbrunner-Berichte (o. Anm. 11), S. 168.

IX. Epilog

der humanistisch-freiheitlichen Schulerziehung und der schwäbisch-adeligen, auf Leistung, Verantwortung und Ehre ausgerichteten Familientradition.

Am 20. Juli 1944 stand Berthold Stauffenberg in seinem 39. Lebensjahr. Ihm waren Klugheit, Geist und die Bereitschaft zum Dienen geschenkt. Er hatte Georges Werk und Weltsicht beschützt und jüngeren Freunden Orientierung gegeben. Sein Leben war das eines deutschen Patrioten, den sein Entsetzen über die nationalsozialistische Gewaltherrschaft ins Zentrum der Erhebung führte, zu der er dann zusammen mit seinem Bruder Claus Entscheidendes beitrug. So kurz und fragmentarisch sein Leben und Wirken war – es legte das Fundament für Künftiges: für Freiheit und Rechtlichkeit, für staatspolitische Wachsamkeit und gesellschaftspolitisches Engagement. Trotz tiefer Schatten groß und hell, war dieses stolz gelebte, schöne Leben bereits vor seiner vollen Auswirkung in sich vollendet.

Zeittafel

1905	15. März: Geburt von Berthold Schenk Graf von Stauffenberg und seines Zwillingsbruders Alexander in Stuttgart als erstes und zweites Kind der Familie
1907	15. November: Geburt von Claus Schenk Graf von Stauffenberg und seinem Zwillingsbruder Konrad in Jettingen; Konrad stirbt einen Tag später
1913	Privater Elementarunterricht der Zwillinge Berthold und Alexander
1913	Herbst: Eintritt der Zwillinge in eine Vorklasse des Eberhard-Ludwigs-Gymnasiums in Stuttgart; ihr Bruder Claus folgt im Herbst 1916; Beginn der Freundschaft mit dem Schulkameraden Theodor Pfizer
1917	Kriegsbedingt lebt die Familie nun überwiegend im ländlichen Lautlingen auf der Schwäbischen Alb, wo die Söhne Privatunterricht erhalten
1919/23	Besuch des Eberhard-Ludwigs-Gymnasiums durch die drei Brüder
1919	11. August: Die Republik erhält eine fortschrittliche Verfassung; der Versailler Friedensvertrag wird geschlossen
1921/22	Die Stauffenberg-Brüder lesen Stefan Georges Gedichtband „Der Stern des Bundes" (1914), auch in ihrer „Neupfadfinder"-Gruppe
1923	März: Glänzendes Abitur Bertholds, Berufsziel: Diplomat
1923	Hyperinflation und politische Fundamentalkrise; Scheitern des Münchner Hitler-Putsches, die Nationalsozialisten bleiben vorerst eine Randerscheinung; die Reichsregierung sucht nach Wegen aus der Reparationslast und der Diskriminierung Deutschlands
1923	Januar: Französisch-belgische Truppen besetzen das Ruhrgebiet; Berthold und Alexander, begeisterte Reiter, leisten Juli/September freiwilligen Militärdienst
1923	Seit April studiert Berthold vornehmlich Rechts- und Staatswissenschaften, erst in Heidelberg, dann in Jena, Tübingen, Berlin, München, erneut Berlin, abschließend Tübingen

Zeittafel

1923	Berthold und Claus werden Ende Mai in Marburg Stefan George vorgestellt, der sie und bald auch ihren Bruder Alexander in Freundschaft aufnimmt; seither leben sie im Bann des Dichters
1924	Die Zwillinge Stauffenberg reisen mit zwei Althistorikern im April nach Italien, zumal zum Grabmal Kaiser Friedrichs II. in Palermo
1925	Oktober: Der Locarno-Vertrag, auch ein Erfolg der deutschen Ausgleichspolitik, wird geschlossen
1927	Mai: Mit „ausgezeichnet" besteht Berthold das Referendarexamen in Tübingen
1927/28	Berthold unternimmt Sprach- und Bildungsreisen nach England, Irland, Frankreich und Italien; anschließend beginnt er den Referendardienst in Stuttgart
1928	November: Teilnahme der drei Brüder an Stefan Georges feierlicher Lesung aus seinem letzten Gedichtband „Das Neue Reich"
1929/32	Weltwirtschaftskrise, Depression und Massenarbeitslosigkeit destabilieren die ohnehin stark angeschlagene Weimarer Republik
1929	Januar: Berthold, in Tübingen mit „gut – sehr gut" promoviert, bricht den Referendardienst ab. Am 1. März wird er Referent am Institut für ausländisches öffentliches Recht und Völkerrecht in Berlin
1930	September: erneute Reichstagswahl, die NSDAP wird zweitstärkste Partei, die demokratischen Parteien verlieren die Mehrheit; Reichspräsident Hindenburg stützt nacheinander vier Reichskanzler ohne Parlamentsmehrheit
1931	Abordnung Bertholds an die Kanzlei des Ständigen Internationalen Gerichtshofs im Haag; nach Deutschlands Austritt aus dem Völkerbund (14.10.1933) kehrt er zum 1.1.1934 an das Berliner Völkerrechtsinstitut zurück
1932	Juli: Die Demokratiefeinde NSDAP und KPD gewinnen bei der Reichstagswahl zusammen 52% der Stimmen, die Demokratie ist am Ende; Stefan George bestimmt Berthold zu seinem Nacherben
1933	30. Januar: Ernennung Hitlers zum Reichskanzler; 1. Februar: Auflösung des Reichstags; schnell errichtet Hitler eine Diktatur; das „Ermächtigungsgesetz" vom 24.3. räumt der Regierung das Recht zur Gesetzgebung ein, Gewaltenteilung, Rechts- und Bundesstaat werden ausgehöhlt; 28. März: Boykottaktion gegen Juden; mittels des „Gesetzes zur Wiederherstellung des Berufsbeamtentums" vom 7.4.1933 werden jüdische Personen aus dem Staatsdienst entlassen

1933	4. Dezember: Tod Stefan Georges; die Brüder Stauffenberg eilen ans Sterbebett und nehmen an der Beerdigung in Minusio (Tessin) teil; Berthold beruft den befreundeten Frank Mehnert zu seinem Nacherben
1934	30.6./1.7. und 2.7.: „Röhm-Putsch", eine von Hitler angeführte Ermordung von Rivalen aus der SA-Führung; 2.8.: nach Hindenburgs Tod wird Hitler Staatsoberhaupt, „Führer und Reichkanzler"; die Wehrmacht wird auf Hitler persönlich vereidigt
1934	Veröffentlichung von Bertholds *Magnum opus* „Statut et Règlement de la Cour permanente de Justice internationale" und seines Aufsatzes „Die Entziehung der Staatsangehörigkeit und das Völkerrecht"
1935	Einführung der allgemeinen Wehrpflicht; 1.6.: Ernennung Bertholds zum Leiter der kriegsrechtlichen Abteilung des Instituts und Mitherausgeber der Institutszeitschrift; der NS-Parteitag befürwortet die rassistischen „Nürnberger Gesetze"
1936	20. Januar: Tod des Vaters der Stauffenberg-Brüder; 20. Juni: Eheschließung Bertholds mit Maria Classen in Berlin, der Ehe entstammen die Kinder Alfred und Elisabeth
1938	13.3.: „Anschluss" Österreichs; Juli/August/September: unter Generaloberst Beck beraten Verschwörer über das Verhindern eines drohenden Krieges; 29./30.9.: das „Münchner Abkommen" verhindert vorerst den Kriegsausbruch und lähmt vorübergehend die „Septemberverschwörer"; Teilnahme Bertholds als Reservist an militärischen Übungen
1938/39	Als führender Kopf des „Ausschusses für Kriegsrecht" erarbeitet Berthold Stauffenberg die deutsche Prisenordnung und die Prisengerichtsordnung
1938	9./10.: Das „Reichskristallnacht"-Pogrom ermordet etwa 100 Juden und verbrennt zahlreiche jüdische Geschäfte und Synagogen; Peter Graf Yorck von Wartenburg lädt zu vertraulichen Gesprächen ein, der deutsche zivil-militärische Widerstand lebt auf; Berthold und sein Onkel Nikolaus Graf von Üxküll-Gyllenband beteiligen sich gelegentlich an diesen Besprechungen
1939	15.3.: Völkerrechtswidrig marschieren deutsche Truppen in Prag ein
1939	23.8.: Hitler-Stalin-Pakt; 1.9.: Deutschland überfällt Polen, der Zweite Weltkrieg beginnt; SS- und Wehrmachtseinheiten begehen schwerste Kriegsverbrechen; die Verschwörung gegen Hitler und sein Gewaltregime wird stärker

1939	September: Berthold wird in das Oberkommando der (Kriegs-)Marine/1. Seekriegsleitung einberufen
1940	Beginn konspirativer Kontakte Bertholds mit Korvettenkapitän Alfred Kranzfelder (im OKM) und Kriegsverwaltungsrat Moltke (im OKW); „Blitzkriege"; 9.4.: Deutsche Truppen besetzen Dänemark und Norwegen; 22.7.: Waffenstillstand mit dem besiegten Frankreich; auf Kompromissfrieden hoffend arbeiten Ernst Schmitz, Moltke und Berthold an einem „deutschbestimmten" Völkerrecht
1941	22.6: Überfall auf die Sowjetunion; der Entvölkerungs- und Vernichtungskrieg beginnt, ebenso der Massenmord an Juden, sowjetischen Kriegsgefangenen und Minderheiten; das Unternehmen „Barbarossa" scheitert im Dezember vor Moskau; die deutsche U-Bootflotte bedrängt Großbritannien hart; Dezember: Kriegserklärung des Deutschen Reiches an die USA
1941/42	Die militärische Krise der Ostfront erleichtert den Ausbau oppositioneller Initiativen; seit Herbst 1942 beteiligen sich Berthold und Claus am aktiven Widerstand gegen das NS-Gewaltregime
1943	Silvester: Alexander vollendet das Gedicht „Der Tod des Meisters"
1943	2.2.: Die 6. Armee kapituliert in Stalingrad; die Katastrophe verstärkt den zivil-militärischen Widerstand gegen das NS-Regime; 26.2.: Der Stauffenberg-Freund Frank Mehnert fällt an der Ostfront; 16.4.: Berthold setzt Claus als Nacherben ein; ohne Erfolg versucht dieser, Feldmarschälle und Generale für den Widerstand zu gewinnen; im Fronteinsatz in Nordafrika wird Claus lebensgefährlich verwundet
1943	Mitte August: General Olbricht und Oberst i. G. von Tresckow weihen Claus Stauffenberg in die für den Umsturz umgearbeiteten „Walküre"-Pläne ein; Versuche, Hitler zu ermorden, scheitern an Zufällen; Claus, unterstützt von Bertholds fachlichem Engagement und persönlicher Nähe, ist nun die zentrale Figur des vielschichtigem Widerstands; Sommer: Claus und Berthold besprechen in Lautlingen das komplexe Attentats-, Umsturz- und Neuordnungsvorhaben; Claus, als Chef des Stabes des Allgemeinen Heeresamts nach Berlin versetzt, zieht in Bertholds Wohnung
1944	Januar/Februar: Moltke wird verhaftet, Yorck orientiert sich zunehmend an der zentralen Widerstandsgruppe Beck-Goerdeler-Olbricht-Tresckow-(Claus) Stauffenberg; Juni: Invasion der Alliierten in der Normandie; die Heeresgruppen Nord und Mitte werden eingeschlossen bzw. nahezu vollständig vernichtet; Claus wird zum 15.6. Chef des Stabes des Befehlshabers des Ersatzheeres; das neue

	Amt verschafft ihm Zugang zu Hitlers großer Lagebesprechung und Gelegenheit zur „Tat"
1944	Anfang Juli: Claus und Berthold formulieren einen bekenntnishaften internen „Schwur"; 16. Juli: Zusammenkunft führender Verschwörer bei Claus und Berthold; Claus übernimmt nolens volens die Doppelrolle Attentäter (im fernen „Führerhauptquartier) und Leiter des Umsturzes (vom Berliner Bendler-Block aus); 20. Juli: Hitler überlebt den Anschlag leicht verletzt, der Staatsstreich scheitert; Claus und seine drei engsten Gefährten werden standrechtlich erschossen; Berthold wird verhaftet, wochenlang verhört, am 10. August zum Tode verurteilt und am gleichen Tag in Berlin-Plötzensee hingerichtet
1945	8. Mai: Kapitulation des Deutschen Reiches, Ende des Zweiten Weltkriegs

Dank

Berthold Schenk Graf von Stauffenberg war ein ungewöhnlich begabter Völkerrechtler, ein enger Freund des Dichters Stefan George und, zusammen mit seinem Bruder Claus, ein todesmutiger Verschwörer gegen Hitlers Gewaltregime. Diese wirkungsstarke „Dreidimensionalität" des zurückhaltenden Georgeaners, Widerstandskämpfers und Rechtswissenschaftlers fasziniert mich seit 1996. Damals skizzierte ich in einem Tübinger Studium Generale-Vortrag diesen zeithistorisch bedeutenden, von der strahlenden Persönlichkeit seines berühmten Bruders indes weitgehend verschatteten „stillen Stauffenberg".

Seither haben mir Kenner der Völkerrechtsgeschichte (Jochen von Bernstorff, Bardo Fassbender), des Dichters (Ute Oelmann, Bertram Schefold) sowie des Widerstands (Ekkehard Klausa und der jüngst verstorbene Rüdiger von Voss) dankenswerterweise bei dem Versuch geholfen, jene ersten Eindrücke von Berthold Stauffenberg zu vertiefen. So vervollständige ich heute, drei Jahrzehnte nach jenem ersten Zugriff, mein Bild von diesem vielschichtigen Denker und Täter und mache es einem weiteren Publikum zugänglich.

Zu den Helfern bei Recherche und Gestaltung, denen ich herzlich danke, gehören neben den bereits Genannten besonders Jan Andres, der verstorbene Karl Christ, Hans von Mangoldt, Sir Konrad Schiemann, Jan Schröder, Franz Karl von Stockert und Alexander Wensler. Die Arbeit an diesem Portrait Berthold Stauffenbergs wurde zudem maßgeblich durch die Stefan George Stiftung ermöglicht. Sie öffnete mir ihr reiches Archiv in der Württembergischen Landesbibliothek in Stuttgart. Darüber hinaus erlaubte die Stiftung die Veröffentlichung noch nicht edierter Archivalien. Die zentrale Unterstützung kam dabei von Maik Bozza, dem Leiter des Stefan George Archivs. Ihm, dem Archiv-Team und der Stefan George Stiftung danke ich vielmals.

Literaturverzeichnis[255]

Adler-Rudel, S.: Ostjuden in Deutschland 1880–1940. Zugleich eine Geschichte der Organisationen, die sie betreuten, Tübingen 1959

Albrecht, H./*Herrmann*, A.: Die Kaiser-Wilhelm-Gesellschaft im Dritten Reich (1933–1945), in: Vierhaus, R./Brocke, B. vom (Hg.): Forschung im Spannungsfeld von Politik und Gesellschaft. Geschichte und Struktur der Kaiser-Wilhelm-/Max-Planck-Gesellschaft, Stuttgart 1990, S. 385 ff.

Ambrosius, H.-H.: Die völkerrechtlichen Grundlagen der deutschen Handelskriegsführung, in: Nautilus – Jahrbuch für deutsche Seeinteressen, Berlin 1941, S. 60 ff.

Andres, J.: Kreisbildung, Kreisrituale, Lebensformen, in: Aurnhammer, A. u. a. (Hg.): Stefan George und sein Kreis. Ein Handbuch, Bd. II, Berlin/Boston 2012, S. 713 ff.

Andres, J./*Braungart*, W.: Kulturkritik im Namen der Schönheit, Zeitschrift für Kulturphilosophie 2007, S. 259 ff.

Assmann, K.: Der deutsche U-Bootskrieg und die Nürnberger Rechtsprechung, Marine-Rundschau 1953, S. 7 ff.

Aurnhammer, A.: Stefan George in der deutschsprachigen Literatur des 20. Jahrhunderts, Aneignung-Umdeutung-Ablehnung, Berlin/Boston 2022

Aurnhammer, A. u. a. (Hg.): Stefan George und sein Kreis, 3 Bände, Berlin/Boston 2012 (2. Auflage 2016)

Aurnhammer, A.: „Der Preusse". Zum Zeitbezug der „Zeitgedichte" Stefan Georges im Spiegel der Bismarck-Lyrik, in: Stefan George. Werk und Wirkung seit dem „Siebenten Ring", W. Braungart u. a. (Hg.), Tübingen 2001, S. 175 ff.

Barandon, P.: Locarno-Verträge von 1925, in: K. Strupp /H.-J. Schlochauer (Hg.): Wörterbuch des Völkerrechts, Bd. II, Berlin 1961, S. 421 ff.

---

[255] Abkürzungen: Abb. = Abbildung; AHA = Allgemeines Heeresamt; AJIL = American Journal of International Law; Bd. = Band; Bl. = Blatt; BVerfG = Bundesverfassungsgericht; bzgl. = bezüglich; d. Res. = der Reserve; EJIL = European Journal of International Law; erw. = erweitert; Frfr. = Freifrau; Frhr. = Freiherr; FS = Festschrift; Hg. = Herausgeber(in); FW = Die FriedensWarte; i. G. = im Generalstab; Gestapo = Geheime Staatspolizei; KZ = Konzentrationslager; NS/ns = Nationalsozialismus/nationalsozialistisch; OKH = Oberkommando des Heeres; OKM = Oberkommando der (Kriegs-)Marine; OKW = Oberkommando der Wehrmacht; RSH = Reichssicherheits-Hauptamt; SA = Sturmabteilung; SD = Sicherheitsdienst; SKL = Seekriegsleitung; Sp. = (Buch- oder Zeitschrift-)Spalte; SS = Schutzstaffel; StGA = Stefan George Archiv; StGS = Stefan George Stiftung; StIGHE = Entscheidung des Ständigen Internationalen Gerichtshofs; VfZ = Vierteljahreshefte für Zeitgeschichte; VGH = Volksgerichtshof; WLB = Württembergische Landesbibliothek; WVK = Wiener Vertragskonvention; ZaöRV = Zeitschrift für ausländisches öffentliches Recht und Völkerrecht.

Bauer, F.: Widerstandsrecht und Widerstandspflicht des Staatsbürgers, in: A. Kaufmann/L. E. Backmann (Hg.), Widerstandsrecht, Darmstadt 1972, S. 482 ff.

Bauer, F.: Einleitung, Nachwort, in: Widerstand gegen die Staatsgewalt. Dokumente der Jahrhunderte, Frankfurt a. M./Hamburg 1965, S. 7 ff., 399 f.

Bauer, F.: Eine Grenze hat Tyrannenmacht, Geist und Tat 7 (1951), S. 294 ff.

Bauer, F.: Die Kriegsverbrecher vor Gericht, Zürich 1945

Baum, W.: Marine, Nationalsozialismus und Widerstand, VfZ 11 (1963), S. 16 ff.

Bechtolsheim, S. von: Stauffenberg. Mein Großvater war kein Attentäter, Freiburg u. a. 2019

Beckert, E./*Breuer*, G.: Öffentliches Seerecht, Berlin/New York 1991

Berber, F.: Zwischen Macht und Gewissen. Lebenserinnerungen, München 1968

Berber, F.: Die Deutsche Völkerrechtswissenschaft, Geist und Zeit 17 (1939), S. 731 ff.

Bloch, M.: Dr. Joachim-Dieter Bloch (1906–1994), ZaöRV 2014, S. 873 ff.

Bock, C. V.: Wort-Konkordanz zur Dichtung Stefan Georges, Amsterdam 1964

Boehringer, R.: Mein Bild von Stefan George, München 1951, 2. Aufl. München/Düsseldorf 1967

Boehringer, R. (Hg.): Briefwechsel zwischen George und Hofmannsthal, Berlin 1938

Böschenstein, B. u. a. (Hg.): Wissenschaftler im George-Kreis. Die Welt des Dichters und der Beruf der Wissenschaft, Berlin/New York 2005

Bozza, M.: Karl Josef Partschs ‚Erstes Tagebuch' (1929–1931), George Jahrbuch Bd. 10, Berlin/Boston 2014/2015, S. 217 f. mit Anm. 18

Bracher, D.: Die deutsche Diktatur, Köln/Berlin 1969

Bracke, G.: Melitta Gräfin Stauffenberg. Das Leben einer Fliegerin, München 1990

Brakelmann, G.: Helmuth James von Moltke 1907–1945. Eine Biographie, München 2007

Brakelmann, G.: Peter Yorck von Wartenburg im Kreisauer Kreis, in: ders., Die Kreisauer. Folgenreiche Begegnungen, 2. Aufl. Münster 2004, S. 129 ff.

Braungart, W.: Ästhetischer Katholizismus, Tübingen 1997

Breuer, M./*Weiß*, N. (Hg.): Das Vertragswerk von Locarno und seine Bedeutung für die internationale Gemeinschaft nach 80 Jahren, Frankfurt a. M., u. a. 2007, S. 77 ff. (F. Krüger)

Breuer, St.: Ästhetischer Fundamentalismus. Stefan George und der deutsche Antimodernismus, Darmstadt 1995

Brocke, B. vom: Die Kaiser-Wilhelm-Gesellschaft in der Weimarer Republik. Ausbau zu einer gesamtdeutschen Forschungsorganisation (1918–1933), in: Vierhaus, R./ vom Brocke, B. (Hg.), Forschung im Spannungsfeld von Politik und Gesellschaft. Geschichte und Struktur der Kaiser-Wilhelm-/Max-Planck-Gesellschaft, Stuttgart 1990, S. 197 ff.

Bruns, V.: Die britische Seesperre und die Neutralen, ZaöRV 1941/42, S. 477 ff.

Bruns, V.: Der britische Wirtschaftskrieg und das geltende Seekriegsrecht, ZaöRV 1940/41, S. 24 ff.

Bruns, V.: Grenzen der Schiedsgerichtsbarkeit, ZaöRV 1939/40, S. 627 ff.

Bruns, V.: Die politische Bedeutung des Völkerrechts, Zeitschrift der Akademie für Deutsches Recht, 1935, S. 342 ff.

Bruns, V.: Deutschlands Gleichberechtigung als Rechtsproblem, Berlin 1934

Bruns, V.: Völkerrecht als Rechtsordnung, ZaöRV 1929, S. 1 ff.; 1933, S. 445 ff.

Bruns, V.: Das Lotusurteil, in: ZaöRV 1929, S. 50 ff.

Carty, A./*Smith*, R. (Hg.): Sir Gerald Fitzmaurice and the World Crisis. A Legal Adviser in the Foreign Office 1932–1945, London

Christ, K.: Der andere Stauffenberg. Der Historiker und Dichter Alexander von Stauffenberg, München 2008

Colombos, C. J.: A Treatise on the Law of Prize, 3. Aufl. London 1949

Colombos, C. J.: The International Law of the Sea, Teil II, London 1943

David, Cl.: Stefan George – Sein dichterisches Werk, München 1967

Degenhardt, F.: Zwischen Machtstaat und Völkerbund. Erich Kaufmann (1880–1972), Baden-Baden 2008

Denfeld, Cl.: Hans Wehberg (1885–1962). Die Organisation der Staatengemeinschaft, Baden-Baden 2008

Dietz, A.: Das Primat der Politik in kaiserlicher Armee, Reichswehr, Wehrmacht und Bundeswehr. Rechtliche Sicherung der Entscheidungsgewalt über Krieg und Frieden zwischen Politik und Militär, Tübingen 2011

Diggelmann, O.: Anfänge der Völkerrechtssoziologie: die Völkerrechtskonzeption von Max Huber und Georges Scelle im Vergleich, Zürich 2000

Diner, D.: Rassistisches Völkerrecht. Elemente einer nationalsozialistischen Weltanschauung, VfZ 37 (1989), S. 23 ff.

Dobberahn, F. E.: Deutsche Theologie im Dienste der Kriegspropaganda. Umdeutung von Bibel, Gesangbuch und Liturgie, Göttingen 2021

Doehring, K.: Die undifferenzierte Berufung auf die Menschenrechte, in: C. Trindale u. a. (Hg.): Essays in Honour of Th. Buergenthal, San José 1996, S. 756 ff.

Dreier, H.: Die deutsche Staatsrechtslehre in der Zeit des Nationalsozialismus, Berlin/ New York 2001

Eckhardt, C.: Der deutsche Wirtschaftskrieg zur See, in: Gladisch, W./Widmann, B. (Hg.), Grundfragen des Seekriegsrechts im Zweiten Weltkrieg, Berlin 1944, S. 65 ff.

Egyptien, J.: Georges Haltung zum Judentum, in: G. Mattenklott u. a. (Hg.), „Verkannte brüder"? Stefan George und das deutsch-jüdische Bürgertum zwischen Jahrhundertwende und Emigration, Hildesheim u. a. 2001

Elpel, T. A.: Das Widerstandsrecht. Eine rechtsphilosophische und völkerrechtliche Betrachtung der Legitimität innerstaatlichen Widerstands zur Durchsetzung von Menschenrechten, Baden-Baden 2017

Elze, W.: Marburg. Bemerkungen zu dem einstigen Kreis dort, Freiburg i. Br. 1961 (Privatdruck)

Fahrner, R.: Denkmal. Alexander Schenk Graf von Stauffenberg, Düsseldorf 1964

Fahrner, R.: Erinnerungen 1903–1945, Genf 1998, Hg. St. Bianca

Fassbender, B.: Stories of War and Peace. On Writing the History of International Law in the „Third Reich" and after, EJIL 13 (2002), S. 479 ff

Fastenrath, U.: Lücken im Völkerrecht, Berlin 1991

Fleck, D. (Hg.): The Gladisch Committee on the Law of Naval Warfare, Bochum 1990

Fontes Juris Gentium: Serie A, Sectio 1, Tomus 3, 1931–1934, Handbuch der Entscheidungen des Ständigen Internationalen Gerichtshofes, Hg. E. Schmitz/B. Graf Stauffenberg, Berlin 1935

Fontes Juris Gentium: Serie A, Sectio 1, Tomus 1, 1922–1930, Handbuch der Entscheidungen des Ständigen Internationalen Gerichtshofes, Hg. E. Schmitz/A. H. Feller/B. Graf Stauffenberg, Berlin 1931

Fröhlich, C.: „Wider die Tabuisierung des Ungehorsams". Fritz Bauers Widerstandsbegriff und die Aufarbeitung der NS-Verbrechen, Frankfurt a. M. 2005

George, St.: Sämtliche Werke in 18 Bänden (SW), Stuttgart 2003 ff.

Gersdorff, R. Chr. Freiherr von: Soldat im Untergang, Frankfurt a. M. u. a. 1977

Giese, F.: Heinrich Pohl zum Gedächtnis, Zeitschrift für Völkerrecht 16 (1932), S. 479

Gosewinkel, D.: Einbürgern und Ausschließen, Göttingen 2001

Grewe, W. G. (Hg.): Fontes Historiae Juris Gentium. Quellen zur Geschichte des Völkerrechts, Bd. 3/2, Berlin/New York 1992

Grewe, W. G.: Ein Leben mit Staats- und Völkerrecht im 20. Jahrhundert, Freiburger Universitätsblätter 31 (1992), S. 25 ff.

Grewe, W. G.: Epochen der Völkerrechtsgeschichte, Baden-Baden 1984

Groppe, C.: Die Macht der Bildung. Das deutsche Bürgertum und der George-Kreis 1890–1933, Köln u. a. 1997

Groppe, C./*Oelmann*, U.: Zum Thema Pädagogik, männliche Jugend und sexualisierte Gewalt im George-Kreis. Eine Analyse des Briefwechsels zwischen Stefan George und Ernst Morwitz (1905–1933), in: George-Jahrbuch 34 (2022/23), Berlin/Boston, S. 3 ff.

Grünewald, E.: Ernst Kantorowicz und Stefan George, Wiesbaden 1982

Heckel, H./*Tomson*, E. (Hg.): Völkerrecht und Prisenrecht. Nationale und internationale Texte zum Seekriegsrecht, Frankfurt/M./Berlin 1964

Heintschel von Heinegg, W.: Seekriegsrecht und Neutralität im Seekrieg, Berlin 1995

Hepp, M. (Hg.): Die Ausbürgerung deutscher Staatsangehöriger 1933–1945 nach den im Reichsanzeiger veröffentlichten Listen, Bd. I, München 1985

Heuss, K.: Die Entwicklung des Prisenrechts durch den Zweiten Weltkrieg, Diss. iur. Würzburg 1966

Heyland, C.: Das Widerstandsrecht des Volkes gegen verfassungswidrige Ausübung der Staatsgewalt im neueren deutschen Verfassungsrecht, Tübingen 1950

Hillmann, J.: Der 20. Juli und die Marine, Bochum 2004

Hofmann, F.: Helmut Strebel (1911–1992). Georgeaner und Völkerrechter, Baden-Baden 2010

Hofmann, H.: Legitimität gegen Legalität. Der Weg der politischen Philosophie Carl Schmitts, 6., unveränderte Aufl. Berlin 2020

Hoffmann, P.: Carl Goerdeler gegen die Verfolgung der Juden, Köln 2012

Hoffmann, P.: Claus Schenk Graf von Stauffenberg – Die Biographie, München 2007

Hoffmann, P.: Oberst i. G. Henning von Tresckow und die Staatsstreichpläne im Jahr 1943, VfZ 55 (2007), S. 331 ff.

Hoffmann, P.: Claus Schenk Graf von Stauffenberg und seine Brüder, Stuttgart 1992

Hoffmann, P.: Widerstand – Staatsstreich – Attentat: Der Kampf der Opposition gegen Hitler, München 1969, 4. Aufl. München/Zürich 1985

Hoffmann, P.: Claus Graf Stauffenberg und Stefan George: Der Weg zur Tat, in: Jahrbuch der Schiller-Gesellschaft 12 (1968), S. 520 ff.

Hoffmann, R.: Menschenrechte und der Schutz nationaler Minderheiten, ZaöRV 2005, S. 587 ff.

Hermann, H. G. u. a. (Hg.): Nationalsozialismus und Recht, Baden-Baden 2018

Hinz, J. (Hg.): Kriegsvölkerrecht. Textsammlung, Köln/Berlin 1957

Huber, M.: In memoriam Åke Hammarskjöld (1893–1937), Leiden 1938

Huber, W.: Dietrich Bonhoeffer. Auf dem Weg zur Freiheit. Ein Portrait, München 2019

Hubatsch, W. (Hg.): Hitlers Weisungen für die Kriegsführung 1939–1945. Dokumente des Oberkommandos der Wehrmacht, Bonn 1983

Hueck, I.: Die deutsche Völkerrechtswissenschaft im Nationalsozialismus. Das Berliner Kaiser-Wilhelm-Institut für ausländisches öffentliches Recht und Völkerrecht, das Hamburger Institut für Auswärtige Politik und das Kieler Institut für Internationales Recht, in: Kaufmann, D. (Hg.), Geschichte der Kaiser-Wilhelm-Gesellschaft im Nationalsozialismus. Bestandsaufnahme und Perspektiven der Forschung, Bd. II, Göttingen 2000, S. 490 ff.

Jens, I.: Dichter zwischen rechts und links. Die Geschichte der Sektion für Dichtkunst der Preußischen Akademie der Künste, dargestellt nach den Dokumenten, 2. Aufl. Leipzig 1994

Kägi, W.: Pacta sunt servanda, in: K. Strupp/Schlochauer, H.-J. (Hg.), Wörterbuch des Völkerrechts, Bd. 2, Berlin 1961, S. 710 ff.

Kahler, E. von: Stefan George. Größe und Tragik, Pfullingen 1964

Kaltenbrunner, E.: Opposition gegen Hitler und der Staatsstreich vom 20. Juli 1944 – Berichte des Chefs der Sicherheitspolizei und des SD an Hitler und Bormann, Hg.

H. A. Jakobsen (Originaltitel: Spiegelbild einer Verschwörung), Stuttgart 1989 (zitiert: Kaltenbrunner-Berichte)

Kantorowicz, E.: Kaiser Friedrich der Zweite, Berlin 1927

Kantorowicz, E.: Kaiser Friedrich der Zweite. Quellennachweise und Exkurse, Berlin 1931

Karlauf, Th.: Stauffenberg. Portrait eines Attentäters, München 2019

Karlauf, Th.: Stefan George. Die Entdeckung des Charisma, Biographie, München 2007

Kaufmann, D. (Hg.), Geschichte der Kaiser-Wilhelm-Gesellschaft im Nationalsozialismus. Bestandsaufnahme und Perspektiven der Forschung, Bd. 2, Göttingen 2000

Kaufmann, A./*Backmann*, L. E. (Hg.): Widerstandsrecht, Darmstadt 1972

Kaufmann, K.: Stefan George. Eine Biographie, Göttingen 2017

Klausa, E.: Das wiedererwachte Gewissen. Konservative im Widerstand gegen den Nationalsozialismus, Berlin 2019

Kluncker, K.: „Das geheime Deutschland" – Über Stefan George und seinen Kreis, Bonn 1985

Knackstedt, H.: Das bewaffnete Handelsschiff im Seekrieg, Marine-Rundschau 1959, S. 69 ff.

Kolk, R.: Literarische Gruppenbildung. Am Beispiel des George-Kreises 1890–1933, Tübingen 1998

Koskenniemi, M.: The Gentle Civilizer of Nations: The Rise and Fall of International Law 1870–1960, Cambridge 2002

Köster, R. u. a. (Hg.), Das Ideal des schönen Lebens und die Wirklichkeit der Weimarer Republik. Vorstellungen von Staat und Gemeinschaft im George-Kreis, Berlin 2009

Kramarz, J.: Claus Graf Stauffenberg – Das Leben eines Offiziers, Frankfurt a. M. 1965

Kraus, H. (Hg.): Die im Braunschweiger Remer-Prozess erstatteten moraltheologischen und historischen Gutachten nebst Urteil, Hamburg 1953

Kretschmer, G.: Die deutsche Prisenrechtsprechung im Zweiten Weltkrieg, Diss. iur. Bonn 1967

Krüger, F. in: Breuer, M./Weiß, N. (Hg.), Das Vertragswerk von Locarno und seine Bedeutung für die internationale Gemeinschaft nach 80 Jahren, Frankfurt a. M. u. a. 2007, S. 77 ff.

Künneth, W.: Das Widerstandsrecht als theologisches und ethisches Problem, München 1954

Landfried, K.: Stefan George – Politik des Unpolitischen, Heidelberg 1975

Landmann, E.: Stefan George und die Griechen. Idee einer neuen Ethik, Castrum Peregrini 1971, S. 25 ff.

Landmann, E.: Gespräche mit Stefan George, Düsseldorf/München 1963

Landmann, G. P. (Hg.): Stefan George und sein Kreis. Eine Bibliographie, 2. Aufl. Hamburg 1976

Lange, F.: Zwischen völkerrechtlicher Systembildung und Begleitung der deutschen Außenpolitik, Berlin 2022

Lange, F.: Praxisorientierung und Gemeinschaftskonzeption. Hermann Mosler als Wegbereiter der westdeutschen Völkerrechtswissenschaft nach 1945, Heidelberg 2017

Lange, F.: Carl Bilfingers Entnazifizierung und die Entscheidung für Heidelberg, ZaöRV 2014, S. 706 ff.

Leber, A. u. a. (Hg.): Das Gewissen steht auf. 64 Lebensbilder aus dem deutschen Widerstand 1933–1945, Berlin/Frankfurt a. M., 9. Aufl. 1960

Lerner, R. E.: Ernst Kantorowicz. Eine Biographie, Stuttgart 2017

Linnebach, K.: Die Entmilitarisierung der Rheinlande und der Vertrag von Locarno, Berlin 1927

Lubrich, O. (Bearbeiter): Reisen ins Reich 1933–1945. Ausländische Autoren berichten aus Deutschland, Frankfurt a. M. 2004

Luhr, G.: „Klassizistisch, humanistisch, aristokratisch". Zu Erich Kahler und der jüdischen George-Rezeption, in: G. Mattenklott u. a. (Hg.), „Verkannte brüder"? Stefan George und das deutsch-jüdische Bürgertum zwischen Jahrhundertwende und Emigration, Hildesheim u. a. 2001, S. 163 ff.

Makarov, A. N.: Berthold Schenk Graf von Stauffenberg (1905–1944), in: FW 47 (1947), S. 360 ff.

Mattenklott, G. u. a. (Hg.): „Verkannte brüder"? Stefan George und das deutsch-jüdische Bürgertum zwischen Jahrhundertwende und Emigration, Hildesheim u. a. 2001

Mayer, A.: Berthold Schenk Graf von Stauffenberg (1905–1944). Völkerrecht im Widerstand, Berlin 1999

Mehring, R.: Carl Schmitt. Aufstieg und Fall, München 2009

Meilicke, H.: Die Ausbürgerung, Juristische Wochenschrift 1933, S. 1918 ff.

Mensching, E.: Luftkrieg und Recht. Zur historischen Rolle des Humanitären Völkerrechts in der Einhegung der Luftkriegsführung, Baden-Baden 2022

Mohr, Ph. C.: „Kein Recht zur Einmischung"? Die politische und völkerrechtliche Reaktion Großbritanniens auf Hitlers „Machtergreifung" und die einsetzende Judenverfolgung, Tübingen 2007, S. 336 ff.

Moltke, H. J. Graf von: Briefe an Freya, 2. Aufl. München 1991 (Bearbeiterin Ruhm von Oppen)

Moltke, H. J. Graf von: Völkerrecht im Dienst des Menschen – Dokumente, Hg. G. van Roon, Berlin 1986

Moltke, H. J. Graf von: Die britische Order in Council vom 27. November 1939 über die Beschlagnahme deutscher Ausfuhrwaren, ZaöRV 1940, S. 110 ff.

Mommsen, H.: Alternative zu Hitler. Studien zur Geschichte des deutschen Widerstands, München 2000

Mommsen, H.: Neuordnungspläne der Widerstandsbewegung des 20. Juli 1944, in: R. Süssmuth/H. Mommsen, Politische Opposition im Nationalsozialismus, Deutscher Bundestag, 2. Aufl. Bonn 1994, S. 19 ff.

Mommsen, H.: Verfassungs- und Verwaltungsreformpläne der Widerstandsbewegungen des 20. Juli 1944, in: J. Schmädeke/P. Steinbach (Hg.): Der Widerstand gegen den Nationalsozialismus, München/Zürich 1985, S. 570 ff.

Mommsen, H.: Gesellschaftsbild und Verfassungspläne des deutschen Widerstandes, in: W. Schmitthenner/H. Buchheim (Hg.), Der deutsche Widerstand gegen Hitler, Köln/Berlin 1966, S. 73 ff.

Morwitz, E.: Die Dichtung Stefan Georges, Berlin 1934

Morwitz, E.: Kommentar zu dem Werk Stefan Georges, 2. Aufl. Düsseldorf/München 1969

Müller, Chr.: Oberst i. G. Stauffenberg. Eine Biographie, Düsseldorf 1970

Muth, D.: „Es wird Zeit, dass ich das Reich rette!". Vom Anhänger zum Attentäter – Stauffenbergs Weg in den Widerstand, in: Adel im Wandel. Oberschwaben von der Frühen Neuzeit bis zur Gegenwart, Bd. II, Friedrichshafen 2006, S. 817 ff.

Neumann, F.: Behemoth. Struktur und Praxis des Nationalsozialismus 1933–1944, neu herausgegeben von A. Söllner/M. Wildt, Hamburg 2018

Neuss, K.: Die Entwicklung des Prisenrechts durch den Zweiten Weltkrieg, Würzburg 1966

Oelmann, U./*Groppe*, C. (Hg.): Stefan George – Ernst Morwitz. Briefwechsel (1905–1933), Berlin/Boston 2020

Olex-Szczytowski, M.: The German Military Opposition and National Socialist Crimes 1933–1944: The Cases of Stauffenberg, Tresckow and Schulenburg, in: War in History, Oxford 2019

Partsch, K. J.: Stauffenberg. Das Bild des Täters, Europa-Archiv 1950, S. 3196 ff.

Pedersen, S.: The Guardians. The League of Nations and the Crisis of Empire, Oxford 2015

Perels, Chr. u.a.: Fünfzig Jahre Stefan George Stiftung 1959–2009, Berlin/New York 2009

Petrow, M.: Der Dichter als Führer? Zur Wirkung Stefan Georges im „Dritten Reich", Marburg 1995

Pfizer, Th.: Die Brüder Stauffenberg, in: Robert Boehringer – Eine Freundesgabe, Hg. E. Boehringer/W. Hoffmann, Tübingen 1957, S. 487 ff.

Pfizer, Th.: Im Schatten der Zeit 1904–1948, Stuttgart 1979

Philipp, M.: „Im Politischen gingen halt die Dinge anders". Die Thematisierung des „Jüdischen" im George-Kreis vor und nach 1933, in: G. Mattenklott u.a. (Hg.), „Verkannte brüder"? Stefan George und das deutsch-jüdische Bürgertum zwischen Jahrhundertwende und Emigration, Hildesheim u.a. 2001

Pieger, B./*Schefold*, B. (Hg.): Stefan George. Dichtung – Ethos – Staat. Denkbilder für ein geheimes europäisches Deutschland, Berlin 2010

Pieger, B./*Schefold*, B. (Hg.), „Kreis aus Kreisen". Der George-Kreis im Kontext deutscher und europäischer Gemeinschaftsbildung, Hildesheim 2016

Pohl, H.: Deutsches Seerecht. Quellensammlung mit Sachregister, Berlin 1914

Quaritsch, H. (Hg.): Complexio Oppositorum. Über Carl Schmitt, Berlin 1988

Radbruch, G.: Rechtsphilosophie, Hg. E. Wolf/H.-P. Schneider, 8. Aufl. Stuttgart 1973

Raulff, U.: Kreis ohne Meister. Stefan Georges Nachleben, München 2009

Reif, H.: Adel und Bürgertum in Deutschland, Bd. II, Berlin 2001

Riedel, M.: Geheimes Deutschland. Stefan George und die Brüder Stauffenberg, Köln u. a. 2006

Ritter-Döring, V.: Zwischen Normierung und Rüstungswettlauf. Die Entwicklung des Seekriegsrechts, 1856–1914, Baden-Baden 2014

Roediger, C.: Versuche zur Erhaltung des Humanitären Völkerrechts nach 1933, in: A. Flitner (Hg.): Deutsches Geistesleben und Nationalsozialismus, Tübingen 1965, S. 178 ff.

Roediger, C.: Die Internationale Hilfsaktion für die Bevölkerung Griechenlands im Zweiten Weltkrieg, VjZ 1963, S. 49 ff.

Rohwer, J./*Hümmelchen*, G.: Chronik des Seekrieges 1939–1945, Oldenburg/Hamburg 1968

Roon, G. van: Staatsvorstellungen des Kreisauer Kreises, in: J. Schmädeke/P. Steinbach (Hg.): Der Widerstand gegen den Nationalsozialismus. Die deutsche Gesellschaft und der Widerstand gegen Hitler, München/Zürich 1998

Roon, G. van: Der Widerstand im Dritten Reich, 4. Aufl. München 1987

Roon, G. van: Helmuth James Graf von Moltke. Völkerrecht im Dienst der Menschen. Dokumente, Berlin 1986

Roon, G. van: Graf Moltke als Völkerrechtler im OKW, VjZ 1970, S. 12 ff.

Roon, G. van: Neuordnung im Widerstand. Der Kreisauer Kreis innerhalb der deutschen Widerstandsbewegung, München 1967

Roscher, B.: Der Briand-Kellogg-Pakt von 1928. Der „Verzicht auf den Krieg als Mittel nationaler Politik" im völkerrechtlichen Denken der Zwischenkriegszeit, Baden-Baden 2004

Ruge, F.: Der Seekrieg 1939–1945, Stuttgart 1954

Rüthers, B.: Entartetes Recht. Rechtslehren und Kronjuristen im Dritten Reich, München 1988

Salewski, M.: Die deutsche Seekriegsleitung 1933–1945, Bd. I: 1935–1941, Frankfurt a. M. 1970; Bd. III: Denkschriften und Lagebetrachtungen 1938–1944, Frankfurt a. M. 1973

Salin, E.: Die deutschen Tribute. Zwölf Reden, Berlin 1930

Salzig, J.: Sippenhaft als Repressionsmaßnahme der nationalsozialistischen Regierung. Ideologische Grundlagen – Umsetzung – Wirkung, Augsburg 2015

Scelle, G.: Rechtmäßigkeit des französisch-russischen Pakts, in: Völkerbund und Völkerrecht 1935/36, S. 222 ff.

Scelle, G.: Revue critique de Droit international privé, 1934, S. 63 ff.

Schaumann, W.: Clausula rebus sic stantibus, in: Wörterbuch des Völkerrechts, K. Strupp/H.-J. Schlochauer (Hg.), Bd. I, Berlin 1960, S. 289 ff.

Schefold, B.: Stefan George. Dichter einer anderen Moderne, Castrum Peregrini 48, S. 15 ff.

Schenk, R.: Seekrieg und Völkerrecht. Die Maßnahmen der deutschen Seekriegsführung im Zweiten Weltkrieg in der völkerrechtlichen Bedeutung, Köln/Berlin 1958

Scheuner, U.: Seekriegsrecht, in: Wörterrecht des Völkerrechts, K. Strupp/ H.-J. Schlochauer (Hg.), Bd. III, Berlin 1962, S. 229 ff.

Scheuner, U.: Prisenrecht, ebenda, S. 794 ff.

Schiemann, K.: A Dual Perspective. The German in the English Justice, London 2022

Schlabrendorff, F. von: Offiziere gegen Hitler, Hg. W. Bußmann, Berlin 1984

Schlayer, Cl.: Minusio. Chronik aus den letzten Lebensjahren Stefan Georges, Hg. M. Bozza/U. Oelmann, Göttingen 2010

Schmädeke, J./*Steinbach*, P. (Hg.), Der Widerstand gegen den Nationalsozialismus – Die deutsche Gesellschaft und der Widerstand gegen Hitler, 2. Auflage 1986, S. 617 ff.

Schmitt, C.: Sprengung der Locarno-Gemeinschaft durch Einschaltung der Sowjets, in: Deutsche Juristen-Zeitung 1936, Sp. 338 ff.

Schmitt, J.: Die Zulässigkeit von Sperrgebieten im Seekrieg, Hamburg 1966

Schmoeckel, M.: Völkerrecht und Fairness im Seekrieg. Einhaltung und Verstöße, in: D. H. Poeppel u. a. (Hg.): Die Soldaten der Wehrmacht, 2. Aufl. München 1999, S. 324 ff.

Schmoeckel, M.: Die Großraumtheorie. Ein Beitrag zur Geschichte der Völkerrechtswissenschaft im Dritten Reich, insbesondere der Kriegszeit, Berlin 1994

Schnabel, Th.: Das „Neue Reich". Der Dichter Stefan George und die Brüder Stauffenberg, in: Momente 2006, S. 3 ff.

Schröder, J.: Recht als Wissenschaft, Bd. I, München 2020

Schröder, J.: Rechtswissenschaft in Diktaturen – Die juristische Methodenlehre im NS-Staat und in der DDR, München 2016

Schubert, W. (Hg.): Ausschüsse für Völkerrecht und Nationalitätenrecht (1934–1942), Frankfurt a. M. 2002

Schulz, G.: Über Entscheidungen und Formen des politischen Widerstands in Deutschland, in: G. A. Ritter/G. Ziebura (Hg.): Festgabe für Ernst Fraenkel, Berlin 1963, S. 73 ff.

Schumacher, M. (Hg.): M. d. R. Die Reichstagsabgeordneten der Weimarer Republik in der Zeit des Nationalsozialismus. Politische Verfolgung, Emigration und Ausbürgerung 1933–1945. Eine biographische Dokumentation, 3. erheblich erweiterte und überarbeitete Aufl. Düsseldorf 1994

Schwerin, D. Graf von: Helmuth James Graf von Moltke: Im Widerstand die Zukunft denken, Paderborn u. a. 1999

Schwerin, D. Graf von: „Dann sind's die besten Köpfe, die man henkt" – Die junge Generation im deutschen Widerstand, 2. Aufl. München 1994

Simma, B. u. a. (Hg.): The Charter of the United Nations. A Commentary, 3. Aufl. Oxford 2012

Simma, B.: Das Reziprozitätselement im Zustandekommen völkerrechtlicher Verträge. Gedanken zu einem Bauprinzip der internationalen Rechtsbeziehungen, Berlin 1972

Sohler, H.: U-Bootkrieg und Völkerrecht. Eine Studie über die Entwicklung des deutschen U-Bootkrieges 1939–1945 im Lichte des Völkerrechts, Berlin/Frankfurt a. M. 1956

„Spiegelbild einer Verschwörung". Die Opposition gegen Hitler und der Staatsstreich vom 20. Juli 1944 in der SD-Berichterstattung. Geheime Dokumente aus dem ehemaligen Reichssicherheitshauptamt, Hg. H.-A. Jacobsen, zwei Bände, Stuttgart 1984 (zitiert: Kaltenbrunner-Berichte)

Stauffenberg, A. Schenk Graf von: Denkmal, München 1964

Stauffenberg, A. Schenk Graf von: Dichtung und Staat in der antiken Welt, München 1948

Stauffenberg, A. Schenk Graf von: Der Tod des Meisters. Zum 10. Jahrestag, Überlingen 1948

Stauffenberg, B. Schenk Graf von: Statut et Règlement de la Cour Permanente de Justice International – Eléments d'Interpretation: Institut für öffentliches Recht und Völkerrecht (Hg.), B. Schenk Graf von Stauffenberg (Bearbeiter), Berlin 1934

Stauffenberg, B. Schenk Graf von: Prisenordnung und Prisengerichtsordnung – Gesetze vom 28. August 1939 mit Änderungen vom 12. September 1939 und 19. Dezember 1940. Erläuterte Textausgabe, W. Rehdans (Hg.), Berlin 1942

Stauffenberg, B. Schenk Graf von: Das Prisenrecht der französischen Instruktionen vom 08. März 1934, ZaöRV 1938, S. 23 ff.

Stauffenberg, B. Schenk Graf von: Gutachten des Ständigen Internationalen Gerichtshofes vom 04. Dezember 1935 über die Vereinbarkeit gewisser Danziger Verordnungen mit der Verfassung der Freien Stadt, ZaöRV 1938, S. 153 ff.

Stauffenberg, B. Schenk Graf von: Die Richterwahl zum Ständigen Internationalen Gerichtshof, ZaöRV 1938, S. 146 ff.

Stauffenberg, B. Schenk Graf von: Die Revision des Statuts des Ständigen Internationalen Gerichtshofes, ZaöRV 1937, S. 89 ff.

Stauffenberg, B. Schenk Graf von: Gutachten des Ständigen Internationalen Gerichtshofes vom 4. Dezember 1935 über die Vereinbarkeit gewisser Danziger Verordnungen mit der Verfassung der Freien Stadt, ZaöRV 1936, S. 153 ff.

Stauffenberg, B. Schenk Graf von: Die Vorgeschichte des Locarno-Vertrags und das russisch-französische Bündnis, ZaöRV 1936, S. 215 ff.

Stauffenberg, B. Schenk Graf von: Die friedliche Erledigung internationaler Streitfälle, in: Deutsches Recht, Berlin 1935, S. 120 f.

Stauffenberg, B. Schenk Graf von: Das Urteil des Ständigen Internationalen Gerichtshofes vom 15. Dezember 1935 (Serie A/B, Nr. 6), ZaöRV 1934, S. 395 ff.

Stauffenberg, B. Schenk Graf von: Das Urteil des Ständigen Internationalen Gerichtshofes im Fall Oscar Chinn vom 12. Dezember 1934, ZaöRV 1935, S. 195 ff.

Stauffenberg, B. Schenk Graf von: Die Entziehung der Staatsangehörigkeit und das Völkerrecht. Eine Entgegnung, ZaöRV 1934, S. 261 ff.

Stauffenberg, B. Schenk Graf von: Die Zuständigkeit des Ständigen Internationalen Gerichtshofes für die sogenannten politischen Streitigkeiten, Deutsche Juristen-Zeitung 1934, Sp. 1325 ff.

Stauffenberg, B. Schenk Graf von: Die Abberufung des Präsidenten des Memeldirektoriums und das Urteil des Ständigen Internationalen Gerichtshofes vom 11. August 1932, in: Völkerbund und Völkerrecht 1934, S. 291 ff.

Stauffenberg, B. Schenk Graf von: What has the World Court done so far? Temple Law Quarterly 1933, S. 131 ff., 315 ff.

Stauffenberg, B. Schenk Graf von: Vertragliche Beziehungen des Okkupanten zu den Landeseinwohnern, ZaöRV 1931, S. 86 ff.

Stauffenberg, B. Schenk Graf von: Die Rechtsstellung der russischen Handelsvertretungen. Eine Studie zum internationalen Recht, Berlin/Leipzig 1930

Stauffenberg, B. Schenk Graf von/*Schmitz*, E.: Internationale Schiedsgerichtsbarkeit, in: Nationalsozialistisches Handbuch für Recht und Gesetzgebung, Hg. Frank, H., München 1935, S. 307 ff.

Steek, P. K.: Zwischen Volk und Staat. Das Völkerrechtssubjekt in der deutschen Völkerrechtslehre (1933–1941), Baden-Baden 2003

Steinbach, P./*Tuchel*, J. (Hg.): Widerstand gegen den Nationalsozialismus, Berlin 1994

Steinicke, D.: Handelsschiffahrt und Prisenrecht, Hamburg 1973

Steinicke, D.: Wirtschaftskrieg und Seekrieg, Hamburg 1970

Stettler, M.: Erinnerung an Frank, Ein Lebenszeugnis, München, 2. Aufl. Düsseldorf/Berlin 1970

Stockert, F. K. von: Stefan George und sein Kreis. Wirkungsgeschichte vor und nach dem 30. Januar 1933, in: B. Allemann (Hg.), Literatur und Germanistik nach der „Machtübernahme", Bonn 1983, S. 52 ff.

Stolleis, M.: Geschichte des öffentlichen Rechts in Deutschland, Bd. III: Staats- und Verwaltungsrechtswissenschaft in Republik und Diktatur 1914–1945, München 1999

Stolleis, M.: Recht im Unrecht. Studien zur Rechtsgeschichte des Nationalsozialismus, Frankfurt a. M. 1994

Strebel, H.: In Memoriam: Berthold Schenk Graf von Stauffenberg (1905–1944), ZaöRV 1950/51, S. 14 ff.

Streim, A.: Sowjetische Gefangene in Hitlers Vernichtungskrieg, Heidelberg 1982

Stuby, G.: Vom „Kronjuristen" zum „Kronzeugen". Friedrich Wilhelm Gaus: ein Leben im Auswärtigen Amt, Hamburg 2008

Thormaehlen, L.: Die Grafen Stauffenberg – Freunde von Stefan George, in: Robert Boehringer – Eine Freundesgabe, E. Boehringer/W. Hoffmann (Hg.), Tübingen 1957, S. 685 ff.

Tomuschat, Chr.: Die Bedeutung der Zeit im Völkerrecht, Archiv des Völkerrechts 60 (2022), S. 1 ff.

Tomuschat, Chr.: Konstitutionalisierung des Völkerrechts durch die Vereinten Nationen, in: Grothe, E./Schlegelmilch, A. (Hg.), Constitutional Moments, Berlin 2020, S. 18 ff.

Tomuschat, Chr.: Das Recht des Widerstandes nach staatlichem und Völkerrecht, in: G. Caspar u. a. (Hg.), Über die Pflicht zum Ungehorsam gegenüber dem Staat, Göttingen 2007, S. 60 ff.

Toppe, A.: Militär und Kriegsvölkerrecht. Rechtsnorm, Fachdiskurs und Kriegspraxis in Deutschland 1899–1940, München 2008

Triepel, H.: Vom Stil des Rechts. Beiträge zu einer Ästhetik des Rechts, Heidelberg 1947

Triepel, H.: Die Hegemonie, 2. Aufl. Stuttgart 1943

Triepel, H.: Internationale Regelung der Staatsangehörigkeit, ZaöRV 1929, S. 185 ff.

Trott zu Solz, Cl.: Helmuth von Trott zu Solz. Eine Lebensbeschreibung, Berlin 1994

Vagts, D. F.: International Law in the Third Reich, AJIL 84 (1990), S. 661 ff.

Vitzthum, W. Graf: „Schon eure zahl ist frevel". Stefan George und die Demokratie, Sinn und Form 65 (2013), S. 189 ff.

Vitzthum, W. Graf: Kein Stauffenberg ohne Stefan George. Zu Widerstandswirkungen des Dichters, in: O. Depenheuer u. a. (Hg.), FS für Josef Isensee, Heidelberg 2007, S. 1109 ff.

Vitzthum, W. Graf: Rechts- und Staatswissenschaften aus dem Geiste Stefan Georges? Über Johann Anton, Berthold Schenk Graf von Stauffenberg und Karl Josef Partsch, in: Böschenstein, B. u. a. (Hg.), Wissenschaftler im George-Kreis. Die Welt des Dichters und der Beruf der Wissenschaft, Berlin/New York 2005, S. 83 ff.

Vitzthum, W. Graf: Eher Rechtsstaat als Demokratie, in: FS für Klaus Stern zum 65. Geburtstag, Hg. J. Burmeister, München 1997, S. 97 ff.

Vitzthum, W. Graf: Berthold Schenk Graf von Stauffenberg, in: J. Mehlhausen (Hg.), Zeugen des Widerstands, Tübingen 1996, S. 1 ff.

Walter, Chr.: Der Ukraine-Krieg und das wertebasierte Völkerrecht, Juristenzeitung 2022, S. 473 ff.

Walz, G. A.: Völkerrechtsordnung und Nationalsozialismus, München 1942

Weber, F.: Staatsangehörigkeit und Status. Statik und Dynamik politischer Gemeinschaftsbildung, Tübingen 2018

Wehberg, H.: Der Grundsatz der Vertragstreue, in: F. A. von der Heydte (Hg.), FS für Alfred Verdross, Wien 1960, S. 307 ff.

Wengler, W.: Internationales Privatrecht, Berlin 1981

Wengler, W.: H. J. Graf von Moltke (1906–1945), FW 48 (1948), S. 297 ff.

Widmann, B.: Der deutsche Prisenkrieg, in: Grundfragen des Seekriegsrechts im Zweiten Weltkrieg, Hg. W. Gladisch/B. Widmann, Berlin 1944, S. 90 ff.

Wiggershaus, N. T.: Der deutsch-englische Flottenvertrag vom 18. Juni 1935. England und die geheime deutsche Aufrüstung, Diss. phil. Bonn 1972

Winterhager, W. E.: Der Kreisauer Kreis. Portrait einer Widerstandsgruppe, 1985

Wintzer, J.: Deutschland und der Völkerbund, Paderborn 2006

Wirmer, A.: Josef Wirmer – Die Wiederherstellung der Herrschaft des Rechts, Göttingen 2020

Wolf, E.: Das Problem der Naturrechtslehre, Heidelberg 1964

Wüst, A.: Das völkerrechtliche Werk von Georges Scelle im Frankreich der Zwischenkriegszeit, Baden-Baden 2007

Wolgast, E.: Das Völkerrecht, 1934

Wolters, F.: Vier Reden über das Vaterland, Breslau 1927

Wolzendorff, K.: Staatsrecht und Naturrecht in der Lehre vom Widerstandsrecht des Volkes gegen rechtswidrige Ausübung der Staatsgewalt. Zugleich ein Beitrag zur Entwicklungsgeschichte des modernen Staatsgedankens, Aalen 1968 (Neudruck der Ausgabe Breslau 1916)

Wunder, G.: Die Schenken von Stauffenberg. Eine Familiengeschichte, Stuttgart 1972

Zeller, E.: Oberst Claus Graf Stauffenberg. Ein Lebensbild, Paderborn u. a. 1994

Zeller, E.: Geist der Freiheit. Der zwanzigste Juli, 5. Aufl. München 1965

Zimmermann, A. u. a. (Hg.): The Statute of the International Court of Justice. A Commentary, 3. Aufl. Oxford 2019

Abbildungsnachweise

Mit Ausnahme der Abbildung Nr. 2 „Berthold, Claus und Alexander mit ihrem Vater um 1925" (S. 36), deren Nutzungsrechte bei ullstein bild liegen, und der Abbildung Nr. 8 „Berthold Stauffenberg in Marineuniform um 1940" (S. 108), die sich in Privatbesitz befindet, liegen die Nutzungsrechte aller übrigen Abbildungen bei dem Stefan George Archiv der Stefan George Stiftung.

Personenregister

Achmann, K. 109
Adler-Rudel, S. 71
Agamemnon 19
Alexander der Große 34
Allemann, B. 39
Ambrosius, H.-H. 106, 107
Andres, I. 29, 39
Anton, J. 37, 39, 42, 94, 123
Anton, W. 92, 118, 123
Aquin, Th. von 133, 135
Aristogeiton 19
Aristoteles 19, 135
Assmann, K. 97
Augusto, A. 132
Aurnhammer, A. 25, 91, 117

Backmann, I. E. 131, 136
Barandon, P. 83
Bauch, K. 100, 109
Baum, W. 99, 100, 109, 138, 142
Baur, Fritz 135, 136, 137
Bechtolsheim, S. von 122
Beck, L. 30, 59, 100, 106, 113, 140, 14, 147, 150
Becker, E. 95
Behling, E. von 36, 37
Berber, F. 47, 48, 84
Bernhardt, R. 99
Bertram, E. 91, 118
Bethmann-Hollweg 64
Bianca, St. 92
Bilfinger, C. 44, 47, 48
Bismarck, O. von 33
Blasius, R. 111
Bloch, J.-D. 49
Bloch, M. 49

Blumenthal, A. von 24, 91, 118
Bock, C. V. 121
Boehringer, E. 10
Boehringer, R. 10, 11, 21, 25, 31, 40, 86, 87, 89, 90, 91, 109, 127
Bondi, G. 39
Bonhoeffer, D. 61, 125, 132, 137, 148
Bonhoeffer, K. 128
Böschenstein, B. 8
Bozza, M. 62, 117
Bracher, D. 149
Bracke, G. 54
Brakelmann, G. 105, 130, 137
Braungart, W. 29
Breuer, G. 79, 122
Breuer, M. 95
Breuer, St. 26, 117
Briand, A. 48
Brocke, B. vom 51
Brüning, H. 42
Bruns, V. 23, 37, 44–49, 51, 56, 60, 62, 66, 73, 81, 98, 99, 102, 111, 112
Buergenthal, Th. 132
Bühl, H. 109
Bürkner, L. 102
Bussche-Streithorst, A. Frhr. von dem 64, 132, 148

Caesar, G. J. 34
Calvin 115
Canaris, W. 102
Canaris 148
Carty, A. 103
Casper, G. 135
Charlotte, Königin von Württemberg 16

Christ, K. 7, 10, 20
Churchill, W. S. 127
Cicero 116, 135
Classen, H. 53
Classen, M. 53, 61
Cohrs, A. 61
Colombos 103, 110
Conze, E. 120

Dannecker 32
Dante 21, 34
Depenheuer, O. 121
Dietz, A. 67
Diggelmann, O. 71
Diner, D. 62
Dirks, M. 53
Dölle, H. 44
Dönitz, K. 97
Dreier, H. 78

Ebert, F. 24, 32
Eckhardt, C. 98, 103, 109
Egyptien, J. 62, 71
Elpel, T. A. 135
Elze, W. 26, 91, 118
Empedokles 18

Fahrner, R. 40, 91, 92, 118, 124, 138, 142, 143
Fassbender, B. 46, 47, 80
Fastenrath, U. 75
Fehling, M. 24
Fellgiebel, E. 148
Feuchtwanger, L. 73
Fleck, D. 102
Flitner, A. 126
Fraenkel, E. 131
Frank, H. 15, 101
Frank, V. 124
Freisler, R. 11, 135
Friedrich der Große 34
Friedrich II., Deutscher Kaiser 21, 39, 144
Fromm, F. 107, 122, 147

Fröhlich, C. 136

George, A. M. O. 21, 37
George, St. passim
Gerardy, P. 31
Gersdorff, R.-Chr. Frhr. von 148
Giese, F. 41
Gladisch, W. 102, 103, 104, 114
Gneisenau, A. N. Graf von 17, 19
Goerdeler, C. 30, 59, 100, 106, 113, 116, 123, 140, 141, 150
Gosewinkel, D. 77
Gothein, E. 36
Grewe, W. G. 45, 66, 80
Groppe, C. 24, 26, 94
Grothe, E. 75
Gundolf, E. 62, 91, 118
Gundolf, F. 30, 34, 41, 53, 91

Haeften, W. von 147, 148
Hagelstange, R.
Hammarskjöld, A. 51, 55, 57
Hammarskjöld, D. 52
Hannibal 19
Hansen, G. 148
Harmodios 19
Hasseil, U. von 67
Heckei, H. 95
Hedblom, A. 42
Hegel, G. F. W. 75
Heintschel von Heinegg, W. 103
Helfferich, K. 23
Hengerer, M. 14
Hepp, M. 73
Herrmann, A. 51
Heydte, F. A. v. d. 80
Heyland, C. 138
Hildebrandt, K. 91, 117, 118
Hillmann, J. 109, 116, 130
Himmler, H. 147
Hindenburg, P. L. von 33
Hinz, J. 95
Hitler, A. passim

Hobbes 103, 115
Hoepner, E. 59
Hofacker, C. von 105
Hoffmann, P. passim
Hoffmann, W. 10, 37
Hofmann, F. 10
Hofmann, H. 58
Hofmann, R. 94
Hofmannsthal, H. von 11, 18, 21, 31
Hölderlin, Friedrich 18, 39, 120, 144
Homer 19
Hubatsch, W. 110
Huber, M. 50, 51
Huber, W. 148
Hueck, I. 46, 99

Isensee, J. 121

Jaenicke, G. 148
James, H. 51
Jähner, H. 23
Jens, I. 124
Jessen, S. 109
Jung, O. 55

Kahler, E. von 91, 92, 117, 118, 123
Kaltenbrunner, E. 11
Kant, I. 115
Kantorowicz, E. H. 39, 62, 88, 91, 118
Kantorowicz, G. 91
Karlauf, Th. 7, 26, 34, 70, 76, 117, 124
Kauffmann, K. 20
Kaufmann, A. 134, 136
Kaufmann, D. 46, 99
Kaufmann, K. 20
Kägi, W. 80
Kellogg 47
Kempner, W. 118
Kier, H. 60
Klausa, E. 13, 62, 120
Kleist, E. von 148
Kleomenes 19
Knackstedt, H. 97

Kolk, R. 26, 117
Kommerell, M. 11, 41, 123
Koskenniemi, M. 99
Kramarz, J. 26, 149
Kranzfelder, A. 108, 127, 128, 151
Kraus, H. 138
Kretschmer, G. 111, 125
Krüger, P. 79
Küchenhoff, G. 60
Künnet, W. 131

Landmann, E. 25, 26, 32, 67, 91, 118
Landmann, G. P. 8
Lange, F. 51
Leber, J. 113
Leibholz, G. 57
Leonrod, L. Frhr. von 133
Lerner, R. E. 26, 39
Linnebach, K. 79
Ludwig II., König von Bayern 16
Luhr, G. 92
Luther, M. 115, 132, 133

Makarov, A. 10, 122
Mallarmé 25
Mann, H. 73
Manstein, E. von 115
Mattenklott, G. 62, 92, 117
Mehlhausen, J. 11, 19
Mehnert, F. 12, 19, 21, 33, 39, 52, 86–89, 91, 92, 122–124
Mehring, R. 57
Mensching, E. 102
Mertz von Quirnheim, A. Ritter 11, 100, 147, 148
Meyer, A. 9, 10
Mohr, Ph. C. 74
Moltke, F. Gräfin von 64, 105, 113, 126, 127, 128
Moltke, H. J. Graf von passim
Mommsen, H. 114, 120
Morwitz, E. 24, 33, 62, 86, 91, 94, 118, 120, 123, 144
Mosler, H. 111, 148

Muth, D. 1 4
Müller, Chr. 24, 129

Napoleon, Kaiser von Frankreich 17, 21, 34
Neumann, F. 136
Neuss, K. 96
Nimitz 97

Oelmann, U. 24, 94, 117
Olbricht, F. 59, 65, 100, 107, 147, 148
Olex-Szczytowski, M. 65
Oster, H. 59, 103, 106, 137, 141

Partsch, K. J. 7, 62, 89, 91, 92, 123, 124
Parzival 19
Pedersen, S. G. 45
Pereis, Chr. 11, 86
Petrow, M. 39
Pfizer, Th. 10, 16, 19–21, 37, 41
Philipp, M. 62
Pieger, B. 25, 26
Platon 19
Plum, M. 86
Poeppel, D. H. 96
Pohl, H. 42, 43, 101
Poliakov, L. 57
Puttkamer, E. von 9, 10

Quaritsch 58

Rabel, E. 44 , 49, 60
Radbruch, G. 77, 133
Raeder 97
Raschhofer, H. 60
Raulff, U. 26, 117
Reif, H. 22
Remer, O.-E. 138
Riedel, M. 18, 26, 65
Rilke, R. M.
Roediger, C. 109, 126
Roon, G. van 111, 125, 128, 130
Roscher, B. 49, 51

Ruhm von Oppen, E. 55
Rumelin, M. von 42
Rust, B. 124
Rüthers, B. 134

Salewski, W. 95, 97, 110–112
Salin, E. 23, 51, 117
Salz, A. 118
Salzig, J. 10
Sauerbruch, P. 147
Scelle, G. 73–76, 84, 85
Scharnhorst, G. von 17
Schefold, B. 21, 25, 26
Scheidemann, Ph. 73
Schenk, R. 96
Scheuner, U. 57, 115
Schiemann, B. 5, 15, 105, 114, 115
Schiemann, H. 114, 115
Schiemann, K. 15, 114
Schiemann, Th. 114
Schiller, F. 18, 32, 39
Schirrmacher, F. 144
Schlabrendorff, F. von 148
Schlayer, Cl. 117
Schlegelmilch, A. 75
Schleicher, R. 61, 128
Schlieffen 64
Schlochauer, H.-J. 80, 83
Schmädeke, J. 114, 130
Schmid, C. 44
Schmitt, C. 57, 65, 66, 73, 82
Schmitt, J. 96
Schmitz, E. 15, 48, 49, 64, 69, 77, 95, 98, 102–104, 111, 112, 115, 125
Schmoeckel, M. 96
Schnabel, Th. 121
Schneider, Fl.-P. 133
Schröder, J. 84, 110
Schubert, W. 46
Schulenburg, F.-D. Graf von der 106, 146
Schulz, G. 131
Schumacher, M. 73

Schücking, W. 55
Schwerin, F. Graf von 146
Schwerin von Schwanenfeld, U. W. Graf von 59, 106
Seneca 116
Shakespeare, W. 34
Simma, B. 8, 112
Simson, H. von 114
Simson, W. von 114
Singer, K. 118
Smend, R. 37, 116
Smith, R. 103
Söllner, A. 136
Stauffacher, E. 18
Stauffenberg, Alex. Schenk Graf von (Bertholds Zwillingsbruder) passim
Stauffenberg, Alfr. Schenk Graf von (Bertholds Vater) 16, 17, 22, 24, 53
Stauffenberg, Alfred Schenk Graf von (Bertholds Sohn) 54, 94
Stauffenberg B. Schenk Graf von passim
Stauffenberg, C. Schenk Gräfin von (Bertholds Mutter) 16, 17, 24
Stauffenberg, Cl. Schenk Graf von (Bertholds jüngster Bruder) passim
Stauffenberg, E. Schenk Gräfin von (Bertholds Tochter) 54
Stauffenberg, M. Schenk Gräfin von (Bertholds Ehefrau) 21, 54, 107, 129, 149
Stauffenberg, Mel. Schenk Gräfin von (Bertholds Schwägerin) 54, 141
Stauffenberg, N. Schenk Gräfin von (Bertholds Schwägerin) 54, 129, 222
Stein, W. 118
Steinbach, P. 114, 130
Stettler, M. 89
Stieff, H. 148
Stockert, F.-K. von 39, 94
Stolleis, M. 46, 47
Strebel, H. 10, 47, 49, 97, 98, 148
Stresemann, G. 23, 24, 48, 49, 94
Streim, A. 106

Strupp, K. 80, 83
Stuby, G. 74, 81, 84
Süssmuth, R. 114
Swatek-Evenstein, M. 133

Taeger, F. 39
Thormaehlen, L. 10, 31, 40, 42, 71, 91, 118
Tomson, E. 95
Tomuschat, Chr. 75, 80, 135
Tope, A. 108
Traber, W. 99, 109
Tresckow, H. von 35, 61, 100, 113, 117, 129, 140, 141, 147, 148
Triepel, H. 22, 37, 49, 55, 74, 76, 78, 80, 85
Trindale, C. 132
Trott zu Solz, A. von 99, 113, 148
Tucholsky, K. 73

Uhland, L. 66
Üxküll, B. 144
Üxküll-Gyllenband, C. Gräfin 16
Üxküll-Gyllenband, N. Graf von 105, 106, 129
Üxküll-Gyllenband, W. Graf von 118

Vagts, D. 62
Verdross, A. 80
Vierhaus, R. 51
Vitzthum, W. Graf 8, 32, 37, 94, 121
Vogt, J. 39

Wallenberg, M. 127
Walter, Chr. 73/74
Walz, G. A. 46
Wehberg, H. 46, 55, 80
Weber, F. 72
Weber, M. 21, 34
Weis, N. 79
Weizsäcker, E. Frhr. von 99
Weizsäcker, R. Frhr. von 47
Wengler, W. 66, 148
Widmann, B. 102, 103, 114

Wiggershaus, N. T. 103
Wildt, M. 136
Wilhelm II., Deutscher Kaiser, König von Preußen 31
Wilhelm II., König von Württemberg 16, 22
Wilson, W. 50, 55
Winterhager, W. E. 130
Wintzer, J. 62
Wirmer, J. 61
Witzleben, E. von 59, 65, 141, 142
Wolf, E. 133, 135
Wolfskehl, K. 30, 62, 88, 91, 118
Wolters, F. 34, 42, 51
Wolzendorff, K. 134, 135
Württemberg, Königin Charlotte 22
Wüst, A. 71

Yorck von Wartenburg, M. Gräfin 34, 63
Yorck von Wartenburg, P. Graf 34, 59, 63, 105, 106, 129, 143, 145, 146, 148

Zeller, E. 7, 10, 11, 15, 19, 28, 42, 146, 150
Ziebura, G. 131
Zimmermann, A. 8

Printed by Libri Plureos GmbH
in Hamburg, Germany